U0165642

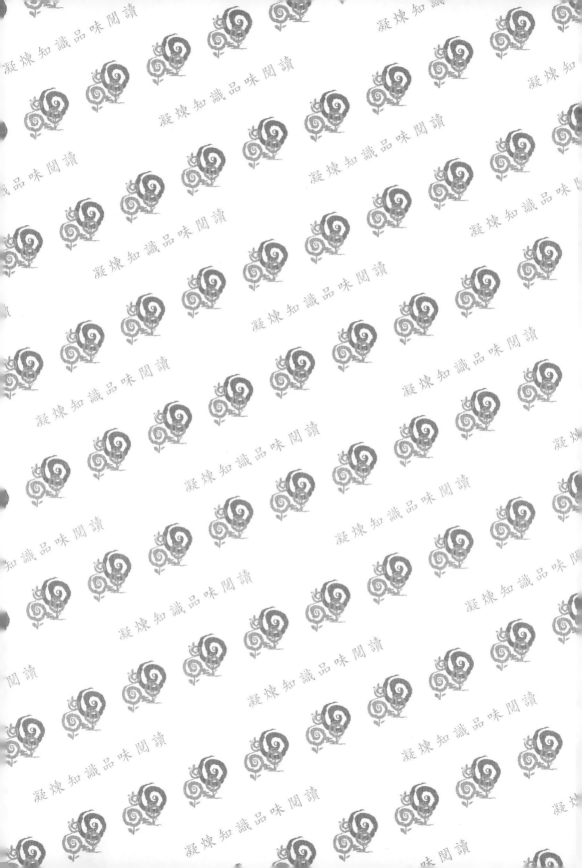

從貨幣看
近代中國之
風雲變幻

The Changes of Modern China
Through the Perspective of
Currency

彭慶綱 著　丘爲君 主編

五南圖書出版公司 印行

歷史的機遇與危機

序《國局與世變》叢書

　　二十世紀的序幕是從革命開始的。在中國，在俄國，在亞洲，在歐洲，以破壞為手段的革命主義者，與舊制度（Old regimes）維護者做激烈的戰鬥。另一方面，這個經歷革命的世代，也迎接並見證了他們心目中的「新世紀」的降臨──現代性；而革命破壞與捍衛舊制這兩股勢力的辯證性開展，書寫了波瀾壯闊的歷史詩篇。

　　這個歷史詩篇的高潮，無疑是1914年至1918年之間的第一次世界大戰。如所周知，這場為時四載的大戰深遠地改變了世界的面貌。在政治上，它具體表現在幾個著名傳統帝國的解體：俄羅斯帝國、日耳曼帝國、奧匈帝國，與土耳其的鄂圖曼帝國。另外，世界上出現第一個以標榜無產階級專政為號召的共產主義國家──蘇俄。在經濟上，美國經濟規模超過英國，成為世界第一；英國因為巨大戰爭開支而黃金外流，最終英鎊遭到擠兌而無法兌換黃金，美元逐漸取代了英鎊的霸權。

二戰與近代世界秩序的確立

　　一戰雖然給世界帶來深遠改變，但並沒有在實質意義上為世界秩序定下格局；從1939年開打到1945年結束的六年二戰，才是近代世界秩序確立的關鍵。

　　在二戰尾聲的1945年2月，美、英、蘇三國領導人羅斯福、邱吉爾、史達林在寒冷的蘇聯雅爾達舉行會議，安排禍首納粹德國未來的國土分配，與戰後國際秩序的架構。雅爾達會議很不幸地未能重建一個和平的世界秩序，而是迅速在東歐出現了所謂的「鐵幕」（Iron Curtain）；最具體形象，自然是象徵區隔自由與專制兩個世界的柏林圍牆。在此一日後被稱之為雅爾達體系（或雅爾達─波茨坦體系The Yalta-Potsdam System）中，世界格局以美國和蘇聯兩極為中心；兩強以鬥而不破的冷戰形式，各自宣揚其自由民主與極權專制的價值觀，並於全球範圍內進行霸權的爭奪。

冷戰形式作為世界秩序運作的基調，劃分了兩個對立的世界陣營；由於它穩固而長期存在的情況，而且兩大陣營也在消極意義裡於經濟上或文化上或甚至政治上持續交流，這讓世上大多數人默認與接受這種國際體系現象。

蘇聯解體、冷戰結束、美國獨霸

歷史的拐點出現在約半個世紀之後，其代表事件是1980年代後期的東歐民主運動——所謂的「蘇東波浪潮」（1988～1993）。

在這波驚心動魄的東歐民主化運動中，無疑以1991年年底蘇聯解體為最高潮；在美、蘇兩大巨頭雷根與戈巴契夫的攜手合作下，結束了世界長達半個世紀的「冷戰」對峙格局，雅爾達體系劃下句點，而立國69年的蘇聯，也從此灰飛煙滅成了歷史。立陶宛於蘇聯解體前一年的1990年3月率先宣布獨立，於是其他14個加盟共和國鑒於過往的集體主義與極權主義的痛苦經驗也就紛紛效法，這樣俄國在極短時期內便失去了約四分之一的土地，與二分之一的人口（約1.5億人）。俄國作為與美國長期對峙的超級強權，其國內生產總值（GDP）在1979年排名第二，1990年次於日本排名第三，到了1992年蘇聯解體後，竟然已經遠遠落後中國、日本、南韓、臺灣與印度等等這些亞洲國家，成為第33名，國力退步極為嚴重。在政治意義上，由於作為主權國家的蘇聯已經不復存在，國際體系因此進入新的重組。

與此同時，美國領導的由35個國家組成的聯軍和伊拉克之間發生的一場二戰以來最大的局部戰爭之一——1990年至1991年間的波灣戰爭（Persian Gulf War），獲得了空前的勝利。伊拉克最終接受聯合國安理會決議，並從科威特撤軍。這個展現當代各種新式高科技武器（例如精確導引武器PGM，precision-guided munition）的聯合軍事行動，確認了美國卓越的領袖地位，這樣的成績讓她成為冷戰結束後世界唯一霸權（sole superpower）的角色，已經無庸置疑。職是之故，整個世界局勢至此進入了一個全新階段。

中國的歷史機遇與崛起

就在1991年年底蘇聯解體時刻，經歷1989年六四天安門事件而受到西方制裁的共產中國，獲得了美國終止經濟制裁的機遇。於此一期間，在已經退位

的政治強人、88歲高齡的鄧小平的強力主導下，中國從1992年起正式宣告了市場經濟導向的「改革開放」（對內改革，對外開放）為國家最高指導政策，主張效法亞洲四小龍發展經驗，強調以生產力為基礎的發展觀。

「改革開放」政策是鄧小平在文革結束後的1978年底所提出的國家發展策略，但是一直受到保守派的質疑與挑戰，1989年六四事件帶來的國內衝擊與國際騷動，更是對鄧小平開放政策的直接打擊。但是從1990年上海證券交易所、深圳證券交易所相繼成立，中國大陸資本市場誕生來看，鄧小平推動的「實事求是」開放政策，是中國國家發展的主要路線，不容置疑。

1992年1月鄧小平南巡後，「改革開放」才在鄧小平的堅實政治實力與過人的意志下，正式定位為國家政策。於是從江澤民主政時期（1993～2003）開始，經過胡錦濤時期（2003～2013），到習近平主政（2013～）的前期階段，民營企業在「改革開放」政策下因為中央鬆綁以及獲得外資注入活水而蓬勃發展，讓中國見證了百年罕見的持續一整個世代的開放紅利。統計數字具體說明此一以民企為主導的經濟發展威力：到了2020年左右，民營經濟所扮演的角色，為中國貢獻了50%以上的稅收、60%以上的GDP、70%以上的技術創新、80%以上的城鎮就業、以及90%以上的市場主體數量。必須指出的是，「改革開放」施行的市場經濟不會是放任的資本主義模式經濟。鄧小平在1985年5月就曾說過：「我們堅持社會主義，不走資本主義的邪路。」

在「改革開放」政策實踐的這段期間，中國的經濟體量與國力不斷增長，贏得全世界無數的讚嘆。代表性指標是2010年發生的兩件大事：製造業規模正式超越美國，成為世界第一；生產總值超越日本，成為全球第二。關於製造業總量，二十世紀美國有三個戰略對手：德國、俄國和日本，但這三個國家在製造業總量上都沒有超過美國，最高時也只是達到美國的70%。美國製造業在1985年觸及全球總量28%的高點後，隨後不斷下滑。2008年世界金融海嘯危機爆發時，美國製造業產值占全球份額降至18.5%，嚴重影響了美國就業人口。另一方面，中國憑藉其廉價勞動力、土地等生產要素成本之優勢和經濟復甦，以及利用2008年西方世界的金融危機加速趕超，遂在2010年登上世界第一的寶座。

另一個更值得關注的重大事件，是中國國內生產總值（GDP）的大突破。2006年中國GDP總量超過英法，2007年超越德國成為第三大經濟體。到

了2010年時，中國國內生產總值遽升至1.337兆美元，超越日本的1.288兆美元，晉身為僅次於美國（3.522兆美元）的全球第二大經濟體。《紐約時報》將這一超越稱為中國國力增強的「里程碑」。中國這種大型經濟體的高速經濟成長趨勢到了2020年，其經濟規模甚至來到了世界霸主美國經濟規模的70%（中國站到上世紀末日本經濟巔峰時期的相似位置）。很多經濟學家因此預測，大約在2030年左右，中國的經濟總量會超過美國，成為世界第一大經濟體。

在此一共產主義國家的經濟奇蹟下，富強理想已經不再是空中樓閣，道路自信，理論自信，制度自信，文化自信等所謂的「四個自信」，成了中國菁英們追求所謂「大目標」的重要動力。但是另一方面，「黃禍」意義的「中國威脅論」也逐漸引起西方的關注，尤其是作為西方領袖的美國。

中國威脅：圍堵或交往

關於「中國威脅論」，美國在1990年代中期，有一場對華政策的大辯論，辯論的主題是對於當下走市場經濟路線的共產中國，美國的策略是什麼？是繼續採取冷戰時期的「圍堵主義」（Containment）？還是改走「交往主義」（Engagement）？辯論結果是兩派主張各有利弊，最後選擇了折衷主義的所謂「圍堵／交往主義」（Congagement），即是既有圍堵也有接觸，或者更正確的說，「圍堵為體，交往為用」。

美國的中國論述受到幾個時代思潮的影響：1940年代冷戰兩極對抗結構、五〇年代麥卡錫主義（McCarthyism）極右意識形態、六〇年代反帝國主義、反越戰浪潮、七〇年代中美建交的和解，八〇年代中國施行「改革開放」政策改走市場經濟的影響，九〇年代蘇聯解體後的效應，以及2018年起的中美貿易戰，兩國關係嚴重惡化，冷戰再起發展。

大體而言，冷戰之後的西方對於中國的發展，基本上有四種主要論述：崛起論、崩潰論、演變論與威脅論。

崛起論

崛起論認為進入二十一世紀，中國國際地位到達十九世紀初以來的巔峰。

蘇聯解體和隨之而來的俄羅斯混亂、歐洲各國相對衰落，以及日本的經濟失衡與軍事力量的限制，這些提供中國有利的崛起條件。在習近平時期的戰狼外交出現之前，胡錦濤和溫家寶等第四代中國領導人的外交政策，也常常用中國「和平崛起」的說法，視「和平崛起論」為該階段的中國大戰略。

崩潰論

　　至於崩潰論，它基本上可以區分為兩類：積極論與溫和論。積極崩潰論宣稱，改革開放後的中國勢力已經達到最高峰、將會下滑；國企虧損、金融呆帳、財政惡化與貪汙蔓延，導致中國債務每年以15%或20%、甚至更高的速度在成長，中國的債務危機一定會發生，計劃經濟模式已經耗盡了力量，終將屈服於市場經濟。另一方面，中國現在正失去對周邊的控制，而且與周邊地區交惡，爆發嚴重武裝衝突的「大戰區」（Great War Zone）的機率大增。積極崩潰論另外有一個從體制角度出發的版本，主張中共的政治體制已經沒有出路，成了一種黑幫組織，黑幫老大憑著掌握著刀靶子與槍桿子捏住體制本身，使9000萬黨員淪為奴隸和個人使用的工具。

　　溫和崩潰論認為，中國在改革開放後產生數種危機，有錢權交易的貪腐肆虐、所得分配上貧富懸殊、農工階層地位邊緣化擴大、社會道德倫理淪喪、以及自然生態環境嚴重破壞等等。由於中國政府極權、壟斷媒體，缺乏言論自由，這些危機因為無法獲得彰顯與獲得適當控制，終將爆發並帶來社會崩潰。雖然中國即將因為這些危機而不可避免地進入「拉丁美洲化」狀態，但是他們卻指出，中共政權不會在短期內崩潰，因此這一派理論又可稱為「潰而不崩論」。

演變論

　　演變論是一種相對溫和的看法。在歸類上，它也可以算是崩潰論的範疇。演變論觀點很分歧，大體而言有兩類：內部瓦解論與世俗化論。前者的代表性說法是，封閉性的極權共產主義社會，在與開放體系的自由民主社會接觸後，會由量變轉化為質變，造成在內部瓦解。美國國務卿杜勒斯（John Foster Dulles）在1956年蘇共二十大和「波匈事件」發生後，公開宣稱美國的政策是促進蘇聯、東歐和中國等社會主義國家的自由化，將希望寄託在共產黨的第

三、第四代人身上，堅信共產主義將會從內部瓦解。

　　至於世俗化論方面，它認為中國在進入自由國際體系後（例如1971年的加入聯合國與聯合國安全理事會，1972年的加入WHO世界衛生組織，1979年的加入IOC國際奧委會，2001年的加入WTO世貿組織等等），必須與西方遵守國際社會的遊戲規則，與西方互補合作，良性競爭，最終消解其以鬥爭為綱的集體主義意識形態。2016年美國經濟史學者提出了一個浪漫的概念「中美國」（Chimerica），用以描述當時中美互相依存的共生關係（the symbiotic relationship），也可以歸類在這個世俗化論範疇。

威脅論

　　至於威脅論，它是一種非常廣泛的說法，以上所談的三種關於冷戰後中國的論述：崛起論、崩潰論、演變論，廣義而言，在不同程度上都帶有威脅論的意思。因此就相對狹義的論點來說，中國威脅論主要還是指在2010年中國成為第二大經濟體與成為世界第一大製造業國之後，特別是在2012年習近平出任黨總書記與2013年擔任國家主席後所推動的一系列措施及其反彈。

　　習近平推出的諸多措施及其反彈，包括有：2012提出民族主義概念的「實現中華民族偉大復興中國夢」的治國策略，以及該年爆發的南海主權爭議，2014年香港爆發激烈反中、爭取真普選的公民抗命運動「雨傘革命」，2015年起大力推動境外的「一帶一路」造成相關弱勢國家的債務陷阱，2016年起推動個人崇拜與集權、同年共機開始頻繁繞臺文攻武嚇臺灣，2018年修憲將國家主席改為終身制、與同年爆發中美貿易戰。到了2019年爭議更多。首先是武漢爆發肺炎，隨後迅速擴散至世界各地，逐漸變成一場全球性大瘟疫。其次是批評臺灣抗拒統一的發言：「制度不同，不是統一的障礙，更不是分裂的藉口」。另外是香港爆發「反送中運動」（抗議損害港人在「一國兩制」及《基本法》下所列明的獨立司法管轄權地位）。其他還有國內人權狀況惡化。進入2022年後，則是積極增加海軍軍艦特別是航母數量，為全球最大的海軍，以及與侵略烏克蘭的俄羅斯親密地站在同一陣線等等。

　　中國威脅論的論點很多很雜，簡約而言，主要論點有積極建軍、窮兵黷武；在國際組織中威脅利誘非洲、中南美洲等弱小國家，在國際組織中以優勢票數杯葛西方民主國家；在地緣政治方面的動作是積極擴張軍事實力，造成區

域緊張；「以疫謀霸」──在世界各地大剌剌搜刮各類資源與糧食、併購有價值的科技公司；在國內裡侵犯人權（尤其是新疆種族滅絕指控）等等。

「東升西降論」與民族主義

經濟力與軍事力崛起的中國，在習近平主政時期展現出與西方一較長短的氣魄──「東升西降論」。習近平東升西降論的現實實踐，是他2012年11月提出的「實現中華民族偉大復興中國夢」治國理念。外界一般將其核心目標概括為「兩個一百年」，即在2021年中共建黨百年到2049年中共建政百年時，在全面建成小康社會基礎上，全面建設社會主義現代化國家，最終則是實現「中華民族的偉大復興」。這個官方的格局弘大的宣示，其底氣主要還是來自迅速累積的經濟實力與不斷推升的科技、軍事能力。

東升西降論作為一個大國的進取發展策略，其意識形態的動力是一種的反西方的民族主義，它在國家發展戰略上，與鄧小平1992年的帶有審慎意識特徵的「韜光養晦主義」發展路線相左。必須指出的是，具有西方批判性與攻擊性質的民族主義，在習近平上臺前已經在中國大陸開始出現。最典型的例子是1996夏出版的《中國可以說不──冷戰後時代的政治與情感抉擇》一書。所謂「中國可以說不」，其真正的意思就是「中國可以對美國說不」，特別是針對美國的「中國遏制論」而發，儘管書中的反日情緒也是十分高漲。

這本由從未跨出國門的五位30餘歲文質彬彬書生撰稿的，標誌著九〇年代鮮明反美的中國民族主義情緒升溫的書籍，創下號稱300萬冊銷售量的成績，引起西方的注意並先後被譯成數種外語。書中批判了所謂的「孽債累累的美利堅合眾國」，宣稱她勢必面臨一場世紀末式的總清算，並且還挾洋自重地引用英國歷史學湯恩比（Arnold J. Toynbee）的論點說：「中國將是世界的希望」。在反美方面，臺灣問題是本書著墨的焦點之一，對美國派遣航母到臺海周邊維持和平，作者們視為對中國的凌迫，說「全世界的危險勢力每時每刻都在引導臺灣的偏航」。他們選擇回到1900年夏義和團的氛圍，呼籲中國青年要有民族自豪感──「要準備打仗」，要大家認真考慮：小打不如大打，晚打不如早打。並且警告美國說：將來若有那麼一天，美國人在臺灣問題上逼迫我們再奉陪一次，那麼華盛頓就要準備建造一座更大更寬的陣亡軍人牆，預備刻上

更多的美國青年的名字。整體而言，這本獲得官方新華社、中新社發稿介紹、江澤民贊同的民粹主義風格的民族主義書籍，對造成納粹猶太人大屠殺（the Holocaust）式的中華民族千年罕見大浩劫──文革，以及對人權與人性尊嚴史無前例集體踐踏與大破壞的各類政治運動，隻字未提，沒有做出任何的反省。但這幾位愛國主義熱血青年卻堅信：「世界上一切的和平進步，無一不得惠於中國的功德」。

這一年還有另外一部強烈民族主義的反美作品《中美較量大寫真》，它是中共建國以來，首次以暢銷書形式對中美衝突做詳盡論述的作品。本書採用紀實體文學手法，從批判「中國威脅論」出發，控訴美帝明裡暗裡再度祭出冷戰時期的「遏制政策」，來達到最終阻止中國發展與現代化的目的。它從五○年代的韓戰開始，一直寫到1995年10月美國總統柯林頓與中共總書記江澤民在紐約的會面，敘述中美之間長達半世紀的衝突，而臺灣問題則是其中關鍵因素。寫此書的目的，根據作者，是要讓中國人民看看，美國是怎樣不斷變幻手法，製造麻煩，向中國施加強大壓力。至於貫穿全書精神的則是：落後就要挨人欺負，我們必須發展強大。

值得注意的是，1996年是兩岸爆發嚴重衝突的一年。這年3月臺灣舉辦第一次總統直接選舉。大選前夕，中共對基隆及高雄外海發射飛彈。中華民國國軍以及所屬飛彈部隊隨即進入最高警戒狀態。美國也馬上派遣兩艘航空母艦到臺灣附近海域，並進行大規模的海空聯合演習。另一方面，解放軍海軍潛艇部隊也緊急全部出海抗衡。臺海進入臨戰狀態，各國準備在臺撤僑。

與《中國可以說不》互相輝映的民族主義作品，是十三年後於2009年（中國成為世界第二大經濟體前夕）出版的另一本暢銷書《中國不高興》。它開宗明義地說：《中國可以說不》是中國只想領導自己；《中國不高興》則是中國有能力領導世界。《中國不高興》的作者主張在外交上，要與西方有條件的決裂；在大目標上，要告別晦氣重重的歷史悲情，告別自我矮化的精神歷史，成為英雄國家，為世界除暴安良。值得一提的是，九○年代後出現的極端民族主義，在現實中的對照是2012年出現的那句名言：「反美是工作，留美是生活」。至於政商兩棲，號稱愛國藝人者在國內賺足眼球，也賺足財富，最後選擇將金錢轉移美國，享受自由人生，這種案例也是不勝枚舉。

另外必須指出的是，晚清之前的中國世界觀，是一種具有包容性的以儒家

德性倫理為基礎的天下主義；傳統上中國並沒有國家主義或民族主義的概念。來自西方的民族主義成為近代中國富強觀念的重要論述，是在清末若干流亡海外（特別是日本）的菁英，如國民黨前身的同盟會革命派人士，與維新變法派支持者如梁啓超等開始傳播開來的。在當時的歷史格局裡，來自日文的民族主義這一個詞彙，主要是作為喚起民眾的救亡工具。它首先是用來反對滿洲人在中國的統治（排滿主義），這是近代中國關於民族主義的第一義。第二義則是反帝，反對帝國主義對中國的主權侵犯以及與中國訂定的不平等條約。在精神上，無論是廣義或狹義的民族主義，它作為批判性的、抵抗意義的特色，與1990年代以後崛起的排他性、攻擊性的中國民族主義，有非常明顯的區別。

小結：修昔底德陷阱不可避免嗎？

2010年代從中國內部蔓延開來的「東升西降論」，不僅僅是靜態的自我期許，而是動態的擴張主義，它直接挑戰了二戰結束以來的冷戰國際體系，特別是挑戰了維持國際體系的世界霸主美國。如此一來，這就進入了所謂的「修昔底德陷阱」（Thucydides Trap）：新崛起的強權挑戰當下的霸主地位，必定爆發武力衝突。

美國總統川普主政時期的智囊、鷹派政治人物曾經指出，美國歷史上有過三次重大危機：獨立革命，內戰，和1930年代的「經濟大蕭條」；但當下的美國正在經歷第四次重大危機——「修昔底德陷阱」。他認為美國前三次重大危機無一不以戰爭結束，至於這一次，爆發大規模衝突以解決危機，也將是不可避免的。

環視當下時空，2022年春俄國領導人普丁武力入侵烏克蘭，造成數百萬無辜百姓在寒冬裡流離失所。此舉不僅引起了俄羅斯周邊國家的警惕，紛紛從之前的中立角色，向歐盟靠攏；另一方面，這個戰爭也給原本各行其是的歐洲國家帶來大團結的效應，以各種資源支持烏克蘭，造成俄國意外的挫敗。而在此前中國領導人宣稱與俄國的「友好關係無上限」，不願在國際上表態譴責俄國的侵略行為，在私底下甚至還藉機大量收購俄羅斯的廉價能源，與世界主流的杯葛犯罪加害者的人道主義做法背道而馳，更讓世人對中國的曖昧態度起疑，將中俄視為「邪惡軸心」。2022年夏北約（NATO）在馬德里召

開的會議中，控訴俄羅斯為當代世界「最重大與直接的威脅」，而且史無前例地將遠在天邊的中國定位為潛在敵人，宣稱中國「系統性挑戰」（systemic challenges）北約的安全、利益，與價值。

當下，人類的物質技術已經發展到移民火星不是夢想的時刻，但現實裡我們比過去任何時候都接近第三次世界大戰的危機中——瘟疫橫行，戰爭爆發，經濟衰退。2020年初以來從武漢爆發開來的冠狀病毒，肆虐全球，世界死亡人數已經超過570萬，至今仍未熄滅。於此同時，俄羅斯在2022年春入侵烏克蘭，爆發二戰以來最大的戰爭型態之一，至今這兩個同文同種的民族仍在廝殺當中，雙方傷亡人數不斷增加。對於此刻仍在螺旋升高的種種重大危機，政治菁英們與學者專家是否有足夠的智慧去拆除引信，目前事實上還看不到可以樂觀以待的契機。

一年多前我受到相交多年的前輩好友、資深出版人五南文化圖書公司楊榮川董事長的親睞，邀我策劃一套叢書。基於知識份子的使命感，將這套叢書訂名為《國局與世變》，希望透過海內外這些資深學者專家的無私奉獻，能在混沌的世局裡點起一盞智慧的明燈。如果這些思辨能夠為世界帶來和平，為世人帶來幸福，那也就不枉費楊董事長的託付了。

丘為君

2022/7/5

前言

貨幣，歷史的見證、時代的縮影

　　每一枚貨幣都有屬於自己的「歷史含量」，平實見證著時代的變遷；就如同一頁頁活生生的歷史教材，直接述說著歲月的滄桑。例如：

一錠明朝「金花銀」十兩銀（見第一章圖1-3）：展現的是「足色而有金花」的上好「折糧銀」，在「白銀貨幣化」過程中的重要角色。

一枚「祺祥通寶」（見第二章圖2-15）：述說的就是慈禧太后，以快、狠、準地手段，悍然廢除「顧命大臣」制度，改變清朝體制的「辛酉政變」。

一枚宣統三年「大清銀幣」（見第三章圖3-20）：是清朝唯一也是最後一枚國幣，直接見證了大清帝國滅亡的那一刻。

一枚袁世凱「中華帝國 洪憲紀元」飛龍銀元（見第四章圖4-10）：不必贅言，看到的就是袁世凱復辟稱帝，那場破碎的皇帝夢。

一張民國三十八年（1949年）「臺灣銀行」拾圓紙幣（見第五章圖5-26）：正是提醒我們，莫忘中華民國遷臺後，那段風雨飄搖的艱困日子。

　　貨幣本身就是歷史的見證、時代的縮影；從貨幣直接「研讀歷史」，少了一份疏離感、多了一份臨場感，自古就不乏文人學者，深愛此味、樂此不疲。上世紀三〇、四〇年代，中國貨幣的研究，在此精神下，終於從金石學和考據學中脫穎而出，成為一專門獨立的學科。

貨幣，經濟血液、文明動力、利益深淵

　　貨幣，俗稱金錢或錢；古人有云：「錢者，人君之大事，御世之神物」，今人亦道：「掌握了貨幣、掌握了資本，就掌握了世界」。貨幣除了有自身的「歷史含量」，向來更是「象徵皇權、代表國家」，舉凡百姓生活日用消費、

國家財政收支、國際貿易通商等，無不牽動著整個國家經濟民生命脈。貨幣本身具有價值又代表價值，承載著活絡民生經濟的天然使命，當我們將時間拉回500年前，以中外貨幣金融宏觀的視角，簡單回顧一下，就不難理解它對國家社會，甚至人類影響之深巨。

十五世紀大航海時代來臨前夕，在中國市場白銀崛起的偶然，造就了「經濟全球化」與「白銀帝國」的必然，所以有人說：「白銀改寫了中國史，也改寫了世界史」。白銀成為東西海上貿易的主要媒介，通過「白銀經濟」，中國市場開始與全球市場接軌；從十六世紀中到十八世紀末的250多年間，中國雖已從明朝換到清朝，但仍是世界白銀的「天然中心」，瀟灑地浸淫在「銀窖」中。

十九世紀初，西方工業革命漸成，是導致東西全方位代差的重要分水嶺。從此，資本也取代天然資源，成為社會生產動力、經濟成長的第一要素；而資本就是錢、就是貨幣。幾乎同時，「金本位制」的貨幣制度在英國正式建立，此舉不僅打造了「日不落帝國」，日後更成就了「英鎊霸權」。1840年爆發的鴉片戰爭，成為近代中國夢魘之始；若從背後金融脈動審度，又何嘗不是一場以英國先進的「金本位制」，與中國落後的「銀本位制」，雙方因貨幣而導致的「白銀貿易」之戰？

「用銀為本、用錢為末」，銀、錢兼備的清朝，在整個十九世紀到二十世紀初，外有以武力為後盾的列強，透過貨幣金融的任意入侵、貿易通商的強勢霸凌；內有層出不窮的「銀賤錢貴」、「銀貴錢賤」，交替出現的貨幣海嘯。終清一朝，「錢荒」、「銀荒」始終魅影隨形，從未擺脫貨幣比價失控，帶來的動盪不安。

二十世紀初，清朝滅亡後的民國，處於軍閥割據的分裂局面，仍以銀元為市場主要流通貨幣，雖經數次貨幣改革，但始終跳不出「銀本位」的手掌心；直到北伐成功，1935年底完成「法幣改革」，才正式讓實行近五百年的銀本位制壽終正寢。在紙鈔法幣問世之後的十五年間，歷經了八年抗戰、四年內戰，中華民國終因財經失策、軍事失敗等因素，致紙鈔貨幣信用盡失，敗走臺灣。所幸靠著新臺幣建立起信用，於驚濤駭浪中，得以浴火重生。

二戰結束前的1944年，美國通過「布雷頓森林體系」，將英鎊請下神壇，正式開啟「美元霸權」新時代；之後又憑藉整體綜合國力，促成「美元信

用本位制」的國際貨幣制度，讓美元至今仍是當之無愧，全球最重要的儲備、結算和外匯交易貨幣。今天，在貨幣金融的世界裡，美元主宰著大局，深度影響全人類。

著書初衷

古今中外真正能以貨幣的視角，將歷史與財經兩大領域鮮活整合，融會詮釋「金融」在人類歷史，以及大眾生活上扮演的重大角色，並得到一般讀者廣大迴響、共鳴的，應始於2008年，由前哈佛經濟學者尼爾・弗格森（Niall Ferguson）所著的暢銷書《貨幣崛起：金融資本如何改變世界歷史及其未來之路》（*The Ascent of Money: A Financial History of the World*）。

此書導論介紹中有兩小段深雋的話[1]：

The ascent of money has been essential to the ascent of man
（貨幣的崛起對人類的進步提升至關重要）

Behind each great historical phenomenon there lies a financial secret
（每個重大歷史事件的背後都有一條金融線索）

的確，貨幣的誕生，是人類一項重大發明，它的流通，促進了人類文明提升，但它的價值，也引來了人類的貪婪與利益爭奪。當然，近代中國所發生的歷史大事，幾乎毫無例外，背後也多牽引著一條條金融線索。

本書通過五種中國近代通用貨幣：銀兩、銅錢、龍洋、銀元及紙幣為中軸視角，主要：
1. 以上百張貨幣圖片，從正面直接連結相關的歷史大事。
2. 以諸項史料，從上面俯瞰回顧近代貨幣金融制度與改革。
3. 以多方專業資料，從背面間接探索相關的金融脈動。

各章先提出與流通貨幣相關的核心問題為引導，繼而遵循正面、上面、背

---

[1] Niall Ferguson: "*The Ascent of Money: A Financial History of the World*", PENGUIN BOOKS, 2009, p4.

面三方互補的方式、交織書寫。引領讀者親近感受從明朝中葉「白銀貨幣化」到今天，五百多年來，風雲變幻的中國；體會理解近代這段「美麗與哀愁」、「悲歡與榮辱」的時代記憶；並由貨幣金融的宏觀探討中，更進一步看清在大國博弈、詭譎多變的世局裡，「利益」仍是國際社會背後的共通語言、不變的叢林法則，臺灣唯有務實壯大自己，才有真正的康莊大道。

第一章　銀兩：白銀帝國的美麗與哀愁

十六世紀「白銀貨幣化」與「經濟世界化」的互動，打造了「白銀帝國」的繁榮盛世；然而實為「白銀貿易」之戰的「鴉片戰爭」，打破了世界白銀「天然中心」曾創造的神話，竟成為近代中國「屈辱史」的開端；隨之一個接一個不平等條約，賠不完的鉅額銀兩，成為加速清朝滅亡的推進器。本章主要讓讀者明白「白銀改寫了中國史，也改寫了世界史」。

第二章　銅錢：自古不容小覷的動亂之源

整個清朝，幾乎從未擺脫「銀賤錢貴」、「銀貴錢賤」，或「錢荒」、「銀荒」交替出現的經濟困境。層出不窮的民變，包括太平天國之亂在內，與「銀錢比價」的暴起暴落，絕對脫不了關係；內憂之外，更多了要脅索求的外患，英法聯軍擺明若不開放市場、通商貿易，就是「毒打」。內憂加外患，也喚起了有志之士，中國近代化的第一步──「洋務運動」。本章將帶動讀者清楚認識，小小的銅錢，除了有屬於自己的「歷史含量」，還承載著活絡民生經濟的天然使命，其影響不可小覷。

第三章　龍洋：天朝圖騰裡的慘澹歲月

第一時間進行幣制、金融改革，是日本「明治維新」背後的大功臣；反觀清朝對貨幣的改革，一直是慢半拍，而且糾結在「圓兩之爭」，並未真正解決核心的「銀本位」問題。清末慈禧太后與光緒皇帝，雙軌並行矛盾互鬥，功過自有歷史公評，然而列強貨幣任意長驅直入，外國銀行更是金融體系系亂背後重要黑手，真是國何以堪？本章主題在闡述，沒有自主且穩定的貨幣金融制度，大鑄龍洋及一些無關大局的幣改，要「富國強兵」就只是天朝圖騰下的奢想。

第四章　銀元：軍閥割據下的悲歡與榮辱

辛亥革命時，列強在「大國協調」下，維持了「不軍事干涉、不借款支援」的中立基本共識；民國建立後，不論是北洋政府各派系、地方軍閥、南方政府，各方勢力為了壯大自己、解決軍費財政支絀問題，都要依附列強，從五國銀行團的「善後大借款」，到日本的「西原借款」，再到「聯俄容共」幾乎沒有例外。而民初數次幣改，均無功而退，就是無法解脫銀本制的束縛。本章重點在說明，軍閥割據的銀元時代，各有所圖的列強及其附屬銀行團，對中國影響之巨大，並期讀者進而理解「沒有永遠的朋友，沒有永遠的敵人，只有永恆的利益」的國際競合「叢林法則」。

第五章　紙幣：從抗戰英雄、內戰主凶，到遷臺保命符

從孫中山「貨幣革命」起，到紙鈔法幣堪稱奇蹟地成功發行，順利結束了近五百年的銀本位幣制。然在之後的十五年間，中華民國歷經了八年抗戰、四年內戰，財經失策、軍事失敗等，致紙鈔貨幣信用盡失，最終敗走臺灣；之後的新臺幣在驚濤駭浪中，逐漸建立起信用，在臺灣的中華民國才得以浴火重生，直到今天。本章以信用紙幣為主角，為讀者深層探索，抗戰、內戰、到遷臺，大時代悠悠歲月背後的金融脈動。

結語：回顧既往，展望未來，誠懇提醒

本書的末尾，嘗試將中國近代貨幣放在國際貨幣體系的格局中回顧；展望未來兩個最核心貨幣問題：「美元霸權何時會終結？」與「數位貨幣將是未來通貨？」，並對臺灣在國局與世變中，提出兩點誠懇提醒：「沒有永遠的朋友，沒有永遠的敵人」與「知己知彼，百戰不殆」。

美國驚悚小說泰斗史蒂芬‧金（Stephen King），曾對寫作有一段很好的詮釋：

In the end, it's about enriching the lives of those who will read your work, and enriching your own life, as well.

（最終，它所涉及的，乃是豐富了那些讀者的人生，也豐富了你自己

的人生。）

　　著此書的目的，正與史蒂芬‧金所述不謀而合，期盼通過貨幣的視角，讓讀者能更「理解過去、明白既往」，豐富其人生；同時，從對貨幣深層次的探索中，我也能「以學立德、以學增智」，豐富自我人生。

　　如果您是喜愛收藏錢幣的「泉友」，又對錢幣背後相關的歷史有濃厚興趣的話，本書將是提供您深度了解近代貨幣的最佳切入點；如果您熱愛歷史，又對貨幣金融、財經動態與趨勢有興趣的話，本書將是帶您走進近代貨幣史的最佳入門書。

　　貨幣，是人類文明、社會進步重要的推手，是利益爭奪的醜陋深淵，又同步見證著時代的潮起潮落；要認識人類文明史，斷不能忽略貨幣的視角。

　　藉此書，我用心分享學習心得，期待與讀者一同豐富我們的人生！

CONTENTS
目　錄

第一章

銀兩：白銀帝國的美麗與哀愁

　　「白銀貨幣化」從明朝中期肇始，歷經整個清朝至民國二、三十年結束，銀兩貨幣馳騁中華大地近五百年而不墜，影響深邃久遠。白銀是如何由非法變合法？為何白銀會從國外源源湧入，打造了「白銀帝國」？又如何從神壇跌落，走進歷史？鴉片戰爭背後的金融線為何？有人說「白銀改寫了中國史，也改寫了世界史」，它是如何做到的？

本章共十個章節：

1. 「寶鈔」紙幣，失信的「信用貨幣」
2. 「白銀貨幣化」順勢崛起
3. 「世界貿易」的白銀順風車
4. 銀兩成為「合法通用貨幣」
5. 最牛「民間海外貿易」
6. 「海禁」、「四口通商」到「一口通商」
7. 銀多人多的「康雍乾盛世」
8. 鴉片戰爭，實為「白銀貿易」之戰
9. 賠！賠！賠！賠不完的銀兩
10. 銀兩制、銀本位制先後走進歷史

　　以銀兩為中軸線，白銀惹起的鴉片戰爭為分界點，宏觀探討近五百年間「白銀帝國」之潮起潮落。鴉片戰爭以前的三百多年，在「經濟全球化」下勃發的「白銀經濟」，濃妝中國擁有了世界白銀「天然中心」的美麗；鴉片戰爭之後近一百年，在「銀本位制」下的惡性循環裡，卻讓中國又陷入了落後就被霸凌，永無翻身之日的哀愁。

銀，因其色白，故稱白銀；自唐朝開始，「兩」被用作白銀的重量和計算單位，漸漸「銀兩」就成爲白銀稱量貨幣的正式名稱。銀兩始終不算是「法定貨幣」，然明清兩朝，甚至到民國，基本上對銀兩均採「放任自流」的態度，曾是市場主要「合法通用貨幣」；官民鑄造五花八門，形狀大小也無規定，其價值在「看稱、看色」，即決定於重量與成色上。清康熙時訂定「紋銀」（成色最好的銀子，因表面有皺紋，故名）的標準成色約爲93.5374%，意思就是每百兩紋銀含93.5374兩純銀，使用時「申水」（兩種價格不同的貨幣互相交換時，由一方加價給另一方作爲補貼）六兩爲「足銀」；通常低於九成，成色太差的銀錠，大都拒收。

　　「兩」的重量，各地有異，清朝中央庫平壹兩爲37.301g，海關用的關平壹兩爲37.68g，江南地方普遍用的漕平壹兩爲36.56g，湖南用的湘平壹兩爲35.84g等（表1-1）；此處的「平」即砝碼，是銀兩所用的重量標準，不同單位、地方的標準雖說相差不大，但當交易大筆銀兩時，就失之毫釐、差以千里。

表1-1　銀兩主要重量標準[1]

平名	使用單位／地區	備註
庫平	中央	清政府收徵租稅，出納銀兩所用衡量標準，初訂立於康熙年間，然各地標準不一，光緒三十四年（1908年）清廷度支部擬訂統一度量制度，規定以庫平爲權衡標準，庫平壹兩爲37.301g。
關平	海關	清朝中後期海關所使用的一種記帳貨幣單位；關平兩首次見於1858年《中英天津條約》，關平壹兩是37.7994g；十九世紀末，關平壹兩合581.55grain，即37.68g；而庚子賠款是按照37.913g的標準計算；又稱「關銀」、「海關兩」，非固定值，但略高於庫平銀，依當時折價可換算庫平銀、各地標準銀及外國貨幣。

[1] 維基百科：「平色」，https://zh.wikipedia.org/wiki/%E5%B9%B3%E8%89%B2。

從貨幣看近代中國之風雲變幻

平名	使用單位／地區	備註
漕平	江南地方	江蘇、浙江、安徽、江西、湖北等省漕糧原本以米石徵收，後改為以漕銀徵收。漕平，也作曹平，為漕糧改徵白銀後所用平砝。各地漕平重量不一，根據印度造幣廠試驗數據，上海漕平每兩重565.697grain，而根據日本大阪造幣局試驗數據，每兩合565.73grain；普通計算則用565.7grain。另有資料記載，漕平壹兩合36.65g，或合36.6g。
湘平	湖南	湘平壹兩為35.84 g。
廣平	廣州	廣平壹兩為37.50 g，又稱「司馬平」。

　　銀兩一般以銀錠為主要形式，大體分為四種：大錠、中錠、小錠、散銀。大錠叫「元寶」，也叫「寶銀」，重五十兩；中錠，重十兩，又稱為「小元寶」；小錠，叫「錁子」，也叫「小錁」，重一兩至五兩不等；散銀，叫「滴珠」，也叫「福珠」，為一兩以下的散碎小粒銀。

　　白銀的貨幣性質始於兩漢，盛於明清，無巧不巧，就在十六世紀經濟全球化的前夕，白銀崛起於市場，順勢貨幣化，銀兩一躍成為明朝中期最硬的通貨，清末民初雖逐漸被銀元取代，但一直沿用到民國二十二年（1933年），國民政府實行「廢兩改元」後，銀兩才正式停止使用，退出貨幣舞臺，結束了中國唐宋以降一千多年的銀兩制；後又於民國二十四年（1935年）發行紙鈔「法幣」、廢止銀元，才讓實行近五百年的銀本位制走進歷史。

　　銀兩作為主要流通貨幣，是帶動經濟運行的血液，明末清初的中國，盡情地展開「吸銀大法」，一度擁有「白銀帝國」的繁榮盛世。然從十九世紀開始，中國與西方的差距漸漸全面拉大，尤其英國經由工業革命成功，成為世界最強國家，一場鴉片戰爭，開啟了「人為刀俎，我為牛肉」的夢魘，之後一個接一個不平等條約，賠不完的鉅額銀兩，當初熱銷商品優勢不再，加上落後的銀本位幣制，讓近代中國奏起哀歌，吃盡苦頭。

「寶鈔」紙幣，失信的「信用貨幣」

元世祖忽必烈至元八年【南宋咸淳七年（1271）】，發布《建國號詔》，取「大哉乾元」之意，建立的曠古未有超級強國——元朝，但不到一百年光景，即以極快的速度崩潰瓦解，打敗元朝的不是民族矛盾，也不見得是武裝力量，說穿了很可能是其紙本位貨幣制度[2]！紙幣為本位貨幣有許多實質優點，但操作不當，極容易被其反噬。

這裡所謂之「本位貨幣」指的是國家貨幣制度所規定的標準貨幣，貨幣本位制指的是以何種貨幣作為本位貨幣？如「金本位制」就是以黃金為本位貨幣，「銀本位制」就是以白銀為本位貨幣，「銅本位制」就是以銅錢為本位貨幣，如果同時以黃金、白銀為本位貨幣，就叫「金銀複本位制」；另外，本國貨幣與另一實行金本位制的國家，保持固定匯價，以黃金或外匯為平準儲備金，稱「金匯兌本位制」，又稱「虛金本位制」，通常是存在於殖民地與殖民母國之間的一種貨幣關係。

當今世界各國，幾乎都是「紙本位制」的信用貨幣，但其發行量是根據經濟發展的需要而定，通過縝密的審查過程，進行嚴格的管控，避免發行過量，失去「信用」、成為廢紙。本位制是金融貨幣制度裡的一個重要概念，因為本位貨幣的決定，就是決定以何種貨幣為主要流通標準貨幣，這與國家的經濟民生、前途命運，息息相關。

元朝以紙幣為本位貨幣，並以白銀為儲備保證金，足見白銀在元朝的份量；一個不可否認的事實，就是元朝建立了當時相對完善的先進紙幣制度。在已發現的元朝銀錠，有些背面鑄有「元寶」二字（圖1-1），原意乃「元代之寶貨」；民間一般將五十兩大銀錠叫作「元寶」，逐漸又演變成富裕吉祥的象徵，這種人見人愛的俗稱即是源自元朝。

元朝東征西討，似乎是一個沒有邊界意識的朝代，光打南宋就打了四十多年，之後又打日本、越南、緬甸、爪哇等國，連年高漲的軍費，讓

---

2 孤寂寒光：〈元朝這麼強大，為何卻亡得這麼快？還不是錢多鬧的〉，朝文社，2020年3月20日，https://3g.163.com/dy/article_cambrian/F8507OSK05238DGE.html。

圖1-1　元世祖至元十四年（1277）五十兩銀錠。
正面銘文「揚州 行中書省 庚字號 銷銀官王瑛 銀匠侯君用」等諸多文字，背面銘文
「元寶」。（圖片來源：https://m-auction.artron.net/search_auction.php?action=detail
&artcode=art81805010）

紙本位幣制的元朝想到了老辦法──大量印發「中統元寶交鈔」（見第五
章圖5-1）、「至元通行寶鈔」（見第五章圖5-2）紙幣。然紙幣不同於金屬
貨幣，是「信用貨幣」，靠政府信用來保證其價值；當大量發行成為政府
斂財、剝削的工具，本身沒有價值的紙幣，就是廢紙一張，只能拿來做糊
牆的壁紙；元朝無濟於事的多次變象換鈔，更引發嚴重的社會不安與危
機，讓紙幣信用掃地。

　　元順帝妥懽帖睦爾是元朝的亡國之君，元統元年（1333）即位，到
明洪武元年（1368）出逃北遁，元朝短短98年中，元順帝在位36年，就
獨佔三分之一強，是在位時間最長的元代皇帝。為了恢復對紙鈔的信任，
元順帝鑄行了貨幣史上絕無僅有的「權鈔錢」，即以銅錢權當銀鈔（圖
1-2）；江河日下的紙鈔、救急的權鈔大錢等，縱使想有作為的元順帝，
也無力回天，加上橫徵暴斂的賦稅政策，終於一發不可收拾、義軍四起，
元朝滅亡、明朝代之。

圖1-2　元順帝「至正之寶」權鈔伍錢（1341～1370）。
此銅錢正面「至正之寶」四字，楷書直讀，字體端麗俊秀，相傳為元代書法家周伯琦所書；背穿上有「吉」字，應表示為江西吉安道監制，背穿右邊有「權鈔」二字，背穿左邊紀值伍錢權鈔錢，直徑達80mm，重120g左右，是中國錢幣史上最大的行用方孔圓錢。（圖片來源：https://nicecasio.pixnet.net/blog/post/468200351）

　　《明太祖實錄》中曾明確指出銅錢的不便之處：
1. 鑄錢需要大量的銅。
2. 民間私鑄銅錢。
3. 銅錢值小，不利長距、大額交易。
　　明朝一開始是用銅錢為主通貨，但明太祖朱元璋之後又決定步元朝後塵，以紙幣為主要貨幣，於洪武八年（1375），發行「大明通行寶鈔」（見第五章圖5-3），由於大明寶鈔不像元朝紙鈔設有保證儲備金，不能直接兌換金銀，只發不收，且沒有發行限制，以致信用大失、大幅貶值，明初曾多次啟動拯救寶鈔行動，包括禁銀等，仍無法讓寶鈔起死回生[3]。

3　木木：〈朱元璋三令五申禁止白銀當貨幣，白銀又是如何逆襲為主流貨幣的？〉，每日頭條，2020年6月30日，https://kknews.cc/history/252ayo9.html。

「白銀貨幣化」順勢崛起

銀兩作為相對穩定的貨幣，得到百姓廣泛認可使用，逐漸取代紙幣寶鈔成為主要貨幣。有學者研究明洪武至成化119年間，徽州427件土地買賣契約，發現白銀貨幣化，不是國家法律硬性規定造成，而是市場機制使然[4]；並非一般認為是明英宗朱祁鎮正統元年（1436）「弛用銀之禁」，並下令江浙、湖廣等產糧地區，不通舟楫的地方，米麥可用白銀折納的結果[5]。

明英宗，正是那位在太監王振的慫恿下御駕親征，結果在土木堡（今河北省張家口市懷來縣）兵敗，被瓦剌俘擄，史稱「土木堡之變」的明朝第六任皇帝；一年後瓦剌將英宗放回，被其弟仁宗幽禁了六、七年後，又由「奪門之變」復辟為第八任皇帝。明英宗這位史上少有，曾做過兩任但並不怎樣英明的皇帝，其實在白銀貨幣化的過程中，更多的是站在對立面，逆勢地為寶鈔的苟延殘喘護行。

銀兩從明朝初期的非法貨幣，到中期成為通用貨幣，據當時文獻資料可知，正統之後的成化至弘治年間（1464～1505）才是歷史轉折點；白銀貨幣化，顯然不是朝廷由上而下硬性制定貨幣制度、法令推行而成，而是成就於市場機制（圖1-3）。

中國歷代王朝少有例外，「錢者，人君之大權」，幾乎都將貨幣鑄造權及發行權牢牢掌握，嚴禁私鑄，因為當權者清楚知道，控制貨幣，即是取得社會財富的支配權；由貨幣鑄造和發行，解決財政問題，進而鞏固政權。而明朝中期之後銀兩成為硬通貨，顯然打破了這個恆例；五百多年前，「白銀貨幣化」的進程，卻是一個由下而上，市場機制打敗國家機器的非典型實證。

---

[4] 萬明：〈全球史視野下的明代白銀貨幣化〉，光明日報，2020年8月3日，頁4。

[5] 戴志強編著：《錢幣鑑定》，吉林出版集團有限責任公司，2010年6月，頁146。

圖1-3 明朝「金花銀」十兩銀錠。
金花銀為明朝「折糧銀」的通稱，原意為足色而有金花的上好銀兩，又名「折色銀」或「京庫折銀」。金花銀因均缺少紀年銘文，確切鑄造年代難以斷定，是當時重要的財政收入。（圖片來源：https://m-auction.artron.net/search_auction.php?action=detail&artcode=art0023516255）

「世界貿易」的白銀順風車

　　十五世紀到十七世紀，隨著「大航海時代」或稱「地理大發現」（Age of Exploration）來臨，跨洲際歐洲船隊的商業活動越來越頻繁。兩位美國學者 Dennis O. Flynn and Arturo Giraldez，提出「世界貿易」（World Trade）誕生於1571年之說[6]，因為該年西班牙人在菲律賓建立了馬尼拉市，這是人類有史以來第一次在美洲與亞洲之間，有實質、直接且持續的商船貿易，正式完成了跨越四大洲的世界貿易拼圖；他們也同時提出，導致世界貿易誕生，最重要的單一貨品就是白銀。

　　俗話說「來得早，不如來得巧」，就在十六世紀世界貿易誕生，經濟全球化開端前夕，正巧兩件事的完成，促成中國市場與全球市場接軌：白銀貨幣化、澳門開埠與漳州月港開海。

---

[6] Dennis O. Flynn and Arturo Giraldez, *Born with a "Silver Spoon": The Origin of World Trade in 1571*, Journal of World History, Vol. 6, No. 2 (fall 1995), 201-221.

如之前提過，市場機制催化了白銀貨幣化，明朝初期發行的唯一紙幣大明寶鈔，行用約一百多年，至明弘治（1488～1505）以後已經完全廢止[7]；銀兩取而代之，成為主要通用貨幣，這也使白銀內需大增，中國歷代產銀量本就不高，境外供應就自然成大勢所趨。

而談到澳門與漳州月港，就不得不先談明朝「海禁」。傳統海外貿易主要有兩種：官方的「朝貢貿易」與「民間海外貿易」；朝貢貿易是從中國儒家傳統文化，衍生出「進貢」、「賞賜」的對外關係，政治性遠大於經濟性；明初朝貢貿易達到鼎盛，明成祖朱棣時鄭和下西洋，海外宣揚國威，一時「八方來貢，萬國來朝」，即是最佳佐證（圖1-4）。

圖1-4　明朝廣東廣州府軍餉五十兩銀錠。
正面銘文「廣東廣州府傾解椒木軍餉銀壹錠重伍拾兩正銀匠陳信」，「椒木」指胡椒和蘇木，是通過「朝貢貿易」由東南亞輸入的貴重香料和染料，此銀錠是由廣東廣州府，對椒木貢品抽取的貨物稅銀，所鑄造的軍餉。此銀錠確切鑄造時間雖難定，但不失為明朝與南洋「朝貢貿易」的有力實證。（圖片來源：https://www.numisbids.com/n.php?p=lot&sid=3839&lot=41255）

但同一時期，民間海外貿易卻走進「死胡同」；明之前的宋、元兩代，基本上均採開放政策，民間私人海上貿易發達。明太祖朱元璋反方向而行，做了180度的大轉彎，於洪武三年（1370）到洪武三十年（1397）之間，分別多次發布禁海令，下令「片板不得下海」，禁止老百姓私自出海等，違者最高可處絞刑。

---

[7] 同註5，頁202。

朱元璋對民間海外貿易，爲何採取極其嚴苛的海禁政策？原因說法不一，一般歸納不外乎：

1. 朱元璋認爲明朝農業足以立國，不需私人海外貿易。
2. 因元末張士誠、方國珍等，被朱元璋打敗，殘餘逃亡海上，成爲反明勢力，造成明初沿海不安。
3. 因海盜活動猖獗，頻頻襲擾沿海地區。朱元璋是明朝開國第一人，他的政治方針就是「祖訓」，所以他的子子孫孫，幾乎都將此奉爲國家基本政策，直到明末戰端四起，海禁才形同廢弛。

其間分別在明世宗嘉靖及明穆宗隆慶年間，幸運地開了兩個民間對外民間貿易小窗口 —— 澳門與漳州月港。於是澳門與月港，成爲海禁政策下，中國市場連接全球市場的濫觴[8]。

葡萄牙人率先在「澳門開埠」

歐洲人渴求幾與黃金等價的東方香辛料（Spice），是開啓大航海時代的要因之一。葡萄牙人爲了壟斷海路輸往歐洲的印度香辛料，於1510方索，率先攻佔印度西岸的果阿（Goa）；緊接著葡萄牙印度果阿總督阿方索‧德‧阿爾布克爾克（Affonso de Aibuquerque），於1511年8月率艦隊攻陷馬六甲（Melaka），在馬六甲建起法摩沙城堡（A'Famosa）。葡萄牙有位旅行家曾這樣說：

誰掌控了馬六甲，誰就扼住了威尼斯的咽喉。

足見馬六甲戰略地位之重要。不久葡萄牙人抵達印度尼西亞俗稱「香料群島」的摩鹿加群島（Kepulauan Maluku），當地珍貴人氣商品丁香、肉荳蔻、肉荳蔻皮等辛香料，經由東方的香辛料貿易路線，通過馬六甲海峽，運往歐洲而聞名於世。爾後葡萄牙人與海寇等，於1524年，在浙

---

8 同註4，頁7。

江舟山群島南部的六橫島、佛渡島間闢建「雙嶼港」，一時成為海盜走私基地，及亞、歐各國商人自由交易的商港；然於1548年，浙江巡撫、提督浙閩海防海防軍務朱紈率軍趕走葡萄牙人，並剿滅了海賊[9]。之後直到1557年葡萄牙才終於在澳門落地生根，自此展開長達442年的殖民統治（圖1-5）。

圖1-5　葡萄牙若昂三世（JOÃO III）10克魯扎羅（Cruzados）金幣（1521～1557）。

若昂三世執政期是葡萄牙的極盛時期，包括澳門在內，在各大洲建立了很多殖民地據點，同時與日本開始有了直接接觸。（圖片來源：https://en.numista.com/catalogue/pieces97812.html）

　　葡萄牙人何時立足澳門說法不一，但一般認定，始於明世宗嘉靖三十二年（1553），葡萄牙人以遇風暴，曬貢物為由，並行賄明朝海道副使汪柏，獲准入住澳門。據說當時葡萄牙人從媽祖閣（媽閣廟）附近登陸時，問此處地名，當地人回答：「媽閣」，這就是葡語澳門「Macau」（媽閣葡語的譯音）的由來。澳門本來只是個小漁村，葡萄牙人入住後，於嘉靖三十六年（1557），正式求得明朝同意，獲取居住權，從此澳門也平步青雲，「麻雀變鳳凰」，一躍而為東西貿易重量級的國際商埠。

9　維基百科：「雙嶼港」，https://zh.wikipedia.org/wiki/%E5%8F%8C%E5%B1%BF%E6%B8%AF。

之前早在嘉靖二年（1523），當時日本正處於「戰國時代」，一時竟來了兩個日本朝貢使節團，雙方互爭正統，結果引發在明朝家門口，寧波等地打殺互鬥，史稱「爭貢之役」；嘉靖皇帝一怒之下，實行了比朱元璋更嚴的海禁，市舶、朝貢口岸全部關閉，中斷了一切海外貿易，一直到四十四年後，這位明史上在位第二久的皇帝去世。也正因如此，未受海禁波及的澳門，開埠後在葡萄牙人的經營下，反而搖身變爲晚明對外貿易的中轉站，並發展成以澳門出發的至少兩條重要航線：

1. 「澳門—日本長崎」的日本航線。
2. 「澳門—印度果阿—葡萄牙里斯本」的歐洲航線[10]。

　　每年五、六月，葡萄牙大帆船，從印度果阿滿載由里斯本轉運來的銀幣，及印度特產胡椒、蘇木、象牙、檀香等貨物，順著西南季風，經過馬六甲海峽抵達澳門。然後將銀幣和貨物，換成中國的絲綢、生絲、黃金、陶瓷器、糖、藥材、棉紗等貨物，翌年初夏，再順著季風，駛向日本九州長崎，將高檔的中國貨，主要換成白銀及少量日本貨，同年秋天返回澳門。用日本白銀，收購中國生絲、絲綢、瓷器、香料等商品，第三年的秋天順著季風，經馬六甲海峽，返回果阿，將貨物在當地或運回葡萄牙出售；如此的白銀轉手中，葡萄牙人大賺特賺，樂此不疲。

　　日本銀產量當時曾佔世界總產量的三分之一，通過葡萄牙人，由「澳門—長崎」航線，大量輸入中國。長崎和中國淵源深厚，葡萄牙人於此開啓了日本所稱的「南蠻貿易」（日本人稱東南亞地區爲南蠻，用此引申，來稱呼日本與以東南亞地爲據點的葡萄牙、西班牙等國之間的貿易）。於此特別值得一提的是，日本三大銀山之一，位於島根縣大田市的「石見銀山」（Iwami Ginzan Silver Mine）；在一部日本高中歷史教材《世界史の窓》中，對石見銀山是這樣解說[11]：

[10] 黃啓臣，鄧開頌：〈明代澳門對外貿易的發展〉，《RC：文化雜誌》，澳門特別行政區政府文化局，頁107。

[11] Y-History教材工房，《世界史の窓》，7章1節-石見銀山，https://www.y-history.net/appendix/wh0801-064_1.html。

石見銀山開発の契機は中国での銀需要の沸騰だった。中国に銀を持ち込めば大もうけができる。……そこで、ポルトガル商人が間に入る貿易の中で、日本は銀で中国の高価な絹織物や陶磁器を購入。日本銀が中国に流れた。

（石見銀山開發的契機，是因爲中國對白銀的需求沸騰，如將白銀帶到中國，可以賺很多錢。……因此，經由葡萄牙人爲中間貿易商，日本用白銀購買了高價的中國絲織品和陶瓷器，日本銀源源流入中國。）

九州博多商人神屋壽禎，於1527年發現石見銀山，此後大量日本「石見銀」，輾轉流向中國，成爲明朝中葉後銀兩的重要源頭之一。這座與中國關係菲淺的石見銀山，於2007年登錄爲世界遺產，是凡想深度旅遊日本的人士，值得造訪之地。

西班牙人連結「漳州月港開海」

嘉靖一朝因倭患最甚，海禁也最嚴，嘉靖四十年（1561）至四十四年（1565），名將戚繼光、俞大猷等先後肅清福建、浙江、廣東的倭寇，東南沿海倭患蕩平。

其實「嘉靖倭亂」，與明朝海禁國策脫不了關係，講白了，就是「爭貢之役」造成朝貢貿易停擺後，更激化了海禁與反海禁的對抗。有見於「市通則寇轉而爲商，市禁則商轉而爲寇」，嘉靖皇帝去世後，明穆宗隆慶繼位，頗有改革開放之意，於隆慶元年（1567）允准福建巡撫都御史涂澤民上疏，開放海禁「准販東、西二洋」，史稱「隆慶開關」（圖1-6），不久就開放了福建漳州府月港。

月港因其港道「一水中塹，環繞如偃月」得名。在世界貿易誕生的前夕，月港成爲明朝唯一合法的私人海上貿易始發港，自此明朝也從以官方朝貢貿易爲主的模式，一轉爲民間海外貿易爲主。此舉不久後，即與西班牙於1571年佔據的菲律賓馬尼拉相連結，經濟世界化於焉誕生，跨越全球的國際海商活動，同步蓬勃展開。

圖1-6　明穆宗「隆慶通寶」（1566～1572）。
隆慶皇帝在位僅6年，比起之前的嘉靖皇帝在位44年，之後的萬曆皇帝在位47年，
相對不起眼。隆慶皇帝在位其間，最大的貢獻就是「隆慶開關」，允許「民間海外
貿易」的政策大調整，在很大程度上，也使倭寇活動逐漸趨於消亡。（圖片來源：
https://kknews.cc/culture/x52n2jr.html）

　　大航海時代，西班牙建立的美洲殖民地，先後發現位於玻利維亞的
「波托西」（Potosí）和墨西哥的「薩卡特卡斯」（Zacatecas），產量驚
人的世界級銀礦。1565年西班牙從佔領宿霧島，開始殖民統治菲律賓，
之後又以佔領的馬尼拉為轉運交易中心，在此以南美洲來的白銀，與福建
漳州月港來的生絲、絲綢、棉布、瓷器等中國商品，進行直接交易，開闢
了一條「漳州月港—菲律賓馬尼拉（Manila）—墨西哥阿卡普爾科（Aca-
pulco de Juárez）」的「太平洋絲綢之路」。這條航線，揭開了太平洋兩
岸，經濟文化交流的序幕，加上同時期的「澳門—馬尼拉」航線，及後來
的「廈門—馬尼拉」等航線，從公元1571年至1813年，歷時240多年間，
更成就了史上著名的「馬尼拉大帆船」（The Manila Galleon）貿易。

　　南美鉅額白銀及銀幣由馬尼拉中轉，或直接運回歐洲，再由歐亞商貿
輾轉的湧入，更堅挺鞏固了明朝的銀本位制；於1536年西班牙人建造的
墨西哥造幣廠，生產了第一枚歐式錢幣，一般認為，這種在南美鑄造，形
狀不規則的西班牙COB（cobmoney，簡稱COB），於十六世紀中前後，

經葡萄牙人以白銀稱重方式，是最早流入中國市場的外國銀幣，故稱「西班牙本洋」[12]。日後由機器製的西班牙銀元（西班牙語：Real de a ocho、Dólar、Peso duro、Peso fuerte、Peso），因幣面圖案及鑄造時間先後，俗稱「雙球雙柱」（圖1-7）與「人像雙柱」（圖1-8）的雙柱本洋銀幣，成為十八世紀國際間最具代表性的貿易貨幣；直到十九世紀初中期，南美製西班牙銀元曾廣泛在沿海及長江流域地區流通，是這段「絲──銀對流」、「絲──銀貿易」的最佳見證。

圖1-7　西班牙卡洛斯三世（Carlos III）1769年8里亞爾（Reales）銀幣。
於1732年，由南美機器製造，規格一致的「雙球雙柱」西班牙銀元問世後，清初從江浙一帶開始大量流通。此枚雙球雙柱銀幣，正面有兩個半球，左右各列一海格力斯柱，「M上0」字，表示鑄地是墨西哥，背面正中為西班牙國徽。（圖片來源：https://aureocalico.bidinside.com/es/lot/45667/1769-carlos-iii-mxico-mf-8-reales-/）

明朝的絲綢、茶葉、瓷器、鐵器等就像今日的名牌精品，廣受世界各國青睞；當時本位貨幣白銀相對價高、物價低，歐洲商人一到東方，立刻就發現了這個大商機，以高價的白銀或銀幣，直接現金支付，購買物美價廉的高檔流行精品，一時之間形成白銀大量流入，創造了閃亮的「白銀經濟」。

[12] 百度百科：「西班牙本洋」，https://mr.baidu.com/r/DCt79TOwDe?f=cp&u=5924d2a59d8b139d。

圖1-8 西班牙卡洛斯三世（Carlos III）1786年8里亞爾（Reales）銀幣。
此枚人像雙柱銀幣，又俗稱「佛頭」，正面為卡洛斯三世胸像，「M上0」表鑄地是墨西哥，背面中間為國徽，徽上有皇冠，國徽的兩側各列一海格力斯柱。人像雙柱自卡洛斯三世於1772開鑄後，另有卡洛斯四世（Carlos IV）和費迪南七世（Fernando VII）共三種。1823年前後，墨西哥獨立，西班牙本洋才逐漸淡出中國市場，由墨西哥自鑄的鷹洋取代。（圖片來源：https://auction.sedwickcoins.com/item.aspx?i=43218143）

銀兩成為「合法通用貨幣」

在白銀貨幣化大勢所趨之下，明朝廷政策也有了「髮夾彎」的轉變，作法從「嚴禁」、「睜一隻眼，閉一隻眼」，到「順水推舟」。例如，明孝宗弘治即位時，禮部侍郎丘濬奏上《大學衍義補》，就曾建議以「白銀為上幣」；之後伴隨著一系列財稅制度改革，更將銀兩確立為合法通用貨幣。其中尤以明神宗萬曆九年（1581），內閣首輔張居正推行的「一條鞭法」最具代表性。

根據《明史‧食貨志》的記載，一條鞭法的內容如下：

一條鞭法者，總括一州縣之賦役，量地計丁，丁糧畢輸於官。一歲之役，官為僉募。力差，則計其工食之費，量為增減；銀差，則計其交納之費，加以增耗。凡額辦、派辦、京庫歲需與存留供億諸費，以及土貢方物，悉並為一條，皆計畝徵銀，折辦於官，故謂之一條鞭。

簡單的說，就是「賦役折銀」，將各州縣的田賦、徭役以及其他雜徵總爲一條，合併一律以銀兩進行徵收，多少按畝折銀繳納（圖1-9）。一條鞭法從試辦到全國推行的數年間，國家糧食儲備、歲入存銀大增，大大改善了自明英宗正統之後，國庫空虛的窘境，史書稱「太倉粟可支十年，囷寺積金至四百餘萬」。

圖1-9　明朝重慶府糧銀九兩五錢銀錠。
由正面銘文「重慶府解納大糧銀九兩五錢」，可知此銀錠是四川重慶府解送繳納的折糧銀。（圖片來源：http://www.thenewyorksale.com/wp-content/uploads/2021/02/2021sm-The-New-York-Sale-World_Part1.pdf）

萬曆是明神宗朱翊鈞的年號，他是明朝在位最久的皇帝，共歷四十七年。登基時不滿十歲，歷史學界通常把萬曆年間分爲兩個階段：前十年爲「張居正時代」，之後爲「後張居正時代」。萬曆十年（1582）六月，櫛風沐雨的張居正不幸「過勞死」，讓這位明朝唯一被授予太傅、太師的名相，生前萬萬沒想到的至少有兩件事：

其一，張居正一手「嚴管教大」的萬曆皇帝，在他去世不久，竟抄其家產、削其爵位和封號、迫害其家人，甚至險遭開棺戮屍。

其二，一條鞭法明文規定稅以銀徵收，從此流通貨幣銀兩，有了官方的背書，也就是有了法律的根據，正式成爲合法通用貨幣；銀兩從市場交易的媒介，升級到納銀完稅，立刻掀起了白銀大量內需的動能，同時也意味著全世界需拿白銀來和明朝做生意，是「白銀帝國」形成的首要推手。

明朝貨幣最先是銅本位，不久明太祖朱元璋即大力推行紙本位，紙本位實行約一百多年後被市場淘汰，在明孝宗弘治年間成爲銀本位，此後明

朝貨幣以白銀爲主、銅錢爲輔。從明太祖洪武到明穆宗隆慶，兩百多年間，十二位皇帝中只有一半鑄有銅錢，且數量有限；明神宗「萬曆三征」期間，才又開始大量鑄錢，明末戰亂四起，明天啓到明崇禎，銅錢更是鑄行無度[13]。

完全不同於兩宋，基本上銅錢在明朝一直是輔幣的地位，明中期以後，除了小額交易仍用銅錢外，幾乎無處不用銀，白銀在市場的量大、流通也大，尤其由上而下的一條鞭法推行後，更達到前所未有的使用高潮，爲滿足白銀迅速飆升的市場內需，深入接軌國際市場已是勢不可擋。

在白銀貨幣化後，以一條鞭法爲代表的財稅制度改革，使銀兩內需更增；澳門開埠與月港開海，促成世界貿易接軌。兩者其實是供需關係，在相輔相成之下，致白銀源源流入，誰先誰後？誰是因誰是果？已難有定論，但它們共同打造了「白銀帝國」，是不爭的事實。

最牛「民間海外貿易」

隨著明朝國力的下降，「大撒幣」維持形象的朝貢貿易也逐漸衰弱，直到消失。相反地，民間海外貿易卻因「隆慶開關」，取得合法地位，明末海禁廢弛，就是想禁其實也無能爲力。

鄭氏海商集團

武裝的民間海商集團，在明末清初的東南沿海，建立了強大的海上貿易網，其中「紅頂海盜」鄭芝龍就是當時名符其實的「海霸王」。鄭芝龍何許人也？或許很多人不知道，但提到他大名鼎鼎的兒子鄭成功，那就無人不知，無人不曉。

鄭芝龍是如何從無名小卒，迅速崛起成海上一哥？史上眾說紛紜，一般認爲，與被洋人暱稱爲「Captain China」（中國船長）的李旦，及人稱「開臺王」，名列《臺灣通史》人物列傳之首的顏思齊，兩位知名重量級

---

[13] 呂鳳濤編著：《古錢收藏與投資》，華齡出版社，2009年1月，頁87。

海盜商人有關。於明熹宗天啓五年（1625）此二人先後病逝，鄭芝龍全權接收了他們在臺灣的事業，以臺灣魍港（即北港，今嘉義縣布袋鎮）爲根據地，在海峽兩岸從事走私及海上打劫不法之事（圖1-10）。

圖1-10　明熹宗「天啓通寶」（1621～1627）背「十、一兩、密」。
天啓五年（1625）鄭芝龍自立門戶後，結拜18位海盜商人稱「十八芝」，不久並建立水師，成為第一個以臺灣為基地，當時海上最大的武裝集團。之前的天啓四年（1624），荷蘭人已先在臺灣大員建熱蘭遮城，之後的天啓六年（1626），西班牙人亦在臺灣北部，分別建立了聖薩爾瓦多城與聖多明哥城。明朝天啓年間的臺灣是包括荷蘭、西班牙、鄭芝龍、原住民大肚王國等多方勢力，區域性統治的局面。（圖片來源：https://kknews.cc/collect/gz8lzom.amp）

自立門戶的鄭芝龍，數年間與荷蘭、日本、明朝等各路力量折衝周旋，以其卓越的能力，打造了一支橫行於臺灣海峽的海盜商人集團，多次擊敗官方圍剿。於明思宗崇禎元年（1628），鄭芝龍再次接受明朝招安之時，已有三萬人眾，船千餘艘。

鄭芝龍接著利用搖身一變的官員身份，砲口立刻轉向昔日海上同行，名正言順地藉剿滅海賊，快速地擴張事業版圖，壟斷私人海上貿易；官方的旗號，讓他巧妙整合各方力量，以廈門爲據點，建了一支實力強大的官商結合武裝船隊。不久鄭芝龍就開始頒布自家「令旗」，說白了就是向福建沿海通行船隻收取「保護費」，一口價每船收3,000兩，繳了保護費的

船，就可以掛上「鄭氏」旗幟，通行無阻，鄭芝龍以此經營方式，歲入以千萬兩計，富可敵國。以明朝為靠山，有錢有勢、日益強大的鄭氏海商集團，讓新興的世界海權霸主荷蘭人，不爽又不安。

荷蘭人帶領臺灣站上世界貿易舞臺

十七世紀初，剛從西班牙獨立出來的荷蘭開始崛起，雙方的戰爭持續不停，從歐洲戰場一路打成全球的海權爭霸戰；荷蘭人在海上取得輝煌戰果，很快就取代西班牙，成為世界上最強大的海上霸主。荷蘭當時船隻總頓位佔歐洲的四分之三，造船業當時世界第一，建立了遍布全球，強大的商船隊和艦隊，主宰並控制著世界海商貿易，被譽為「海上馬車夫」（Sea Coachman）（圖1-11）。

圖1-11 荷蘭共和國1650年雄獅泰勒（Leeuwendaalder, Lion Daalder）銀幣。
低地國家，尼德蘭七省共和國（LOW COUNTRIES, Republic of the Seven Netherlands，1581～1795），又稱荷蘭共和國（Dutch Republic），1581年聯盟雖宣布獨立，然與西班牙的戰爭仍在繼續，直到1648年與西班牙國王菲利普四世（Felipe IV）簽訂《明斯特和約》（Treaty of Münster），才正式成為主權國家。此時期的荷蘭發展成為十七世紀航海和貿易強國，包括在南非、印尼、臺灣、紐約等各地建立殖民地和貿易據點，被稱為荷蘭的「黃金年代」。（圖片來源：https://www.numisbids.com/n.php?p=lot&sid=5292&lot=1203）

然而，荷蘭人在打進明朝市場上，卻是吃盡苦頭。1596年荷蘭人入侵印度尼西亞，逐漸掌控後，即將目標放在葡萄牙人經營的澳門，當時

葡萄牙仍由西班牙統治，攻佔敵對國的殖民地乃天經地義之事；於1601年～1627年，荷蘭先後發動了五次，企圖攻佔澳門的軍事行動，均以失敗收場，其中尤以天啓二年（1622）「葡荷澳門戰役」為最。當時由總部設在巴達維亞（今印尼雅加達）的荷蘭東印度公司（荷文：Vereenigde Oostindische Compagnie，簡稱VOC），派出12艘戰船（包括荷蘭盟友英國的兩艘），土兵約1,000人，準備佔領澳門；6月22日起雙方激戰多日，最後荷軍敗退[14]。

再次無顏敗走的荷軍選擇北行，決定重返於1604年曾佔領過131天，但被當時福建都司沈有容「諭退」的平湖（今澎湖）；於1622年7月11日荷蘭人順利佔領澎湖後，一方面修築要塞工事，一方面與明朝談判，雙方一直打打談談一年多，始終沒有共識。天啓四年（1624）初，明朝決心將荷蘭人趕出澎湖，於是「風櫃城之戰」正式開打，經過八個月鏖戰，有一說是由之前提過的「中國船長」李旦為中間人出面調停，雙方最終達成協議，荷軍放棄澎湖並拆除要塞[15,16]；明廷不干涉荷軍佔領臺灣、默許荷蘭商船來明朝從事通商貿易。又有一說當時替荷蘭人擔任翻譯的通事，就是精通多國語言的鄭芝龍[17]。同年8月26日荷軍撤出澎湖轉往臺灣大員（今臺南市安平區），隔天8月27日（農曆7月14日）鄭芝龍長子鄭森（幼名福松，後名成功），在日本九州平戶藩（今日本長崎縣平戶市）誕生；三十八年後，鄭成功將荷蘭人趕出大員，終結了臺灣史上第一個政權的殖民統治。

如果荷蘭人成功拿下澳門，或得到明朝同意留在澎湖，或沒有得到明朝不干涉之默許，也就不會轉往臺灣大員，因為不像澳門及澎湖那麼靠近

[14] 維基百科：「葡荷澳門戰役」，https://zh.m.wikipedia.org/wiki/%E8%91%A1%E8%8D%B7%E6%BE%B3%E9%96%80%E6%88%B0%E5%BD%B9。

[15] 周婉窈：〈明清文獻中「臺灣非明版圖」例證〉，收於《鄭欽仁教授榮退紀念論文集》，稻鄉出版，1999，頁267-293。

[16] 李筱峰：《快讀臺灣史》，玉山社，2002年11月30日，頁14。

[17] 國立故宮博物院：十七世紀的臺灣、荷蘭與東亞，《海禁下的民間活力：尼古拉·一官》，2012年8月5日，https://archive.ph/20120805093923/http://www.npm.gov.tw/exhbition/formosa/chinese/04.htm。

大陸市場，畢竟臺灣還隔著「黑水溝」，並非當時海上霸主荷蘭人的貿易首選據點；然而種種巧合，讓本是「化外之島」的福爾摩沙，因此而站上世界貿易的舞臺。福爾摩沙一詞音譯自拉丁文及葡萄牙文的「Formosa」，均為「美麗」之意；傳說1543年（另說1544年）葡萄牙人航海時發現臺灣，便說出：「Ilha formosa!」（美麗之島！Beautiful Island！），臺灣也因而得此美名。有趣的是，同時在1624年，另一批荷蘭人亦於紐約曼哈頓島上建立了第一個殖民地，取名為「新阿姆斯特丹」（New Amsterdam），日後竟發展成為世界的金融中心。

　　荷蘭人在南臺灣雖站穩腳跟，然而鄭芝龍的壯大，不僅壟斷臺海貿易，且直接威脅到荷蘭人對日本、南洋的貿易，加上明朝未遵守當初的默許，荷蘭東印度公司總部，決定與海盜劉香聯手，派出十多艘新式戰船，以武力解決鄭芝龍，並脅迫明朝履行承諾，雙方於崇禎六年農曆六月初一（1633年7月6日）起，至9月20（10月22日），在金門料羅灣展開激戰，史稱「料羅灣海戰」，又稱「崇禎明荷海戰」[18]，已日落西山的明軍以鄭芝龍為先鋒，竟打敗當時世界最強的荷蘭海軍，此役之後，鄭芝龍穩坐東南沿海的海霸王之位，荷蘭人則退回臺灣大員。

　　其實荷蘭人到臺灣南部後不久，西班牙人也從菲律賓派兵，在臺灣北部分別建立了「聖薩爾瓦多城」（San Salvador，今基隆和平島西南端）與「聖多明哥城」（San Domingo，今淡水紅毛城），雙方經過十六年的爭奪，於1642年8月底荷蘭人以武力趕走西班牙人。然荷蘭人仍不得不在鄭芝龍陰影下，維持合作關係，基本上以「臺灣製造」的米、糖等，及東南亞的香辛料等，大作日本、中國、東南亞、歐洲的轉手國際貿易；主要以日本賺來白銀，大量收購中國生絲、絲綢、瓷器、棉布等商品及黃金，生絲及絲織品轉賣日本，瓷器轉買歐洲，棉布轉賣東南亞，黃金運往印度科羅曼德爾海岸（Coromandel Coast）的荷蘭商館[19]，臺灣成為荷蘭東印

---

[18] 維基百科：「崇禎明荷海戰」，https://zh.wikipedia.org/wiki/%E5%B4%87%E7%A6%8E%E6%98%8E%E8%8D%B7%E6%B5%B7%E6%88%B0。

[19] 程紹剛：《荷蘭人在福爾摩莎》，聯經出版公司，2000年11月8日，頁308。

度公司，非常賺錢的「一頭好乳牛」。

　　有學者統計，從公元1567年隆慶開關到1644年明崇禎皇帝自縊滅亡（圖1-12），七十多年間估計當時世界白銀總生產量的三分之一，約3億3千萬兩流入中國，全球三分之二的國際貿易與中國有關[20]。不同的學者，在多少白銀流入中國的估算上，不盡相同，但明末並並未受北方戰事影響，「對外海上貿易持續大幅出超，白銀大量流入」的結論卻是一致地：葡萄牙人、西班牙人、荷蘭人、及民間海外貿易，都是建立「白銀帝國」的好推手。

圖1-12　明思宗「崇禎通寶」（1610～1644）。
崇禎皇帝是明朝的亡國之君，李自成攻陷北京，自縊於煤山。之後清兵入關，明朝宗室在南方建立的政權合稱「南明」，歷時十八年。（圖片來源：https://cmacoin.com/goods.php?id=4830）

「海禁」、「四口通商」到「一口通商」

　　順治元年（1644）清朝入關後，可用一路勢如破竹來形容，僅僅用了十幾年，就先後擺平了「闖王」李自成、「大西王」張獻忠，及南明福王朱由崧、唐王朱聿鍵、魯王朱以海、桂王朱由榔。

---

[20] 王裕巽：〈明代白銀國內開採與國外流入數額試考〉，《中國錢幣》，1998(3):24-31。

鄭成功收復臺灣

　　唐王在主要支持者鄭芝龍降清後，被俘而亡，鄭成功收編了其父鄭芝龍舊部，後改奉桂王（永曆帝）爲正朔，力抗清朝於東南沿海十餘年，數度讓清軍受挫，於順治十六年（1659）七月曾一度由海路突襲、包圍南京，可惜功敗垂成。北伐南京的失敗，讓鄭成功意識到陸戰攻城非己所長，只能憑借海戰優勢固守，且爲解決龐大軍費等問題，遂決定攻取每年爲荷蘭人大賺特賺的貿易轉口站——臺灣，作爲持久反清後方基地。

　　1661年（清順治十八年，南明永曆十五年）春，鄭成功親率大軍2.5萬，由金門料羅灣出發，攻打僅有約1,500人駐守的臺灣大員。荷軍人數雖不多，卻擁有當時世界最精銳的海軍戰船，兩座有精良火器裝備防禦的歐式頂級要塞：「熱蘭遮城」（Zeelandia；臺灣城，今安平古堡）與「普羅民遮城」（Provintia；赤崁城，今臺南市中西區），及由印尼巴達維亞總部趕來的援軍。

　　戰事進行了幾乎一年，終於在1662年2月6日（順治十八年，即南明永曆十五年十二月十八日）荷蘭人簽字投降、撤離南臺灣，轉往北臺灣。就在鄭成功與荷蘭人交戰其間，清廷已斬殺無利用價值的鄭芝龍，並掘了鄭氏祖墳，鄭成功亦於攻取臺灣之後五個月突然去世，由子鄭經即位。翌年，鄭氏全面撤出閩南沿海，退守臺灣，西洋人稱鄭經爲「臺灣的國王（The king of Tyawan）」[21]，後於1668年趕走滯留北臺灣的荷蘭人。

　　相較於只有少數幾千人，局部殖民統治臺灣的荷蘭，鄭氏政權的統治是較全面、較深化的，鄭經雖說「東寧建國，別立乾坤」，也只用「東寧國主」自稱。至康熙二十二年（1683），鄭經次子鄭克塽 向清廷投降，結束了鄭氏王朝在臺灣22年的統治。從鄭成功領軍抗清開始，鄭氏一直奉南明永曆帝爲正朔，到臺灣後仍行用「永曆通寶」銅錢（圖1-13），就是最佳例證；永曆通寶中有銅色幽潤之小平錢（一文錢）及篆、行二種折二錢（二文錢），爲鄭成功鑄於日本長崎[22]。

---

[21] 同註16，頁19。

[22] 丁福保：《歷代古錢圖說》，臺北冷齋畫室，1969年11月第二版，頁169。

圖1-13　南明永曆帝「永曆通寶」（1646～1662）。
鄭氏王朝始終奉南明永曆帝為正朔，此枚永曆通寶應是鄭成功在日本長崎鑄造，供臺灣使用。（圖片來源：https://www.icollector.com/NAN-MING-Yong-Li-1651-1670-AE-cash-6-21g-F-VF_i40776498）

「閉關政策」下的白銀經濟

　　鄭成功承襲了鄭芝龍建立的金、木、水、火、土「山五路」，仁、義、禮、智、信「海五路」，合計十大商行的強大海上貿易力量，並與西洋人、日本人合作，長期與清廷周旋。為了防止並打擊鄭成功反清勢力，於順治十二年（1655）清廷下令沿海各省「全面海禁」；順治十八年（1661），更實施了嚴厲的「遷界令」，強迫東南沿海居民內遷三十至五十里。

　　康熙二十年（1681），平西王吳三桂、平南王尚可喜、靖南王耿精忠的「三藩之亂」平定；康熙二十二年（1683），又結束了鄭氏王朝在臺灣的統治。三藩及臺灣既平，清廷亦開始「展界」，即安排當初被遷界令強遷的居民復歸，次年正式開海，分別設立「廣州的粵海關、廈門的閩海關、寧波的浙海關、上海的江海關」四大海關，其下各轄十幾至幾十個海關口岸，這是中國史上正式建立海關的開始。

　　也因為全面開海，移民尤其至南洋的人數激增，清朝對移民在海外建立反清據點，恐對其剛剛穩定的統治不利，而深感不安；康熙的「四口通

商」，在乾隆二十二年（1757）變爲「一口通商」（表1-2）；加諸後來頒布的《防範外夷規條》，《民夷交易章程》和《防夷八條》等附加了嚴苛禁令，即是一般所說的「閉關政策」[23]。乾隆的「一口通商」國策，一直延續到道光二十二年（1842），鴉片戰爭戰敗，雙方簽訂《南京條約》止，共實行了八十五年。

表1-2　四口通商到一口通商的主要進程

時間	相關內容
康熙二十三年（1684）	分別設立「廣州的粵海關、廈門的閩海關、寧波的浙海關、上海的江海關」四大海關，其下各轄十幾至幾十個海關口岸，這是中國史上正式建立海關的開始。
康熙五十六年（1717）	宣布禁止南洋貿易，即「南洋海禁」。
雍正五年（1727）	清政府又再開南洋海禁。
乾隆二十二年（1757）	英國商人「洪任輝事件」，清廷宣布關閉閩海關、浙海關、江海關三個海關及下轄口岸，僅開放粵海關對西方人貿易，也就從康熙的「四口通商」，一變而為「一口通商」。

　　在鴉片貿易尚未大規模擴展之前，「中國製造」的商品，尤其是當時「出口鐵三角」——茶葉、瓷器和絲綢，在國際貿易市場，可說無堅不摧，打遍天下無敵手。一口通商時的粵海關廣州，基本上壟斷了全國的對外貿易，有學者據統計，一口通商的八十年間，每年的平均貿易商船數，約是之前四口通商七十二年間的15倍[24]。從遷界令到四口通商，又到一口通商及所謂的「閉關政策」，清廷爲維護政權，防止反清勢力與國外勢力串聯，時緊時鬆的海禁，在鴉片輸入未激增之前，其實並未影響到持續循環運轉中的「白銀經濟」。

---

[23] 劉軍：〈明清時期「閉關鎖國」問題贅述〉，《財經問題研究》，2012年第11期，頁21。

[24] 陳尚勝：〈「閉關」或「開放」類型分析的局限性—近20年清朝前期海外貿易政策研究述評〉，《文史哲》，2002年06期。

銀多人多的「康雍乾盛世」

清朝一開始即制定了「七分用銀，三分用錢」的方針，大力倡導「用銀為本、用錢為末」。清代銀兩的貨幣性更體現在：

1. 一兩以上的稅必需以白銀繳納。
2. 順治十八年（1661）：「每十文準銀一分，永著為令」，也就是政府法令規定銀錢比價。
3. 「紋銀」起源於康熙時期，全名「戶部庫平十足紋銀」，為清朝法定銀兩標準成色，純度為93.5374%，銀兩以紋銀為標準，按成色折合計算。
4. 國家算計均用銀兩計算[25]。

加上明中葉後白銀大量注入中國市場，及積極開採銀礦，銀礦的生產中心由浙江、福建延伸到雲南，清初白銀存量充足，讓清朝以銀本位制，持續走在「白銀帝國」的大道上。

世界白銀的「天然中心」

1540年以後，日本產銀量提高；1560年之後，美洲白銀產量也劇增，主要都是流入中國市場。一本由著名美國學者安德烈・貢德・弗蘭克（Andre Gunder Frank）寫的《白銀資本：重視經濟全球化中的東方》（*ReORIENT: Global Economy in the Asian Age*）書中[26]，稱1400年～1800年的中國為「銀窖」，是世界貿易和經濟增長的中心，中國商品吸收了全球一半的白銀，那時葡萄牙商人間流傳著：

白銀在全世界到處流蕩，直至流到中國。它留在那裡，好像到了它天然的中心。

---

[25] 李曉萍：《金銀流霞—古代金銀貨幣收藏》，浙江大學出版社，2004年3月，頁76。

[26] 安德烈・貢德・弗蘭克（Andre Gunder Frank）：《白銀資本：重視經濟全球化中的東方（*ReORIENT: Global Economy in the Asian Age*）》，劉北成譯，中央編譯出版社，2001年1月。

延續銀本位制的清朝，雖然仍以天朝自居，對外通商貿易時開時禁，只當作是懷柔手段，但隨著銀兩主貨幣的市場流動，大量內需及強勁出超，清前期康雍乾三朝134年間，中國穩穩座在世界白銀的「天然中心」。

　　十年前一本由英國作家馬丁·賈克（Martin Jacques）寫的暢銷書《當中國統治世界》（*When China Rules the World: the Rise of the Middle Kingdom and the End of the Western World*），有這樣的一段話[27]：

　　十八世紀末期，中國最先進的地區（尤其是長江三角洲），似乎與西北歐最繁華的地區（尤其是英國）不相上下，由於最先進的區域對工業的起飛具關鍵影響，英國與長江三角洲之間的比較最有指標意義。

　　明末清初的中國經濟中心，無疑已經南移到長江三角洲地區，就是來自南方的商品，如蘇州的絲、棉織品，南京的綢緞，景德鎮的瓷器，廣東、臺灣的蔗糖，安徽、福建、湖南的茶，不只是暢銷國內，更是海外日本、南洋、歐洲的大熱賣，爲天朝年年賺進大量白花花的銀子。

「攤丁入畝」和「馬爾薩斯陷阱」

　　清初康熙、雍正、乾隆三朝，到底是所謂的盛世？還是帝國的夕陽黃昏？說法見仁見智，但可確定的是這段期間有一大特點——人口快增、大增。在康熙六十一年（1722），人口突破一億五千萬，乾隆五十五年（1790）突破三億大關，約佔當時世界人口的三分之一[28]。導致人口爆炸式增長的諸多原因中，最重要的莫過於雍正二年（1724）推行的「攤丁入畝」（又稱「攤丁入地」、「地丁合一」）賦稅改革制度（圖1-14）。

[27] 馬丁·賈克（Martin Jacques）：《當中國統治世界》（*When China Rules the World: the Rise of the Middle Kingdom and the End of the Western World*），李隆生、張逸安譯，聯經，2010年4月，頁59。
[28] 姜公韜：《中國通史—明清史》，第六章 清的極盛與中衰，九州出版社，2010年1月，頁173-179。

圖1-14　清世宗「安邱縣 雍正年月」五十兩銀錠（1722～1735）。
雍正時期推行的「攤丁入畝」又稱「地丁合一」的賦稅制度；土地稅和徭役稅，本是用銀兩折算分別徵收，稱為「地銀」和「丁銀」，地丁兩稅合併後，由地起丁，田多丁多，田少丁少，地銀攤入丁銀，合稱「地丁銀」，此制度意謂著實行兩千多年人頭稅（徭役稅、丁稅）的廢除，直接減輕了無地、少地農民的負擔，是導致人口爆炸式增長的主因。（圖片來源：https://www.noble.com.au/auctions/lot?id=441885）

　　簡單的說，攤丁入畝就是把徭役稅（丁銀），合併在土地稅（地銀）中一起計算徵收，是張居正一條鞭法再深化的2.0版。此一制度的實施，使人頭稅併入土地稅，賦役一元化後，人口不再是徵稅的根據，直接減輕了無地、少地農民的經濟負擔，進而放下對生養小孩的顧慮，許多學者都直指，它是促進了人口迅速增長的主因。

　　人口爆增，隨之而來的影響是巨大、深遠的。英國著名人口學家和政治經濟學家托馬斯‧羅伯特‧馬爾薩斯（Thomas Robert Malthus），於1789年《人口原理》（*Principle of Population*）一書中，提出：

population growth is potentially exponential while the growth of the food supply or other resources is linear, which eventually reduces living standards to the point of triggering a population die off.

（人口增長可能呈幾何級數增長，而糧食供應或其他資源的增長呈線性增長，多出來的人口，終將降低生活水平，引發到被消滅的地步。）

　　也就是說，當人口增長超過相應的農業生產力，就會發生飢荒或戰

爭，導致貧困和人口減少，此種說明人口增長與經濟發展關係的理論，被稱爲「Malthusian Trap」（馬爾薩斯陷阱）。

清王朝從乾隆後期由盛轉衰，1800年後的中國，顯然沒有跳出馬爾薩斯陷阱，且越陷越深，問題越來越嚴重。而在1700年時歐洲（包括俄羅斯）人口佔世界總人口的18%，1800年增至20%，到1900年再增至25%；以英國爲例，1750年約575萬，1800年約859萬，1850年增至約1675萬[29]，人口亦是迅速增長。

然歐洲尤其是英國，通過殖民地的開拓，推動完成第一次工業革命，及積極擴展對外貿易，讓英國率先成功擺脫馬爾薩斯陷阱，爾後工業革命成果擴散至整個歐洲，第二次工業革命後，歐洲也安全繞過了馬爾薩斯陷阱。當機器取代人力成爲主要的動力來源，又或藉由榨取殖民地資源來供給養分，社會生產力大幅提升，人口增加帶來的陷阱就迎刃而解，可惜這樣的場景不是發生在中華大地。

鴉片戰爭，實爲「白銀貿易」之戰

大航海時代開始的海權爭霸賽中，先是葡萄牙與西班牙爭鋒，由西班牙勝出，同時控制著在美洲「取之不竭」的銀礦，及「富得流油」的金礦，贏得第一個被冠予「日不落帝國」（the empire on which the sun never sets）的稱號，用此形容當時西班牙在全球都有殖民地的繁榮強盛。之後荷蘭崛起，挑戰西班牙成功，成爲海上霸主；然而在十七世紀至十八世紀，英國與荷蘭之間的四次戰爭後取而代之，終結了荷蘭的黃金時代。

英國於1689年光榮革命後，建立君主立憲制（Constitutional monarchy），即立刻開始挑戰歐洲第一強權法國，從1689年～1815年（清康熙二十八年～嘉慶二十年）的一百多年中，英國和法國爲首的兩大陣營，捉對廝殺，打了七場大規模戰爭，史稱「第二次百年戰爭」，英國雖在1775年～1783年法國支持的美國獨立戰爭中敗北，失去了北美的殖民霸

---
[29] 鄭振捷：〈工業革命與歐洲人的變化〉，《法制與社會》，2009年第05期。

權，最終還是在比利時小鎮滑鐵盧，撤底打敗「法國人的皇帝」拿破崙，成爲第二個「日不落帝國」。維多利亞女王時代（1837年～1901年）的大英帝國進入全盛時期（圖1-15），成爲實至名歸的世界霸主。

圖1-15　英國維多利亞女王（Alexandrina Victoria）1839年「尤娜與獅子（Una and the lion）」5英鎊金幣。
此枚金幣鑄於鴉片戰爭前夕，維多利亞女王剛即位不久，此時的英國工業革命成功，打敗法國拿破崙，是名符其實的「日不落帝國」，當時世界最強國家，正堂堂邁入全盛的「維多利亞時代」（1837～1901）。（圖片來源：Great Britain: Victoria gold Proof "Una and the Lion" 5 Pounds 1839 | Lot #31137 | Heritage Auctions）

　　鴉片戰爭時，清朝似乎並不知道，面對的是遠道而來，但已是身經百戰的世界最強勁旅。事後看來，它不是一場突發的戰爭，若將時間倒回到十九世紀初的戰爭前夕，便會發現戰端開啓、事出有因，表面上是鴉片惹的禍，但眞實的禍首，許多研究直指就是白銀。

南美獨立戰爭與「銀貴錢賤」

　　十九世紀初，海地率先脫離法國，揭開了南美獨立的序幕，到了1808年橫掃歐洲的法國拿破崙出兵西班牙，不久法軍攻陷了大部分西班牙領土的消息，傳至南美洲，瞬間北起墨西哥，南到阿根廷，獨立戰爭遍地開花（圖1-16）。經過一、二十年的抗爭，到了1833年，除了古巴及波

圖1-16　法國皇帝拿破崙·波拿巴（Napoléon Bonaparte）1808年5法郎（francs）銀幣。

1808年初拿破崙軍事入侵西班牙，開打長達六年的「法西戰爭」，不僅對歐洲在反法國統治上，產生了重大影響，同時導致之後的二十五年間，西班牙南美殖民地的獨立運動，進而造成世界白銀產量銳減、供應短缺。（圖片來源：https://en.numista.com/catalogue/pieces8212.html）

多黎各仍在西班牙統治下，其他如墨西哥、委內瑞拉、祕魯、智利等，均紛紛成為獨立國家。

西班牙殖民統治的南美洲，一直是全世界白銀最大的生產區，其中尤以墨西哥為最；獨立戰爭其間及戰後的十多年，造成世界白銀產量銳減，例如墨西哥的白銀產量，到鴉片戰爭後的十九世紀中期才逐漸恢復。

鴉片戰爭前夕，世界白銀流通量劇減，對實施銀本位又相對貧銀的清朝影響最甚，因為自己大量需要白銀，卻又沒有能力掌控白銀的供給，加上康雍乾三朝人口快迅增長，直接造成銀與錢的比價失調——「銀貴錢賤」，老百姓日常生活使用的銅錢貶值。清初原定銀一兩為1,000文錢，到了鴉片戰爭前夕，銀一兩已可換1,200文，甚至高達1,600文，增加了六成。

銀貴錢賤，使銅錢購買能力下降，直接造成通貨緊縮，納稅負擔變重，間接使政府稅收困難、財政不濟。清嘉慶年間財政已經不佳，於是拿

富可敵國的大貪官和珅開刀，抄了他的家來救國庫空虛，所以民間有「和珅跌倒，嘉慶吃飽」一說；道光年間推崇節儉，但陷入「越儉越窮、越窮越儉」，生活水平下降的惡性循環、經濟衰退，形成經濟史上所稱的「道光蕭條」[30]。

英國「金本位制」打造的世界霸權

打戰就是燒錢，燒很多錢，英法第二次百年戰爭，英國能贏得最終勝利，金本位制下穩定的英鎊，及卓越的融資能力，絕對是關鍵主因。

英國是全世界最早實行金本位制的國家，雖然在1816年才通過《金本位制度法案》，到1821年才正式採用金本位制，紙幣英鎊能換金條，之後能換金幣；但早在此一百年多前的1717年，人類史上最偉大的科學家之一牛頓，擔任英國皇家鑄幣局局長時，就提出放棄金銀複本位制，以黃金為唯一貨幣標準，建立了1盎司黃金等於3英鎊17先令10又1/2便士的對價關係，牛頓對貨幣制度的提議被英政府採納，從此英國就已處在事實的金本位制下。

1821年金本位制的最初形式，是加入一定量的黃金鑄造金幣，又稱「金幣本位制」，1英鎊含7.32238 g純金，它基本上保證了英鎊硬幣對黃金不會貶值，相對穩定的貨幣制度是它最大優點，但這種金本位制，前提是必需有充裕的黃金來保持其穩定（圖1-17）。

而在大量黃金儲備上，英國絕對是最有遠見、最早著手，也是最幸運的國家。早在1694年英國就成立了世界第一家中央銀行——英格蘭銀行（Bank of England），亦是世界各國中央銀行的鼻祖。英格蘭銀行，先是經葡萄牙人，儲存了大量由殖民地巴西淘來的黃金，接著是印度、澳大利亞、南非等殖民地，源源湧入的黃金，後來進口到英國，包括在中國用銀套匯來的絕大多數黃金，也都是由英格蘭銀行的黃金辦公室統一保管。英

[30] 韓晗：《讀錢記—誰把歷史藏在錢幣裡》，獨立作家，2016年4月1日，Amazon電子書「道光通寶」篇。

圖1-17　英國喬治四世（George IV）1821年1英鎊（Sovereign）金幣。
英國於1821年正式採用金本位制，每1英鎊含7.32238g純金，為國家標準貨幣單位。
（圖片來源：https://www.auction-world.co/library/item_176612.html）

國先進的貨幣制度、充裕的黃金儲備，加上高信譽的中央銀行，打仗起來錢袋子總是又大又深。

　　大科學家牛頓應始料未及，他幫英國創立的金本位制，使得英鎊悄悄地與黃金劃上等號、閃閃發光，不但避開了西班牙人對白銀的壟斷，日後逐漸終結白銀的國際貨幣地位，更打造了日不落帝國的世界霸權，結果受傷最大也最深的，就是世界白銀的天然中心——中國。

　　南美獨立戰爭造成全球白銀短缺，這對歐洲尤其大量購買中國茶葉、絲綢的英國，影響也不小，因為實行金本位制已久的英國，需先「更金換銀」，然後再與以白銀，與中國交易熱賣商品。其他仍實行金銀複本位或銀本位制的歐洲國家，此刻也都緊守白銀、嚴防外流，這讓英國成本加大，一賣一買中黃金利潤損失巨大，因此剛贏得世界霸主，工業革命又有成的英國，迫切尋求能打開中國市場，平衡貿易逆差的商品。

　　就在此時，在孟加拉大片種植生產的高利潤鴉片，因天時地利脫穎而出，成為打破白銀帝國出超不敗的利器，近代中國血淚史的敲門磚。

「鴉片貿易」，白銀流失亦是重點

英國人進入印度一百多年後，於1773年才派任首位印度總督，又到1858年英國才眞正將印度納爲殖民地，其間是以具有貿易、軍事職能的「英國東印度公司」（British East India Company，簡稱EIC），實際經營治理了八十多年，英國東印度公司順理成章地成爲發動「鴉片貿易」的中樞。鴉片主要由英國東印度公司許可的「港腳商人」（港腳爲「Country」音譯），如英商怡和洋行、寶順洋行等爲代理，在中國銷售。

鴉片是毒品，在今天是無庸置疑的，但在180年前的鴉片戰爭當時，這個定義卻是模糊的，甚至是被否定的。在英國，鴉片當時是公開銷售的精神鎭靜劑，合法的高消費量用品，一直到1912年1月23日在海牙簽署《國際鴉片公約》（International Opium Convention）後，英國才嚴禁鴉片吸食。

清朝早在雍正七年 （1729），後又歷經嘉慶、道光，曾三令五申多次頒布過禁煙令，不但效果不彰，癮君子反而越來越多，上自王公貴族，下至黎民百姓，均以吸食鴉片作爲高尚優沃的表徵，據說道光皇帝在還是親王的時候，就吸食過鴉片。清朝官員把鴉片貿易當作是拿回扣的福利，總是「睜一隻眼，閉一隻眼」無心禁煙，鴉片戰爭前全國已是煙館林立，沒有人會認爲吸食鴉片是件犯法之事。

令人匪夷所思的是，鴉片既是有害國人健康的毒品，而且禁止吸食，鴉片戰爭後清廷竟推廣大面積種植鴉片，禁煙名臣林則徐晚年在回覆友人的信中，竟也提倡鼓勵本土生產鴉片，中華大地一時罌粟花開處處，到了二十世紀初，本土鴉片已完全打趴進口鴉片，滿清穩坐世界名列前茅的吸毒大國。

不完全數據顯示，1800年（嘉慶五年）開始，至1820年，鴉片輸入每年平均約4,000箱（每箱重77公斤），到了1839年，輸入每年約爲40000箱，足足成長了十倍之多[31]。鴉片輸入的激增，也讓雙邊貿易逐漸有了根

---

[31] 維基百科：「第一次鴉片戰爭」，https://zh.wikipedia.org/wiki/%E7%AC%AC%E4%B8%80%E6%AC%A1%E9%B8%A6%E7%89%87%E6%88%98%E4%BA%89。

本上的變化，中國由出超變成入超，當時很多清廷官員都認為，鴉片貿易是造成白銀嚴重流失，銀貴錢賤愈趨惡化的主因（圖1-18）。

圖1-18　清宣宗道光五年（1826）雲南省四兩三漕銀錠。
「道光蕭條」指的是鴉片戰爭前後，道光年間發生的經濟大衰退；世界白銀供應短缺、人口激增需銀大增、鴉片大量輸入白銀大量外流，造成「銀貴錢賤」愈趨惡化，導致的通貨緊縮，人民生活水平下降的惡性循環，正是大蕭條的主因。（圖片來源：https://coinhirsch.bidinside.com/en/lot/13483/china-qing-dynastie-1644-1911-triple-/）

　　林則徐受命禁煙，剛正不阿，嚴格執行鴉片查禁，將從港腳商人及煙販收繳來的鴉片，全部在虎門海灘當眾銷毀，從道光十九年（1839）6月3日～6月25日，一燒就燒了23天，總重量達237萬6,254斤，價值數百萬兩白銀，這就是著名的「虎門銷煙」。林則徐正義凜然、持法如山，固然令人肅然起敬，然不可諱言，此舉除了鴉片危害國民健康，必須嚴查禁止外，另一半也是為了白銀外流這個原因。

後患無窮的「南京條約」

　　虎門銷煙等衝突事件後，英國為維護日不落帝國在華利益及國家尊嚴，決定先從印度後由本土，派出當時世界最強勁旅，遠征中國。於清朝道光二十年（1840）6月，至道光二十二年（1842）8月，發動歷時兩

年三個月的鴉片戰爭，最終清廷戰敗，於8月29日在英軍旗艦「康華麗」（Cornwallis，另譯汗華）號上，正式簽訂中國近代第一個割地賠款、喪權辱國的不平等條約──《南京條約》。共十三條款的條約中主要項目：

割讓香港島。

向英國賠償鴉片煙價600萬銀元、商欠300萬銀元、軍費1,200萬銀元，共2,100百萬銀元。

五口通商，開放廣州、福州、廈門、寧波、上海五處為通商口岸，允許英人居住並設派領事。

另外還有允許自由貿易、關稅自主權、領事裁判權、片面最惠國待遇等一系列特權。然而引發戰爭的鴉片，在整個條約中，僅用賠償鴉片煙價600萬銀元一筆帶過，其他地方竟隻字未提；鴉片故然是戰爭的導火線，但雙方矛盾衝突背後真正的原因，絕大部分是白銀短缺、外流所嬗變的民生及貿易問題。

然最要命的是面對英國這個已經進化的世界一流強國，清朝在軍事、政治、科技、外交、經濟等各方面，全面大幅落後之事實，暴露無遺。對英國而言，鴉片戰爭是一場近似微不足道的「通商貿易」之戰，對中國而言，這場非正義的侵略戰，卻成為改變國運的噩夢開始。

《南京條約》給予英國享有的特權，其他各國也紛紛要求同樣待遇，和美國簽的《望廈條約》、法國簽的《黃埔條約》，即是接踵而至、乘機索取的例子。另外，《南京條約》的割地賠款對清朝來說也是開了先例，有人形容：「割地算截肢，截肢可暫保命，賠款是放血，大放血就會要命」，鴉片戰爭後的晚清幾十年，是截肢又大放血，快速被送進太平間的真實寫照。

《南京條約》中清廷賠款2,100萬銀元，加上戰爭中訂的《廣州條

約》，英方撤離廣州時已經先付的「贖城費」600萬銀元，及英商損失賠償費30萬銀元，總共是2,730萬銀元。要特別指出，這裡是以銀元爲單位，而非之後的不平等條約，大多以銀兩或少數以外國貨幣爲賠款單位；當時清朝尙未發行銀元，此銀元指的就是前面提過，在南美尤其是墨西哥鑄造的「西班牙本洋」（見本章圖1-7、1-8）。

英國選擇西班牙銀元，主要因爲它成色統一，相較成色不一的銀兩，便於計算和交易。一枚外國銀元重量一般爲庫平七錢二分，所以2,730萬銀元，折算約庫平銀1,960萬兩，分四年付清，每年約490萬兩，這個數字約是當年清廷財政收入4,100萬兩的12%，而且其中「廣州十三行」（一口通商期間，清政府指定專營對外貿易的壟斷機構），尤其是首富伍秉鑒已出錢不少，對清朝而言只是小放血，似乎壓力不大。

眞正的問題在賠款的先例一開，後患無窮。二次工業革命後陸續一一升級的列強，對上全方位代差的清朝，立即明白原來有一種「好康」叫「大炮一響，黃金萬兩」，鴉片戰爭之後的不平等條約一個接一個，一個未了一個又來，賠款也屢創新高，累積成天文數字，晚清串成的就是一部吐血的「銀兩賠款史」，而且是一路賠到民國。

賠！賠！賠！賠不完的銀兩

有人統計，自1840年鴉片戰爭開打，到1912年清朝滅亡的七十多年間，清廷和外國政府、商會、組織，共簽了多達1,175件不平等條約、契約、協約和合約，其中不平等條約共343件。賠款總額，有學者統計達庫平銀10.45億兩[32]，也有人認爲不只此數，然無庸置疑的是，它是個「天文數字」。要強調的是，這天文數字的巨款，只是賠款本金，實際支付時又涉及償還年限、利率、利息、他國再借貸、計算單位等附加因素，怎一個「賠」字了得。

---

[32] 王年詠：〈近代中國的戰爭賠款總值〉，《歷史研究》，1994年第5期。

「馬關條約」與「辛丑條約」，天價賠款

甲午戰敗，清廷由欽差頭等全權大臣李鴻章與日本內閣總理大臣伊藤博文，於1895年4月17日（光緒二十一年三月二十三日），在日本馬關（今山口縣下關市）春帆樓，簽訂《馬關條約》。除了割讓臺灣及所有附屬島嶼、澎湖列島和遼東半島外，賠款庫平銀2億兩，這是清朝對單一國家，最大的一筆賠款（圖1-19）。

圖1-19　日本明治二十七年（1894）銀壹兩軍票。
甲午戰爭（日本稱「日清戰爭」）爆發，日本政府為籌措軍費，通過《臨時軍事費特別會計法》，在開戰四個月後，於1894年11月以「明治通寶」為設計藍本，發行了共計210萬銀兩的日清戰爭軍票。（圖片來源：日本軍用手票：日本軍用手票，簡稱軍用手票（日本語：ぐんようしゅひょう）。-百科知識中文網）

後來由於俄、德、法三國干涉，於1895年11月8日雙方又簽訂了《遼南條約》，日本退還遼東半島，但清廷需付庫平銀3,000萬兩，作為「贖遼費」，所以清朝一共賠了庫平銀2億3,000萬兩（實際上還賠有「代守」威海衛軍費，每年50萬兩，三年共150萬兩），八期六年償還，折算為3億6,407萬日元，日本當時的國家預算約為8,000萬日元，所以總賠款額相

當於日本四年的國家總支出[33]。

為了償還巨大的賠款，並爭取三年內還清，避免5%高額利息及匯率損失，清朝以關稅、鹽稅等為抵押，從俄、法銀行借貸了4億法郎，年限36年，年息4厘；又從英、德銀行第一次借了1,600萬英鎊，年限36年，年息5厘，第二次又借了1,600萬英鎊，年限45年，年息4.5厘，共借庫平銀約3億兩[34]，這便把「賠款」一下轉化成了「外債」。

經三年分期付款，清朝於1898年就付清全部賠款，2億3千150萬兩，折算約為3,808萬英鎊，這筆直接存放在英國金融機構的巨款，一方面為1897年10月，日本正式實行金本位制的重大貨幣改革，提供了充裕的儲備金[35]在「貨幣法」下，成功完成了金本位制的轉型；讓日本加入「國際金本位制」的遊戲規則與歐美的貨幣制度接軌，順利融入世界主流貨幣、金融體系之中；另一方面，由於「三國干涉還遼」，對新崛起的日本而言，可以說是吃了一記悶棍。於是日本決心「臥薪嘗膽」，包括充分利用甲午戰爭的賠款大幅增強軍力。據《明治財政史》第二卷記載約賠款總數的62%，金額達到2億2,605.8萬日元是用於海軍、陸軍的軍備擴充，若加上7,895.7萬日元的臨時軍事費，意謂高達83%以上的賠款都用在軍事相關事務上。其中包括在倫敦直接訂購了多艘英國造軍艦，助日本海軍完成「六六艦隊計畫」（ろくろくかんたいけいかく），主要以擴建六艘甲鐵戰艦、六艘裝甲巡洋艦而得名，爾後日本一躍而為世界海軍強權[36]。計劃中委託英國建造的最後一艘「三笠」（みかさ，Mikasa）號戰艦，造價加兵器費共120萬英鎊，即是在日俄戰爭中的兩場大規模海戰：1904年的「黃海海戰」和1905年的「日本海海戰」（又稱對馬海戰），戰勝俄國

---

[33] 海野福壽：《集英社版 日本の歷史18 日清・日露戰爭》，集英社1992年11月，頁104-108。

[34] 小島晉治、丸山松幸：《中國近現代史》，岩波書店，1986年4月，頁46-49。

[35] 加藤祐三：〈8日本開國とアジア太平洋〉，《世界の歷史25：アジアと歐米世界》，中央公論社、1998年10月，頁389-393。

[36] 沙青青：〈中國近代史上不平等條約中的賠款都去哪了？〉，澎湃新聞，2017年11月7日，https://m.sohu.com/a/202939321_788170。

太平洋艦隊的日本連合艦隊旗艦。

1900年（庚子年）義和團事件，導致八國聯軍入侵，結果清廷戰敗，次年辛丑年9月7日（光緒二十七年七月二十五日），在北京西班牙公使館簽訂了《辛丑條約》，賠給11國共關平銀（即「海關銀」）4億5,000萬兩，分39年付清，每年利息為四厘，由關稅和鹽稅來償付，從1901年7月1日起計算，連本帶利合計約 9億8,223萬8,150兩，這筆超距額對外最高賠款，史稱「庚子賠款」。條約同時又規定賠款「系照海關銀兩市價易為金款」，以致金銀匯率波動，成為天價賠償上，附加的不定因素（圖1-20）。

圖1-20　清德宗光緒二十六年（1900）庚子年「吉林省造庫平七錢二分光緒元寶」。

庚子年（1900）義和團事件，八國聯軍入侵，清廷戰敗簽訂了《辛丑條約》，賠給11國共關平銀4億5,000萬兩，這筆天價賠款，史稱「庚子賠款」。（圖片來源：https://m.artfoxlive.com/AuctionDetail?productId=4294905）

十九世紀中葉以後，因工業革命的大躍進、商業興起，大宗交易日益，價值較低的白銀已不能滿足實際經濟發展需要，加上澳洲及美國加州等地發現大量黃金，提供了市場的供應需求。除了英國早已實施金本位制外，從1870年到1900年，世界主要國家紛紛加入金本位的國際金融遊戲

規則，其中包括之前提過的日本，在1897年甲午戰爭後，也實行了金本位制。由於英國強大的國力及影響力，英鎊成為當時「國際金本位體系」的主導，成就了英鎊霸權；這也意味著白銀地位隨之墜落，黃金才是真正能夠通行世界的外匯儲備。

英鎊時代來臨，最直接的影響，就是鴉片戰爭之後不平等條約賠款，各國多以英鎊等金本位貨幣結算，清政府須將白銀依當時匯率換成黃金支付各國，1900年後世界銀價暴跌，每年因金價大漲而要追加多付一大筆白銀，因匯率波動而間接造成的巨大損失，清朝稱之為「鎊虧」。庚子賠款到光緒三十一年（1905），因鎊虧賠款又多付了120萬英鎊（約合銀800萬兩）。

借錢、增稅都是人民買單，出口鐵三角也掉漆

為了能維持國家的苟延殘喘，清廷別無他法只有借錢與增稅。例如馬關條約的鉅額賠款，清朝以挖東牆補西牆方式，向俄國、法國、英國、德國等國借錢還款，將賠款轉為外債；這些列強，也都非常樂意貸款給清朝，因為除了可長期拿利息外，背後都會附加或追加政治條件。通過借款，俄國取得東北地區權益，法國享受雲南、兩廣地區的權益，英國擴大在長江流域的權益，德國獲得軍火貿易權益。

在賠款的巨大壓力下，另一對策就是增稅，將金額往下攤派，尤其是庚子賠款，每年轉嫁到人民身上；從田賦、丁漕、糧捐、契稅、當稅、鹽斤加價、關稅、釐金、統稅等，舊稅愈重、新稅愈多，當時稱為「洋捐」。增稅下民不聊生、民怨沸騰，「抗洋捐」四起，進而大失民心，讓老百姓更看清了清廷的腐敗無能，轉而支持反清的革命運動；對外巨大的銀兩賠款，加上政治上的腐敗，絕對是加速清朝滅亡的推進器（圖1-21）。

辛亥革命成功，推翻滿清政府之後，不論是北洋政府，或是後來的國民政府，為了爭取列強的承認，均概括承受清朝所簽的不平等條約，所以

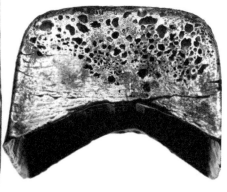

圖1-21　清德宗光緒三十三年（1907）「江西萬安縣官銀五十兩」銀錠。

1907年是丁未年，賄賂公行的晚清朝廷，早已是病入膏肓，是年一樁貪腐的「丁未大參案」，在媒體炒作下震驚朝野，引爆內部「清流派」瞿鴻機、岑春煊等，與「北洋派」奕劻、袁世凱等的激烈政治鬥爭，史稱「丁未政潮」。丁未政潮最終雖由北洋派勝出，實際上是慈禧利用各派「異論相攪」的手段，以保持她的最高統治地位。「丁未政潮」的政治內鬥結果，讓滿清王朝這老舊腐朽的破船，更駛往滅頂沈沒之路。（圖片來源：https://drouot.com/de/l/16340213-china-chingdynastie-16441911-9）

鉅額賠款及借款的噩夢，一直陰魂不散，延伸到民國。

　　民國十一年（1921），法國聯合比、西、意三國要挾北洋政府，以金法郎（是指從未流通的金本位法郎紙幣）償付庚子賠款，引起轟動一時的「金法郎案」。當時一兩海關銀值14法郎，但只值4金法郎，此舉法國明顯利用匯率索取更多的賠款，三年後北洋政府屈服於法國壓力，竟選擇妥協，又多付了海關銀6,200多萬兩。

　　民國二十七年（1938）國民政府有個統計，甲午戰爭外債借款實際支付本息共6.7億兩。庚子賠款從1909年美國率先退款，成立「清華學堂（清華大學前身）」開始，至民國後有的減免、有的止付，一直到民國二十七年賠款支付完全終止，實際共支付賠款6億5,237萬餘兩，折合近十億銀元[37]。以時間推算，民國以降繼續支付的甲午戰敗借款及庚子賠款的本息，較清朝有過之而無不及。

---

[37] 陳旭麓，方詩銘，魏建猷：《中國近代史詞典》，上海辭書出版社，1982年，「庚子賠款」詞條。

另外，鴉片戰爭前後，天下無敵的傳統出口鐵三角：茶葉、瓷器和絲綢，雖仍是搶手貨，但逐漸失去技術上的壟斷地位，也開始生銹掉漆。

英國人在印度的阿薩姆地區，大規模培育茶葉成功，其中的英國植物學家羅伯特・福鈞（Robert Fortune），詳細記錄自己四次來中國採集茶種，偷運到印度的事蹟，日前又被寫入《茶葉大盜：改變世界史的中國茶》（*For All the Tea in China: How England Stole the World's Favorite Drink and Changed History*）一書中[38]，「茶葉大盜」之名一時熱烈傳開。總之，印度出產的英國茶，讓中國茶從此失去優勢是事實。

康雍乾盛世的瓷器，燒製技術、繪圖工藝等，都達到了最高峰，然日本的「伊萬里瓷」、德國的「麥森（Meissen）瓷」、英國的「骨質瓷」（Bone China），甚至義大利、法國等，也都先後燒出高水準的瓷器，中國的瓷器在歐洲遂逐漸銷聲匿跡，光環盡失。

中國絲織業自古獨霸全球，因而有陸上、海上等「絲綢之路」誕生。清初「江寧織造府」的絲綢產品，更是名噪一時，然而後來苛捐雜稅成為絲綢業的殺手，加上以義大利為首的洋綢傾銷，引以為傲的絲綢業外銷也風光不再。

銀兩制、銀本位制先後走進歷史

清末進入「銀元時代」，民國建立後銀元逐漸取代銀兩成為主要流通貨幣，但換湯不換藥，本質仍是銀本位制；此刻列強多已過渡到金本位，並逐漸孕育出現代金融系統時，而中國仍在「白銀世界」裡打轉（圖1-22）。大量用銀但又自古缺銀，白銀供應源不掌握在自己手上，同時數百年來一直擁有優勢的「拳頭產品」（Hit Products），都一一敗下陣來，失去競爭力；再加上天文數字的銀兩要賠，不啻於讓列強用船堅炮利，在中國又挖到了世界級的「波托西」和「薩卡特卡斯」銀礦。

---

[38] Sarah Rose：《茶葉大盜：改變世界史的中國茶》（*For All the Tea in China: How England Stole the World's Favorite Drink and Changed History*），孟馳譯，社會科學文獻出版社，2015年。

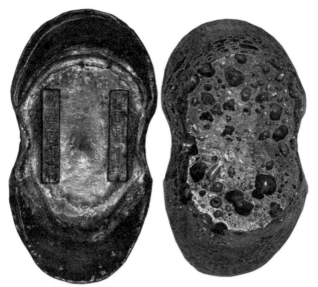

圖1-22　民國十三年（1924）「民國甲子年 林盛官銀局」十兩銀錠。
民國建立，銀元雖逐漸取代銀兩，但銀兩仍爲通用貨幣，直到民國二十二年
（1933），實行「廢兩改元」後，銀兩才正式停止使用，退出貨幣舞臺。（圖片來
源：https://www.biddr.com/auctions/stacksbowers/browse?a=1614&l=1767809）

　　民國二十二年（1933）的「廢兩改元」結束了中國近千年的銀兩
制，讓以銀兩爲貨幣的交易、計價、賦稅、收支等正式走入歷史，在統一
貨幣上向前邁進一大步，然而中國行使銀本位貨幣制度的本質並未改變，
經濟民生仍深受到世界銀價波動的牽制。

　　無巧不巧，民國二十三年（1934）6月美國通過了《白銀收購法
案》，國際白銀價格暴漲，中國白銀前所未有地大量外流，引發了民國
二十三年（1934）夏天至民國二十四年（1935）的「白銀風潮」，造成
通貨緊縮，物價下跌、企業倒閉，進而引起大規模擠兌、搶購，社會經濟
陷入嚴重危機；中國成爲最大、最直接的受害者。中國獨自走在白銀鋼索
上，白銀價劇降，引起通貨膨脹，更可怕的是，白銀價大升，造成嚴重通
貨緊縮，百業蕭條；唯有放棄銀本位，不再和白銀糾纏才是出路，已成爲
當時之共識。

　　國民政府決心實施貨幣改革，於民國二十四年（1935）發行國家信

用法定貨幣，簡稱「法幣」。法幣紙鈔統一了全國貨幣，加速中國經濟共同體的形成，終結了明朝中葉以來，中國近五百年的銀本位幣制，讓白銀帝國正式走進歷史。

小結

　　白銀之所以能成為明清貨幣主角，進而創造了白銀帝國，有其內在與外在的因素：

1. 內在因素。就是由下而上的市場白銀貨幣化，促使由上而下的財稅制度改革，造成整個市場對白銀前所未有的「大內需」。
2. 外在因素。就是十五世紀中葉到十七世紀末，大航海時代的來臨，加速了東西貿易的交流，讓高檔的中國商品持續數百年「大外銷」，導致國外白銀源源湧入。

　　從時間上看來，兩者其實相輔相成，白銀順勢從市場內需，搭上經濟全球化的順風車，延伸與全球市場接軌，於是誕生了白銀帝國。

　　白銀帝國既是以銀兩或後來以銀元為主貨幣，忠實而認真地走在銀本位制的道路上，所有的福禍榮辱，在所難免，都與白銀息息相關，因為貨幣本位制絕不只是一個金融理論概念，而是牢牢地牽動著百姓的民生、社會的安定、國家經濟的樞紐。

　　自1800年後，中國社會和經濟開始下滑，一場鴉片戰爭，讓全方位嚴重落後的事實，赤裸裸地攤在陽光下。真所謂「成也白銀、敗也白銀」，銀本位的貨幣制度，帶給明朝中葉以後的中國，與白銀互動交融的關係，在《白銀帝國》一書的內容介紹中，講的非常清楚直白[39]：

　　明朝以後絲綢、茶葉、瓷器流通至全球貿易，使白銀大量流入，至此中國成為銀本位國家，締造繁榮盛世。然而「白銀帝國」之路，是光環，也是詛咒。當十八、十九世紀全球從金銀複本位轉向金本

從貨幣看近代中國之風雲變幻

---

[39] 徐瑾：《白銀帝國》，時報出版，2018年9月4日。

位，而後過渡到現代金融法定貨幣系統時，中國未跟隨世界潮流，導致對外戰爭如鴉片戰爭、甲午戰爭的失敗。一國財經政策，足以左右國運，日本藉經濟改革一躍成爲亞洲強國；中國則因幣制的混亂、紙鈔的信用破產，讓列強有機可乘，千年根基於百年內傾圮。

鴉片戰爭是中國近代史的開端，之後被以「利益」優先的列強玩弄、欺負，所帶來的恥辱、剝削、損失，難以言喻。鉅額戰爭賠款、大量借款償還，銀的國際地位下滑長期走貶，拳頭產品、風光漸失，以銀償還的負債，加上金融觀念、機制落後，金融法規長期空白，外國銀行又長驅直入，白銀經濟總是在惡性循環中打轉，陷在永無翻身的深淵。

林則徐受命赴廣州禁煙，參觀當地越華書院時，題了一對名聯：

海納百川，有容乃大；壁立千仞，無欲則剛。

180年前「虎門銷煙」的豪氣干雲，雖早已走進時光隧道，您是否亦從銀兩這條中軸線，以有容之心，從本章感受到歷史上那段白銀帝國的美麗與哀愁？

第二章

銅錢：自古不容小覷的動亂之源

　　小小的銅錢，承載著活絡民生經濟的天然使命，自古以來直接影響人民日常生計，其發行量、流通量的管控，絕不可輕忽。什麼是大清法定貨幣制錢？銀錢比價的劇烈波動，為何會牽動民變？又為何咸豐硬要鑄大錢？英法世仇，因何結盟成聯軍攻打北京？後又因何聯手助清朝保衛上海？灌水的同治中興、失敗的洋務運動，真是一無是處嗎？

本章共十個章節：

1. 大清兩級「制錢制度」

2. 第一枚標示「臺灣」的銅錢

3. 「銀貴錢賤」，太平天國大爆發的要因

4. 咸豐「虛值大錢」，帶動通膨

5. 「銀錢比價」暴起暴落，民變四起

6. 小刀會之亂，成就「十里洋場」

7. 「厘金制度」，救了朝廷、坑了人民

8. 第二次鴉片戰爭，落後就是被「毒打」

9. 祺祥通寶，「辛酉政變」的物證

10. 「洋務運動」，中國近代化的第一步

　　從大清兩級「制錢制度」說起，主要解析清朝道光、咸豐、同治期間，「銀錢比價」的波動，與太平天國等重大武裝民變的關聯；由英法聯軍之役，近代中國最沉痛的一頁，看清列強在「利益」優先下，慣用「叢林法則」的現實；並學習「不以成敗論英雄」的態度，來理解「自強運動」。

銅錢就是一般俗稱的「方孔錢」，公元前221年秦王嬴政滅六國，軍事上完成一統中國的大業後，統一了文字、度量衡，也統一了貨幣──「半兩」錢。「秦半兩」，是中國貨幣史上第一個全國通用的法定貨幣，這種「方孔圓形」的造型，以內方代表地、外圓代表天，與古代「天圓地方」的宇宙觀相合。而「外圓內方」的形制也成為歷朝銅錢的基本設計，沿用了二千多年，直到民國初期，方孔錢才完全退出歷史舞臺。

　　秦漢以降，基本上中國歷代的主要貨幣是銅錢，黃金、銀兩為輔助，大致可以視為銅本位幣制；到了元朝，紙幣成為主要貨幣，銅錢為輔助配角，徹底實行紙本位幣制；一直到明朝中葉，如第一章所述，明成化到弘治年間（1464～1505），因市場機制使然，成就了白銀貨幣化，此後銀兩及後來的銀元成為主要貨幣，銅錢為輔助，直到民國二十四年（1935）發行紙鈔法幣，才正式結束了近五百年的銀本位幣制。

　　自古鑄幣造錢乃國之大事，象徵皇權、代表國家，百姓平常生活日用消費、朝廷財政收支、國際貿易通商等，錢為萬貨之本，無不牽動著整個國家經濟民生命脈。北宋神宗時任宣徽南院使判應天府的張方平，在〈論錢禁銅法事〉中說得最直白：

> 錢者，國之重利，日用之所急，生民衣食之所資。有天下者，以此制人事之變，立萬貨之本。故錢者，人君之大權，御世之神物也。

　　銅錢本身具有價值又代表價值，承載著活絡民生經濟的天然使命。

　　清代官方通貨是銀、錢兼備，理論上應比單一銅錢制，更能抗拒貨幣供給、流通不利，可能帶來的經濟衝擊。然終清一朝，幾乎從未擺脫「銀賤錢貴」、「銀貴錢賤」，或「錢荒」、「銀荒」交替出現的挑戰[1]；同時，相較於歷朝歷代，清朝除了銀錢比價劇變，暴發民怨、民變的內憂之外，更多了以船堅炮利，強大武力為後盾，擺明若不開放市場、通商貿

1 袁一堂：〈清代錢荒研究〉，《社會科學戰線》，1990年2期，頁182。

易，就狠狠痛毆你，或是趁人之危、要脅索求的列強外患。內憂加外患，也喚起了有志之士，帶領中國邁出近代化艱困難行的第一步。

大清兩級「制錢制度」

在第一章中提過，清朝一開始即制定了「七分用銀，三分用錢」的方針，大力倡導「用銀爲本、用錢爲末」。雖然大數用銀、小數用錢，但清朝仍是以小農經濟爲主的社會，真正日常生活使用，並在各地流通最廣的還是「制錢」（官局監制鑄造的銅錢；因形式、分量、成色皆有定制，故名）；制錢以文爲單位，爲「法定貨幣」，僅由政府發行，銀兩則是官民鑄造皆可，清初訂一千文爲一串，合銀一兩。清朝新皇帝即位皆鑄新一文錢稱「通寶」，然大小、重量出入不小，一般直徑約2.5公分上下，重約一錢二分（4.4g左右），入關後清朝共鑄有九種通寶錢，清末制錢逐漸被機製銅元取代，鑄量少。

清代是銀兩與制錢並行的貨幣制度，兩者之間的比價，由市場供需決定，但天災、戰爭、貿易、礦源、甚至私鑄等都會影響其波動[2、3]，長久劇幅漲跌就會導致「銀貴錢賤」或「銀賤錢貴」現象。小小的銅錢，是老百姓生活上，小額交易經濟的媒介，因爲沒有今天成熟的貨幣理論，先進的監管技術，一如歷朝歷代都要面對貨幣發行量與流通量的頭痛問題，鑄錢太多太少造成通貨膨脹或緊縮，都直接影響人民日常生計，搞不定就釀成民變造反，自古以來屢見不鮮、不容小覷。

入關前清太祖努爾哈赤天命年間（1616～1626）鑄「天命通寶」小平錢（一文錢）有滿文、漢文兩種（圖2-1）；清太宗皇太極天聰年間（1627～1636）鑄「天聰通寶」滿文折十錢（十文錢）（圖2-2）；兩者均鑄量少、鑄工不精。

2　王宏斌：〈清代社會動盪時期銀錢比價變化規律之探析〉，《河北師範大學學報：哲學社會科學版》，2014年1期，頁1。
3　劉利平：〈明清時期銀錢比價初探〉，《肇慶學院學報》，2003年3期，頁34。

圖2-1　清太祖努爾哈赤「天命通寶」（1616～1626）。（圖片來源：https://zh.wikipedia.org/zh-tw/%E5%A4%A9%E5%91%BD%E9%80%9A%E5%AE%9D）

圖2-2　清太宗皇太極滿文「天聰通寶」（1627～1636）。（圖片來源：https://read01.com/P53Kg6M.html#.ZE0tYKRBwWM）

　　入關後順治即在小「銅錢」上下了大功夫，開啓了中央與地方兩級鑄錢制度，中央工部「寶源局」的制錢，主要用作是發放工錢，戶部「寶泉局」的制錢，專門用以發放軍餉，地方由各省設鑄錢局，依當地需要管控負責發行量，這種兩級鑄錢制度，到康熙年間才眞正落實[4]；民間將康熙

---

[4] 韓晗：《讀錢記─誰把歷史藏在錢幣裡》，獨立作家，2016年4月1日，Amazon電子書版「康熙通寶」篇。

時代的二十個地方鑄錢局，串成了一首順口背文詩：

同福臨東江，宣原蘇薊昌。南河寧廣浙，臺桂陝雲漳。

即是最佳佐證（圖2-3）。

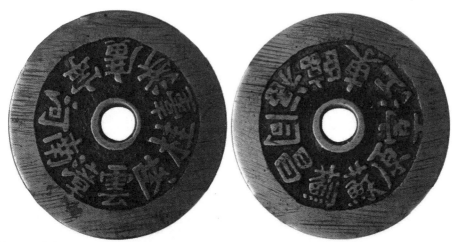

圖2-3　清康熙二十錢局「同福臨東江，宣原蘇薊昌。南河寧廣浙，臺桂陝雲漳」花
　　　　錢。

「花錢」不是流通貨幣，是古時鑄成錢形的避邪祈吉之物。（圖片來源：https://
www.barnebys.co.uk/auctions/lot/t-china-qing-dynasty-auspicious-charm-nd-graded-85-
by-zhong-pvg0d6qjwy）

　　分布在全國各地的地方鑄錢局，錢幣發行依實際經濟發展狀況而定，
例如江南地區當時工商發達，長江三角洲地區已爲經濟中心，自然錢背鑄
有「浙」字的「浙江省局」，及「江」字的「江蘇江寧（南京）局」，爲
發行量最多的兩個地方錢局。清初的兩級鑄幣制度，使制錢穩健供應、流
通，國庫財政儲備充足，成爲奠定「康雍乾盛世」的有力基礎。

第一枚標示「臺灣」的銅錢

　　上面這首二十錢局紀地詩中的「臺」字，指的就是「福建寶臺局」。
康熙二十二年（1683）農曆六月，福建水師提督施琅率軍由銅山

（今福建東山島）出發，於六月二十二日激戰澎湖海域得勝，攻克澎湖；在大軍壓境之下，延平王鄭克塽決定向清廷投降，八月十三日，施琅水師進入臺灣正式受降，結束了鄭氏王朝在臺灣二十二年的統治。

臺灣雖定，但清廷在臺灣是棄是留上，朝臣爭議卻長達8個月之久。其間施琅曾三度上疏力陳駐兵、戍守保衛臺灣，尤以康熙二十二年十二月二十二日所上〈恭陳臺灣棄留利害疏〉[5]，二千餘字，從國防、治安、便民、經濟四個角度立論，影響最巨。340年前施琅就在疏中對臺灣，提出了前衛性海防戰略觀點：

1. 臺灣這一塊地方，雖然屬於多島，實際上卻是關係江、浙、閩、粵「四省之要害」，戰略地位重要。臺灣為東南的保護屏障，駐守臺灣，才能「永絕邊海之禍患」；放棄臺灣，即是為將來種下禍患，東南沿海各省，「斷難晏然無慮」。

2. 如果只據守澎湖而放棄臺灣，「澎湖孤懸汪洋之中」，遠遠隔絕於金門、廈門之外，難以為安，必須「臺灣、澎湖，一守兼之」；兩島互為犄角、聲氣相通，容易互相支援，若有亂事，可以立刻平息。

第一點是臺灣的戰略價值，其重要性無需贅言。第二點在臺灣史上已發生的所有大規模戰爭，得到了充分證明，鄭成功收復臺灣、施琅勸降鄭氏王朝、後來的中法北臺灣戰役，及日軍全面攻臺的乙未戰爭，進攻的一方無一例外，都是先掌控澎湖，再發動攻勢，臺灣、澎湖地理位置上互為犄角之勢，聲氣相通，至今不變。

康熙皇帝最後裁決，聽取了施琅的主張，遂於康熙二十三年（1684）四月，正式將臺灣納入清朝版圖，設置「一府三縣」：臺灣府與臺灣縣（中路）、鳳山縣（南路）、諸羅縣（北路）三縣，隸屬福建省，臺澎分別駐兵，設官治理，築城戍守，蔣毓英出任臺灣首位知府。臺灣既平，「禁海遷界」令隨之廢止，但對移民臺灣，清廷仍是多所顧忌、多方限

5 維基文庫：〈恭陳臺灣棄留利害疏〉，https://zh.m.wikisource.org/wiki/%E6%81%AD%E9%99%B3%E8%87%BA%E7%81%A3%E6%A3%84%E7%95%99%E7%96%8F。

制，在半封鎖政策之下，閩、粵先民仍甘冒波濤之險，展開「唐山過臺灣，心肝結歸丸」的艱辛移民史[6]。

　　為統一貨幣、體現主權，康熙二十七年（1688），福建巡撫張仲舉奏請獲准，在臺灣設「寶臺局」（臺南東安坊）開爐就地鑄造，背面鑄有滿、漢文「臺」字的「康熙通寶」錢（圖2-4），是第一枚標示臺灣的清朝制錢；此錢初鑄較小，僅在臺灣使用，不行於其他地方。

圖2-4　清聖祖「康熙通寶」背滿漢文「臺」。
這是第一枚標示臺灣的清朝制錢。（圖片來源：台灣古錢收購價格表-百酒樓錢幣網https://coin.100wine.tw/taiwan-ancient-coin/）

「銀貴錢賤」，太平天國大爆發的要因

　　銀兩、銅錢既然都是通用貨幣，兩者之間的比價，對國民生計影響舉足輕重。清初從順治到嘉慶中期的160年，紋銀每兩約當1,000文左右，銀錢比價波動相對穩定；然而從嘉慶中期後，尤其從道光元年（1821）左右開始，數十年放任「銀貴錢賤」惡化的嚴峻經濟問題——「道光蕭條」，才是導致鴉片戰爭，甚至太平天國之亂的要因，對當時經濟災難性的破壞程度，超乎想像之外。

---

[6] 李筱峰：《快讀臺灣史》，玉山社，2002年11月，頁23-24。

而銀貴錢賤的形成，除了第一章提到南美獨立戰爭引發世界白銀短缺，鴉片貿易白銀大量外流，及康雍乾盛世人口大增等「銀」的因素外，造成銀錢比價不斷上升，還涉及私鑄錢屢禁不絕，劣質銅錢大量湧入市場，出現「劣幣驅逐良幣」現象，同時銅錢已喪失儲藏功能，白銀成為政府、私人爭相儲藏對象等因素，兩者互動加劇了比價失調，造成交易停滯、經濟大衰退。

鴉片戰爭後，在上述形成銀貴錢賤的因素之上，又多了戰敗賠款、貿易逆差加大等新狀況，讓白銀外流更形嚴重，銀錢比價在道光末年一路飆漲到銀一兩換制錢達2,000文，甚至2,200文的地步，比鴉片戰爭前一兩換制錢1,600文更甚。尤其是經濟中心的南方長江三角洲地區，百姓生活水平大幅下降，各行各業衰敗凋敝、民不聊生；加上清政府內部腐敗，對百姓的剝削壓迫，廣大農民走投無路，被迫鋌而走險，在各地發動抗捐、抗租鬥爭及會黨起事，終致爆發了十九世紀東方第一大戰——「太平天國」之亂。

從洪秀全等「金田（今廣西桂平縣金田村）起義」到「天京」（今南京）被湘軍攻陷，太平天國之亂，歷經道光末年、咸豐年間、同治初年，共十四年之久，太平軍攻克600餘座城市，勢力範圍曾遍及至少十八個省。雖說太平天國在廣西爆發，導火線是當地土著與客家人的「土客械鬥」，但之所以會快速演變成規模如此巨大的動亂，鴉片戰爭後至道光末年，「銀貴錢賤」持續惡化，所導致的經濟崩壞、民怨沸騰、社會激化，絕對是太平天國之亂，一發不可收的關鍵[7]。

中國歷史上用宗教、怪力亂神力量，揭竿而起發動的民變，不在少數。如秦末陳勝、吳廣用「篝火狐鳴」（用竹籠罩住火，若隱若現，又學狐狸叫聲），喊出「大楚興，陳勝王」鼓動起事；東漢末年張角創「太平道」，發動的「黃巾之亂」；北宋末年方臘利用摩尼教祕密活動，假托「得天符牒」起兵；元末韓山童以白蓮教大旗，借「石人一隻眼，挑動黃

7　林滿紅：《銀線：十九世紀的世界與中國》，國立臺灣大學出版中心，2016年5月1日，頁11-25。

河天下反」，掀起「紅巾軍」起義等。然而以宗教力量，特別是西方傳入的新興宗教基督教為號召，能登高一呼、打下半壁江山，建立了政教合一政權，唯太平天國而已。

早在道光二十三年（1843），洪秀全作《原道醒世訓》，以「天下一家，共享太平」為理想社會，於咸豐元年（1851）洪秀全等在金田起事，建號「太平天國」；其國號中「天」字含有至高無上之義，故有天父（上帝）、天兄（耶穌）、天朝、天王、天京、天曆等尊稱；另外，「天國」二字有特別寫法，「天字必長其上划」，國則去「或」從「王」，作「囯」字，謂王居中，太平天國為王者之國[8]。

咸豐三年（1853），太平天國定都天京後，頒布《天朝田畝制度》，它是太平天國的基本綱領，以土地改革制度為中心，同時涉及經濟、司法、行政、教育、社會組織等政策與措施；期建立一個「有田同耕，有飯同食，有衣同穿，有錢同使，無處不均，無人不飽」的理想社會。同時，太平天國亦開始鑄錢，初期鑄「通寶」（圖2-5），後鑄均為「聖寶」（圖2-6），聖即指上帝，萬物統歸上帝，非個人所私有，故太平天國多用「聖」字，如聖兵（士兵）、聖庫（國庫）、聖糧（米糧）；通用的聖寶銅錢有大錢、中錢、小錢等諸種。

以「宗教立國」的太平天國，於咸豐六年（1856）在神權與政權鬥爭中，發生內部自相殘殺的「天京事變」，一般學者認為，之後太平天國也由盛轉衰，逐步走向滅亡。太平天國的失敗，除了軍事上失利，最大的原因，莫過於領導階層缺乏遠見、沉溺享樂、爭權奪利，這一群本是社會底層被剝削人民的代表者，搖身一變卻成為只有口號、貪腐無度的統治者。

但不論如何，太平天國反清抗爭的影響深遠長久，包括孫中山在內，清末許多有志之士，都深受其啟蒙、獻身革命。

於此，寫上太平天國天王洪秀全〈吟劍〉詩一首：

---

8 華強：〈太平天國國號考〉，《軍事歷史研究》，1987年02期，頁166-167。

圖2-5　太平天國「通寶」錢。

這是太平天下攻克南京後，最早鑄造的錢幣，面文「天國」二字列穿上下，背文「通寶」二字列穿左右。（圖片來源：https://read01.com/RMQ0PLG.html#. ZE0opKRBwWM）

圖2-6　太平天國「聖寶」錢。

面文「太平天國」順讀，背文「聖寶」二字列穿上下。（圖片來源：http://www. tongbi.org/archives/7664）

手持三尺定山河，四海爲家共飲和。

擒盡妖邪歸地網，收殘奸宄落天羅。

東南西北效皇極，日月星辰奏凱歌。

虎嘯龍吟光世界，太平一統樂如何！

在欣賞聖寶圖片的同時，是否也帶你走回近170年前，一點也不太平的太平天國？

咸豐「虛值大錢」，帶動通膨

道光皇帝逝世後，清文宗愛新覺羅‧奕詝即位，為清朝第九位皇帝，年號「咸豐」；咸豐的「咸」是普遍之意，「豐」是富足之意，然整個咸豐年間，百姓不但無普遍富足，反而多是內憂外患、動亂不安。二十歲剛登基，咸豐元年（1851）就遇上最大規模的太平天國武裝民變。

同年，遠在地球另一邊，鴉片戰爭中重擊中國的英國，正在倫敦海德公園，如火如荼地籌備並舉辦首屆「世界博覽會」（原名萬國工業博覽會，Great Exhibition of the Works of Industry of all Nations，後世特以 Great Exhibition 稱之）；歷時五個多月的博覽會，英國借此展示了工業革命後，傲視全球的科技成果，不啻為日不落帝國全盛時期——維多利亞女王時代，最重要的里程碑（圖2-7）。

而在地球這一邊，太平軍連戰皆捷，戰事如星火燎原，迅速蔓延至整個江南地區。當時除了太平天國在南方，北方黃河、淮河流域一帶，亦於咸豐二年（1852），十八股捻匪首領公開推舉，皖北大地主、販賣私鹽為生的張樂行為盟主，進而爆發了大規模的「捻匪之亂」，又稱「十八鋪聚義」[9]。

咸豐初年戰事不斷擴大，導致軍費大增，稅收大減，鑄錢之用的滇銅（雲南銅料）無法運抵北京，中央軍餉告急，加上鴉片戰敗影響，市場銀貴錢賤惡化，本已拮据的財政，更是雪上加霜。為了籌措軍費，緩和財政危機，在多位大臣的鼓勵下，咸豐皇帝決定孤注一擲，銷熔制錢、鑄造大錢，「咸豐大錢」就在這內憂外患之中誕生了。

---

9 百度百科：「張樂行」，https://mr.baidu.com/r/DI8pJfnILm?f=cp&u=d4443c0896454659。

圖2-7　英國維多利亞女王1851年1英鎊（Sovereign）金幣。
咸豐元年（1851）1月太平天國之亂爆發，戰事由廣西開始蔓延；同年5月，首屆
「世界博覽會」在英國倫敦隆重登場，這次博覽會為英國帶來巨大的經濟、社會效
益。（圖片來源：https://www.numisbids.com/n.php?p=lot&sid=4674&lot=378）

　　清末錢幣學家，被稱為「泉師」的康鮑，在所編著的《大泉圖錄》開
篇自序中，有這樣的敘述：

　　咸豐三年，軍務日滋，滇銅不能繼，壽陽相國權戶部議，請鑄當
十大錢，兼增鐵冶以供度支。旋推及當五十，當百錢。巡防王大臣續
請鑄當五百，當千兩種。

　　說明了鑄咸豐大錢乃為解燃眉之急，不得已而為之。
　　金屬貨幣的價值在於其材質與重量，而非其面值，錢幣面值超過實
質價值，就是「虛值大錢」。例如一枚當時的咸豐制錢重3.72g，一枚當
五百錢就應該是重1,860g，一枚當千錢就應該是重3,720g，但實際上當
五百錢只有60g，當千錢只有100g，就是分別虛值了30倍與36.2倍，也就
是說大錢的面值，大幅超過其本身實質價值；如果硬要按面值交易，物價
就只有隨之漲幾十倍才合理（圖2-8）。
　　當時的戶部右侍郎王茂蔭，就曾上疏咸豐皇帝，極力反對鑄大錢，指

圖2-8　清文宗「咸豐元寶」寶河局當千。

當鑄造銅錢重量增加的倍數，遠低於面值增加的倍數，這使得銅錢的面值，遠遠超過本身材料的價值，就叫「虛值大錢」。此枚當千咸豐元寶實重96.29g，約虛值了37.6倍（3720/96.29 = 38.6，38.6 – 1 = 37.6）。（圖片來源：https://aureocalico.bidinside.com/en/lot/20264/1851-1861-china-saanxi-wen-zong-/）

出「官能定錢之值，而不能限物之值」，鑄大錢必致物價大漲，事後證明王茂蔭的確有先見之明。也許大多數人對王茂蔭非常陌生，他卻是馬克思《資本論》中唯一提到的中國人，他的貨幣理論思想，被西方經濟學史界稱之為「中國傳統貨幣理論的後期最傑出代表人物」[10]。

　　咸豐大錢的版本超多，歸結起來有以下幾個特點[11]：

1. 幣值分等繁複，有當四、當五、當八、當十、當二十、當三十、當四十、當五十、當八十、當百、當二百、當三百、當四百、當五百、當千等，十五種之多，乃空前絕後。

2. 一般小平錢稱「通寶」，大錢當四至當五十為「重寶」，當百至當千為「元寶」，但有的省份不受約束，任意決定，例如福建寶福局鑄當百大錢，正面錢文就有咸豐通寶及咸豐重寶兩種，而不稱咸豐元寶。

3. 錢體大小、輕重，錢幣材質，變化大沒有統一規格，即使是同一局

[10] 同註4，「咸豐通寶」篇。

[11] 彭慶綱：《珍罕中國古錢幣收藏—海外淘寶》，學研翻譯出有限公司，2022年3月，頁157。

監，有時都差異甚大，還有鐵錢、鉛錢，同時混雜其間。

咸豐錢品種極豐，僅馬定祥先生主編的《咸豐泉匯》[12]，就收錄了四千餘種，這個數字，超過清代其他九帝，所鑄錢幣品種的總和，咸豐鑄錢種類之多，中國歷史上無人能出其右。

咸豐大錢破壞了順治以來一貫推行的制錢制度，當時人民寧可用私鑄減重錢，也不願用虛值大錢，因為用私鑄錢虧損有限，而收虛值大錢，動輒虧損數倍到數十倍，所用面值越大越多的大錢，虧損就越大；俗話說「砍頭的生意有人做，賠錢的生意沒人做」，人民為了拒收大錢，只好哄抬物價。同時，用少量的銅就能鑄貴重的大錢，獲取暴利，其結果當然就是私鑄猖狂。

真如王茂蔭所言，鑄行虛值大錢後，導致嚴重的通貨膨脹，同時私鑄盛行，造成貨幣混亂、社會不安。咸豐大錢行用不久，咸豐四年（1854），便開始下令停鑄[13]，據《清史稿》記載：

大錢當千、當五百，以折當過重，最先廢。當百、當五十緩廢。

翌年，停鑄了當百、當五十大錢，至咸豐九年（1859）完全停鑄（圖2-9）。

歷代鑄造虛值大錢，不管理由多麼冠冕堂皇，根究真正原因，無一例外，都是國庫空虛，藉此搜刮民財。例如王莽鑄的一刀平五千、契刀五百，六泉十布、孫權鑄的大泉五百、大泉當千、大泉二千、大泉五千，劉備鑄的直百五銖，及此處所談的咸豐大錢，都是如出一轍。鑄虛值大錢不僅未讓清廷擺脫財政危機，反而使經濟更加惡化。

---

[12] 馬定祥主編：《咸豐泉匯》，上海人民出版社，2019年11月5日。

[13] 呂鳳濤編著：《古錢收藏與投資》，華齡出版社，2009年1月，頁106。

圖2-9　清文宗「咸豐重寶」寶福局一百計重五兩。

此枚當百咸豐重寶實重240.1g，還算有良心，只虛值了0.55倍（372/240.1 = 1.55，1.55 – 1 = 0.55）。（圖片來源：https://noble.com.au/auctions/lot/?id=424371）

「銀錢比價」暴起暴落，民變四起

太平天國及捻匪之亂擴大，咸豐三、四年銀貴錢賤達到極點，每兩銀在大部分省份，已可兌2,500～2,600文，或2,700～2,800文，甚至有些更高達3,000文[14]。然而隨著戰事的持續擴大，平日有貯存價值的銀兩，因政府推行「捐輸」、「賣官」，各地官紳自辦「團練」等，在社會動盪時大量釋出；同時，不僅僅是江浙戰爭地區，商品經濟遭到巨大破壞，其影響甚至波及全國，造成商業活動嚴重停滯、百貨不銷、經濟蕭條，日常生活零售交易用的銅錢，流通速度因此受到梗阻，反致供應緊張；在1850年左右，南美白銀供應也逐漸恢復，重新流入中國。從咸豐五年（1855）開始，銀錢比價反其道而行，銀價開始暴跌，出現「銀賤錢貴」現象，伴隨著糧價與物價高漲，一直延續到同治年間[15]。

咸豐在位短短11年，除了已經提過的太平天國之亂和捻匪之亂，歷史

---

[14] 中國人民銀行總行參事室金融史料組編：《中國近代貨幣史資料》，第1輯上冊，中華書局，1964年9月，頁183。

[15] 同註2，頁7-8。

上至少還有四起大型武裝民變，均發生在咸豐年間（表2-1），這些一呼百應、群起響應的武裝反清民變，均說明了當時清廷弊竇叢生，銀錢比價暴起暴落，導致整個社會動盪不安、民不聊生（圖2-10）。

圖2-10　清文宗「咸豐通寶」寶福局當二十（1851～1861）。
咸豐在位11年間，銀錢比價暴起暴落，整個社會動盪不安、民不聊生，大型武裝民變四起。（圖片來源：https://www.accacoin.com/tw/detail-article/xian-feng-fu-ju-qian.8）

表2-1　咸豐年間四起主要武裝民變

時間	武裝民變
咸豐三年（1853）	上海小刀會之亂。
咸豐五年（1855）	廣西大成國之亂。
咸豐六年（1856）	雲南回民之亂。
咸豐九年（1859）	四川李永和、藍朝鼎之亂。

小刀會之亂，成就「十里洋場」

　　其中發生在上海的小刀會之亂，影響相對最為深遠。小刀會原是福建廈門的民間祕密團體，咸豐初年傳到上海，屬天地會支派，受到太平天國

攻占南京的鼓舞，上海小刀會亦發起「反清復明」的武裝民變，迅速佔領了英、美、法「租界」以外的上海縣城，隨後建立「大明國」，推舉劉麗川為首領，稱「大明國統理政教招討大元帥」（圖2-11），後與太平天國遙相呼應[16]。

圖2-11　清咸豐年間上海小刀會鑄「太平通寶」背「明」。
小刀會之亂後，上海租界正式成為實質殖民統治的縮影，同時亦成為首先接觸近代西方文明的窗口。例如，清光緒五年（1879）上海租界，為了歡迎美國卸任總統格蘭特（Ulysses Simpson Grant）路過，特地運來了一臺小型引擎發電機，從8月17日～18日在上海外灘使用了兩個晚上，這是中國使用電能的最早記錄。（圖片來源：https://www.auction-world.co/library/item_158892.html）

　　鴉片戰爭後，一系列不平等條約，使租界在中華大地如雨後春筍，遍地開花。於道光二十五年（1845）底，英國率先在上海設立了最早的英租界，至光緒二十八年（1902）奧匈帝國設立天津租界，近六十年間，前後九大城市，共有27個租界。其中位於長江入海口的上海，為通商五口之一，對外開放較早，且不像當時的廣州，鴉片戰爭後仍一直不准英國人入城，洋人來上海經商、聚集、定居相對自由，遂逐漸成為租界發祥地（表2-2）。

---

[16] 維基百科：「小刀會」，https://zh.wikipedia.org/wiki/%E5%B0%8F%E5%88%80%E4%BC%9A。

表2-2　上海租界

時間	上海租界
道光二十五年（1845）	英國與清廷公布《上海土地章程》，或稱《上海租地章程》，讓英國率先於上海洋涇浜以北，設立了最早的英租界。
道光二十八年（1848）	美國以蘇州河北岸虹口地段，建立了上海美租界。
道光二十九年（1849）	法國在上海城廂與洋涇浜之間的黃浦江邊，也建立了上海法租界。
同治二年（1863）	英國、美國租界合併成上海公共租界。

從道光二十五年（1845）11月29日上海租界開始設立，民國三十四年（1945）抗戰勝利後，中華國民政府正式收回上海的最後兩個租界——上海公共租界與法租界；上海租界開闢最早、時間最長、面積最大，整整100年，對近代中國產生了深遠的影響。

發生於咸豐三年（1853）至五年（1855）間的小海小刀會之亂，雖說僅持續了一年多的時間，就被清軍及英法駐軍一同鎮壓平定，但給近代中國至少帶來了兩個重大影響：

1. 其一，海關行政權的喪失。英、美、法三國領事，趁亂強迫清廷簽訂了《海關徵稅規則》，江海關管理權就此落入英、美、法之手，此制度後來又被推廣到其他通商口岸，致晚清海關總稅務司，幾乎清一色一直由洋人擔任，海關行政權喪失殆盡。

2. 其二，租界的行政權、司法權的喪失。動亂期間，大批紳民湧入租界區；以維持租界的「殖民秩序」為由，英、美、法得到清廷允許，在租界內擁有獨立行政管理權、警察權和司法權。此後上海租界內先後成立市政管理機構——工部局、公董局，讓租界成為兼具市議會和市政廳，雙重職能的「國中之國」。

小刀會之亂後的上海租界，正式成為實質殖民統治的縮影，國家領土主權及司法主權嚴重被侵犯，是近代中國屈辱史上活生生的標誌。但是另一方面，因為租界內獨立的行政自治權和治外法權，這種國中之國的特殊地位，讓黃浦江上名不見經傳的小漁村上海，一躍而為「東方夜明珠」，

從貨幣看近代中國之風雲變幻

近代中國的經濟中心；同時，上海租界亦成為首先接觸近代西方文明的窗口。舉凡電燈、電車、電影等近代科技產物，無一例外均以此為步入中國的起點；上海租界也是清末革命的輿論宣傳大本營，對辛亥革命，起了關鍵性作用；武昌起義成功之後，清廷袁世凱與革命軍的「南北議和」，即是選在上海租界舉行。上海租界對近代中國的政治、經濟、文化、科學等多方面，都產生了「意想不到」且「錯綜複雜」的重大影響。

「厘金制度」，救了朝廷、坑了人民

眾所周知由曾國藩一手建立的「湘軍」（亦稱湘勇），是軍事上打敗太平天國的主力隊伍，然而湘軍的軍費開支，似乎與滇銅不濟，為籌措軍餉而誕生的咸豐大錢關係不大，在沒有清政府補助下，完全要靠自己設法去找。

據晚清經學家、文學家王闓運所著《湘軍志》記載，這支由湖南地方團練所組成的湘軍，自籌軍費主要有幾種渠道，例如捐輸、勸捐、賣官、厘金徵收、鹽稅、茶葉稅等各種手段，其中又以厘金徵收為最，成為湘軍軍費的主要來源。

「厘金」是從清朝太平天國之亂開始，一直延用至民國二十年（1931）才廢止的一種地方商業稅，因初定稅率為「百分之一」即一厘，故名厘金，又稱「厘捐、厘金稅」，如同虛值的咸豐大錢，它也是因太平天國之亂，急需籌措軍餉下而誕生的稅制。

咸豐三年（1853）太平軍攻佔江寧，刑部侍郎雷以諴，因軍用不濟，採用幕客錢江「捐厘助餉」的建議，向揚州府附近數鎮的米行抽厘稅，試辦效果不錯，隨後擴展至其他省份，沒幾年推行至全國。

曾國藩認為厘金徵收制度可行，便命東征局辦厘局，湘軍厘金收取的方式，主要以派兵到各主要交通要道設卡，收商品過路、過橋費為主。據《湖南厘務匯纂》記載，湖南是「厘以每錢一千抽收二、三十文錢為率」，即2～3%的稅率。

當時兵荒馬亂，各項稅收難徵，厘金制度保證了短期內有固定銀兩收入，解決了軍費問題，對清廷可說是「天上掉下來的禮物」。湘軍最終能剿滅太平天國，長期支持其龐大軍費開支的並不是咸豐大錢，持久、穩定、積少成多的厘金徵收，反而是功不可沒。

推行至全國的厘金制度，在太平天國後卻變成了正式地方稅收，從百貨厘、鹽厘、洋藥厘、土藥厘等，無不巧立名目，徵稅範圍之廣，史上罕見。例如洋務運動之初，官辦的軍事工業，厘金收入即是主要的經費來源之一；厘金制度成為清晚期至北洋政府，一項極其重要的地方財政收入。但也因各地厘金徵課標準不一、項目不一，以及到處濫設卡抽厘，清末宣統時期，全國厘卡有2,236處之多，厘金收入更高達4,318萬多兩，直到民國二十年（1931）1月，才在強大壓力下廢除[17] [18]。對清廷有雪中送炭之功的厘金制度，後來無疑淪為魚肉剝削百姓的工具，給近代中國的政治經濟，帶來的是無窮弊害。

第二次鴉片戰爭，落後就是被「毒打」

咸豐六年～十年（1856～1860），無疑是清朝建立以來，最難熬的四年；除了史上最大的太平天國武裝民變，在南方如火如荼地進行，英法兩國聯軍也從廣州打到北京紫禁城，火燒有「萬園之園」之稱的「圓明園」，乃近代中國落後就是被毒打的屈辱史上，最沉痛的一頁。

英法聯軍，共同「利益」下的結盟

英法兩國矛盾糾纏了數百上千年，兩次百年戰爭的互相攻伐，可說是世仇的雙方，怎麼會這麼容易就一笑泯恩仇，玩起「共創雙贏」的遊戲？說穿了，「沒有永遠的朋友，也沒有永遠的敵人」，組成兵力更充足、武力

---

[17] 黃文模，趙雲旗，劉翠微：〈晚清厘金制產生的年代及其社會危害研究〉，《現代財經》，2000（3）。

[18] MBA智庫百科：「厘金」，https://wiki.mbalib.com/wiki/厘金。

更強大的聯軍對清廷宣戰，就是為了共同的利益——擴大打開中國市場。

1852年，拿破崙三世（Napoléon III）即夏爾-路易-拿破崙‧波拿巴（Charles-Louis-Napoléon Bonaparte）（圖2-12），發動政變登基稱帝，因他早年曾流放英國，與維多利亞女王關係良好，英國也是第一個承認法蘭西第二帝國的國家，他曾說過這樣的俏皮話：「其他國家都是我的情人，而英國是我的正妻」。在拿破崙三世推動親英外交，穩健改革下，法國經濟繁榮，逐步走向現代化，遂跟上日不落大英帝國的步伐，也以優勢武力為後盾，迫切希望打開中國市場，不再局限於五口通商。

圖2-12　法國拿破崙三世（Napoléon III）1860年5法郎（francs）金幣。
英法聯軍之役發生在法皇拿破崙三世夏爾-路易-拿破崙‧波拿巴（Charles-Louis-Napoléon Bonaparte）主政時期；此金幣鑄造於1860年（咸豐十年），此年一方面清朝仍與太平天國激烈交戰中，另一方面北京遭英法聯軍攻陷，圓明園被毀，最後簽訂了喪權辱國的《北京條約》。（圖片來源：France Napoleon III 5 Francs 1860 Paris AU(55-58) Gold KM 787.1 – Numiscorner.com）

不幸先後發生的「西林教案」（法國天主教馬賴神父，在廣西西林遇害）及「亞羅號事件」（The Arrow Incident），讓英法一拍即合，有藉口發動「英法聯軍之役」，此役又稱「第二次鴉片戰爭」（Second Opium War），用船堅炮利直搗「天朝上國」京師，要脅更多在華貿易通

商利益。

　　其實就在第二次鴉片戰爭的前夕，英法早已在有「第一次現代化戰爭」之稱的「克里米亞戰爭」（Crimean War，1853年10月5日～1856年3月30日）中，密切軍事合作，連手遏阻了俄國沙皇在近東的擴張。通過了克里米亞戰爭的考驗，英法聯軍取得雙贏成果，後續在遠東的這場戰役，由於對手已從新興崛起的沙俄，換成積弱落後的清朝，打來似乎更得心應手、遊刃有餘。

　　開戰後，兩廣總督兼五口通商大臣，不戰、不和、不守，不死、不降、不走，外號「六不總督」的葉名琛，被聯軍俘虜，押往印度加爾各答，成為「海上蘇武」，次年於牢中絕食而亡；第二次大沽口之戰，直隸提督史榮椿、大沽協副將龍汝元身先士卒，先後戰死；大清名將僧格林沁，率華北清軍騎兵、八旗軍及綠營軍精銳，在通州八里橋（東距通州八華里而得名）決戰，結果全軍覆沒[19]；隨後咸豐皇帝以「木蘭秋獮」（清朝皇室秋季圍獵盛事）為名，逃往承德避暑山莊。

　　咸豐十年（1860）10月，英法聯軍隨後佔領北京、火燒圓明園，清廷命恭親王奕訢代表議和，10月底分別簽了《中英北京條約》和《中法北京條約》，及批准此前簽訂的《中英天津條約》及《中法天津條約》，割地、賠款、增開通商港口等，多項戰敗後喪權辱國條款。然而此役最大受益者，並非英法，竟是出面來協助「調停」的俄國。

「乘火打劫」、「鯨吞蠶食」的沙皇俄國

　　英法聯軍之役期間，沙俄（Russian Empire，即俄羅斯帝國，簡稱俄國、俄羅斯、沙俄、沙皇俄國或帝俄），立馬乘機脅迫，於咸豐八年（1858）簽訂了《璦琿條約》，璦琿（今黑龍江省黑河市愛輝區）由附近的璦琿河而得名，又名「艾輝」、「艾虎」等，皆為達斡爾語音譯，漢

[19] 維基百科：「八里橋之戰」，https://zh.wikipedia.org/wiki/%E5%85%AB%E9%87%8C%E6%A9%8B%E4%B9%8B%E6%88%B0。

語就是「可畏」的意思。俄國一槍未發，就順利取得黑龍江以北、外興安嶺以南，包括庫頁島在內，約60萬平方公里的領土；恩格斯就曾說過，這是「從中國奪取了一塊，大小等於法德兩國面積的領土，和一條同多瑙河一樣長的河流」[20]。

英法聯軍之役戰敗簽約後，清廷與趁火打劫的調停者沙俄，亦簽訂了《中俄北京條約》，此條約除了承認《璦琿條約》，又將烏蘇里江以東，約40萬平方公里的土地割讓俄國。同治三年（1864）利用《中俄北京條約》中，西段邊界走向作出原則規定的條文，雙方又簽訂《中俄勘分西北界約記》，亦稱《塔城議定書》、《塔城界約》，俄國立即佔領西北巴爾喀什湖以東、以南和齋桑淖爾（今齋桑泊）南北，44萬平方公里的領土。

這三個條約，全發生在沙皇亞歷山大二世·尼古拉耶維奇（Alexander II）期間（圖2-13），沙俄鯨吞了近150多萬平方公里，相當於4個日本、40個臺灣的土地。往南擴張的國策，一直是這個戰鬥民族，樂此不疲的頭等大事，近代中國被沙俄及後來的蘇聯，鯨吞蠶食竊據的領土，就算不包括外蒙古的獨立，雖有不同的統計總數，但都至少是300萬平方公里起跳。

鴉片戰爭後林則徐流放新疆四年，對沙俄有深入的觀察，曾與年輕時的左宗棠言及對未來的擔憂：

終為中國患者，其為俄羅斯乎！

如今看來，真不幸被林則徐言中，從十七世紀末以來，充滿占有慾的北極熊，給中華民族帶來的禍害與苦難，絕對是怵目驚心、罄竹難書。

---

[20] 恩格斯：《俄國在遠東的成功》，《馬克思恩格斯全集》，第12卷，人民出版社，1995年，頁662。

圖2-13　俄國沙皇亞歷山大二世‧尼古拉耶維奇（Alexander II）1858年1 Poltina銀
　　　　幣。

沙皇亞歷山大二世‧尼古拉耶維奇在位期間（1855～1881），通過三個不平等條
約：《璦琿條約》、《中俄北京條約》、《中俄勘分西北界約記》，讓清朝喪失巨
大面積的國土。此枚銀幣鑄造於1858年（咸豐八年），正是《璦琿條約》簽訂之
年。（圖片來源：https://onebid.cz/cs/coins-russia-1-poltina-1858-spb-fb-st-petersburg-
alexander-ii-1854-1881-averse-crowned-double-imperial-reverse/918655）

鴉片這次保住了上海

　　英國為首的列強，對太平天國雖視為邪教異端，但一直是採取「坐山
觀虎鬥」，保持中立態度；挑在動亂期間，對清朝強勢發動了英法聯軍之
役，說實在頗有乘火打劫之嫌。然而當太平軍三次進攻其經營已久的「利
益中心」──上海，英國等列強就再也無法保持中立，坐視不管了。

　　咸豐十年（1860）夏季，在太平天國忠王李秀成，第一次東征攻打
上海的過程中，清朝與英國之間出現了一個相當尷尬的場面，一方面在北
方正蘊釀著一場京師保衛決戰，另一方面在南方又不得不合作，打一場上
海保衛戰，就在這微妙的互動下，英國提供船艦火力及武器裝備上支援，
並同意清朝招募外國傭兵「洋槍隊」（常勝軍前身），成功保衛了上海。

　　同治元年（1862）初，忠王李秀成兵分五路，第二次再進攻上海
時，英法聯軍之役已落幕，英法也已和清朝先後訂定《天津條約》及《北
京條約》；此次英法等列強決定在上海正式出兵，幫助清朝的理由，就顯

得更充分了，除了保護上海租界，避免戰爭帶來難民，確保既有投資外，更要鞏固在華通商利益，尤其是鴉片。

鴉片戰爭後，英國在中國最大宗進口產品是鴉片和紡織品，出口產品是茶葉，紡織品的主要原料棉花來自美國，茶葉出口後的主要市場也是美國，此時美國正處於解放黑奴的「南北戰爭」（American Civil War，1861年4月12日～1865年4月9日）中（圖2-14），這讓英國在中國的紡織品、茶葉，兩大進出口商品利潤堪憂，唯一仍熱銷的鴉片，其重要性立刻脫穎而出。

圖2-14　美國1862年1美元（Dollar）金幣。
此枚金幣鑄造之時，正是美國南北戰爭期間。（圖片來源：https://www.ngccoin.com/resources/counterfeit-detection/top/united-states/18/）

相對於清廷，太平天國對鴉片是強烈反對的，因為吸食鴉片是死刑，忠王李秀成曾致書上海洋商，表明會滿足通商之便，唯鴉片販賣不行。之前依《天津條約》原則，清廷與英、法、美續簽了《通商章程善後條約》，其中明文規定鴉片以「洋藥」的名義合法進口，稅率為每百斤30兩[21]。一時清軍、英法聯軍、洋槍隊因共同利益，一拍即合、通力合作，

---

[21] 百度百科：「通商章程善後條約」，https://baike.baidu.com/item/%E9%80%9A%E5%95%86%E7%AB%A0%E7%A8%8B%E5%96%84%E5%90%8E%E6%9D%A1%E7%BA%A6/10869463。

共同打了第二次上海保衛戰。

　　同年五月，太平軍第三次進攻上海，雙方展開激戰，是役法國海軍艦隊司令卜羅德（Auguste Léopold Protet），被太平軍擊斃，但因安慶被湘軍攻破、天京告急，太平軍撤離，三次進攻上海都功敗垂成；就有學者直指，上海的挫敗，才是太平天國轉折點，直接與列強為敵，自此萬劫不復，兩年後覆滅[22]。對英國而言，這次無疑是押對了寶，確保了在華所有利益，還包括了千萬中國人吸食的合法進口洋藥——鴉片。

祺祥通寶，「辛酉政變」的物證

　　凡收藏中國古錢幣的藏友，都想擁有一枚「靖康通寶」，因為靖康是北宋最後一個年號，也是北宋使用最短的年號，總計只使用了一年多，所以靖康通寶鑄量少、存世量稀，乃古錢名譽大珍。清朝也有枚藏友們夢寐以求的錢幣——「祺祥通寶」（圖2-15）；因為「祺祥」年號未及改元，僅存69天就被廢止，改用「同治」，祺祥錢並未發行，為清錢頂級名珍，另有「祺祥重寶」存世。

　　咸豐十年（1860）英法聯軍攻佔北京，咸豐皇帝逃往承德避暑山莊，在《北京條約》簽後不久，次年就病危去世，由唯一的兒子，年僅六歲的清穆宗愛新覺羅‧載淳即位，年號祺祥（幸福吉祥之意）。遺命八位「贊襄政務大臣」（又稱顧命大臣）：怡親王載垣、鄭親王端華、大學士肅順、額駙景壽，及軍機大臣中的四位穆蔭、匡源、杜翰、焦佑瀛，共同輔佐年幼的載淳。

　　然小皇帝載淳的生母葉赫那拉氏（即慈禧太后），授意山東道御史董元醇，上了一道清史上著名的奏摺——〈奏請皇太后權理朝政並另簡親王輔政摺〉，建議皇太后「垂簾聽政」[23]，奏摺中表明這雖然是清朝前所未

---

[22] Jonathan D. Spence:《God's Chinese Son: The Taiping Heavenly Kingdom of Hong Xiuquan》, Chapter 21, W W Norton & Co Inc., 1997/1/1。

[23] 王開璽：〈董元醇述論〉，《安徽史學》，2016年第1期，頁56。

圖2-15　清「祺祥通寶」，寶源局鑄。

成豐十一年（1861）是辛酉年，因慈禧聯合恭親王奕訢等發動了「辛酉政變」，決定廢除原定的「祺祥」年號，改用「同治」，「祺祥通寶」是枚未發行的制錢，與「祺祥重寶」並稱為中國錢幣史上最短命的古銅錢。（圖片來源：https://www.numisbids.com/n.php?p=lot&sid=4637&lot=1076）

有之儀，然審時度勢，不得不為此「通權達變」之舉。

　　當然此奏摺的建議，隨即遭到八大臣強烈反對，雙方因而產生嚴重矛盾；慈禧太后遂鼓動慈安太后，聯合恭親王奕訢等，發動了一場宮廷政變，以八大臣對英法等國「不能盡心和議」、「失信於各國」為罪名，下令將肅順斬首，載垣、端華自盡，另外五大臣則被革職或充軍[24]。之後宣布廢止原擬之祺祥年號，改元同治（意指兩宮太后共同治理朝政），由年僅二十五歲的慈安、二十七歲的慈禧，東、西兩太后垂簾聽政。1861年是辛酉年，故史稱「辛酉政變」，又稱「祺祥政變」，或「北京政變」。

　　祺祥政變是清朝體制上的重大改變，由太后垂簾、親王議政，取代顧命大臣的制度，繼而開始了「同治中興」，同時也為日後慈禧太后排除異己、獨攬朝政，成為晚清的實際統治者，埋下了伏筆。

---

[24] 維基百科：「辛酉政變」，https://zh.m.wikipedia.org/zh-tw/%E8%BE%9B%E9%85%89%E6%94%BF%E5%8F%98。

「洋務運動」，中國近代化的第一步

中興通常指國家由衰退而復興，歷史上被冠以中興之名的有，夏朝的「少康中興」、漢朝的「光武中興」等，但清朝的「同治中興」，不少人認為自我吹噓、灌水大內宣的成分不小，畢竟清朝並未由衰退而真正復興。美國漢學家芮瑪麗教授（Mary Clabaugh Wright），給了一個比較寬大的說法[25]：

不但一個王朝，而且一個文明看來已經崩潰了，但由於十九世紀六〇年代的一些傑出人物的非凡努力，它們終於死裡求生，再延續了六十年，這就是同治中興。

「兩個女人的戰爭」並未發生

同治皇帝即位時才六歲，於同治十二年（1873）十八歲開始親政一年多後就病逝，因此同治中興與同治皇帝關係極其有限，大權是掌握在垂簾聽政的兩位太后手中。提起垂簾聽政，包括漢朝呂后、唐朝武則天、遼代蕭太后等，史上不乏先例，但由兩位皇太后共同治理的場景，絕對是空前絕後（圖2-16）。

本以為會是一場「兩個女人的戰爭」，但事實上宮廷內鬥大戲並未如預期上演，多一半還展現出兩位皇太后，顧全大局的政治智慧。據《清宮遺聞》的記載：

東宮優於德，而大誅賞大舉措實主之；西宮優於才，而判閱奏章，及召對時咨訪利弊。

[25] Mary Clabaugh Wright：《同治中興：中國保守主義的最後抵抗》，房德鄰等譯，中國社會科學出版社，2002年，頁7。

圖2-16　清穆宗「同治通寶」（1861～1875）。
同治意指東、西兩宮太后共同治理朝政，所謂的「同治中興」與同治皇帝關係有
限，因為他開始親政一年多就英年早逝，多一半應歸功於一同垂簾聽政，充分展現
政治智慧的兩宮太后。（圖片來源：https://m.sgss8.net/tpdq/12796629/）

　　從中不難看出，慈禧在前負責國務，慈安在後爲掌舵之主，兩人在朝
政上相互尊重配合。中央倚重恭親王奕訢等滿臣，在咸豐去世前夕，建立
了第一個正式外交機構──總理各國事務衙門（簡稱「總理衙門」），自
此與西方列強開展和平外交，一時外患趨緩；地方信任曾國藩、左宗棠、
李鴻章等漢臣，同治時期先後平定了太平天國、捻匪等多年內亂。

先「自強」、後「求富」的「洋務運動」

　　同時，由於英法聯軍直搗京師，火燒圓明園，如此刻骨銘心的慘痛教
訓，喚起一些大臣痛定思痛，以恭親王奕訢爲首，上奏咸豐皇帝〈通籌
夷務全局酌擬章程六條〉開始，後在兩宮太后的認可同意下，推行先以
「自強」、後以「求富」爲口號的「洋務運動」（Westernization Move-
ment），又稱「自強運動」（Self-Strengthening Movement）。正是這一
些傑出人物的非凡努力，清朝得以延命六十年，直到二十世紀才壽終正
寢。

雖然同治中興有自吹之嫌，其主要體現洋務運動也以失敗告終，然運動期間領銜引進西學、西方科技、西方思想，及派學生留學習技等，對近代中國軍事、科技、人文思想、民生工業，有不可抹滅之功。

其中曾國藩、左宗棠皆為平定太平天國的湘軍領袖，在之後晚清抵禦列強的侵略中，中俄新疆之戰，中法臺灣保衛戰、廣西鎮南關之役，中日甲午遼寧牛庄之役、臺灣島內乙未戰爭，處處可見湘軍「耐得煩、吃得苦、霸得蠻、捨得死」，勇猛戰鬥、保家衛國的忠勇事蹟。曾國藩、左宗棠二人亦是洋務運動的重要推手，在他們帶動下，湘軍系統將領無不追隨，故有「中興將相十九湖湘」一說。

曾國藩在咸豐十一年（1861），於安徽安慶開辦了第一家兵工廠──「安慶內軍械所」，該廠製造出中國第一臺蒸汽機、第一艘蒸汽火輪船；同治七年（1868），於上海設立第一家官辦的翻譯西書機構──「江南製造局翻譯館」，負責翻譯和引進西方的科技類書籍；同治十一年（1872），送出第一批30名赴美小留學生。

左宗棠亦積極興辦洋務，於同治五年（1866）設立「福州船政局」，又名「馬尾船政局」（圖2-17），為當時第一家製造兵船、炮艦的新式造船廠，局內另設「船政學堂」（求是堂藝局），為最早培養造船、航海人才的學校；於光緒三年（1877）設立「蘭州機器織呢局」，為最早的機器毛紡企業。

李鴻章本為曾國藩幕僚，受其提拔在家鄉安徽籌組「淮軍」（亦稱淮勇），在上海保衛戰中，淮軍協同英法聯軍及洋槍隊，頓挫太平軍銳勢，而一戰成名；太平天國平定之後，淮軍又成為剿滅捻匪的主力，從此李鴻章被清廷重用，不久出任直隸總督兼北洋通商大臣，一做就是25年，可謂權傾朝野。李鴻章是近代中國最具爭議的歷史人物之一，罵他是賣國賊的不少，讚他是民族脊樑的也多有，他的功過是非，自有史學家公評，但在中國近代化的起點上，的確功不可沒。

因較曾國藩、左宗棠年輕，且活到了二十世紀，李鴻章全程參與了洋務運動，也是歷史上扛起其最終挫敗之人。於同治四年（1865），曾國

圖2-17　清穆宗同治十三年（1874）「大清御賜金牌」背「福州船政成功」。

從同治七年（1868），左宗棠開創的福州船政局，建造了第一艘大型蒸汽兵船——「萬年清」號，之後的6年又打造了8艘輪船，尤其同治十一年（1872）建造的「楊武」號，成為之後福建水師的旗艦。為表彰法國「洋教練」協助福州船政局在五年內，達成國人自己設計、自行造船的成果，清廷以純黃金打造的金質獎章，獎勵功蹟卓著者，另頒有銀質、銅質獎章共三種。（圖片來源：https://onebid.cz/cs/medailles-tongzhi-1861-1875-medaille-d-or-imperiale-pour-recompense-de-participation-a-la-construction-de-l-arsenal-de-fuzhou-1874/863458）

藩規劃，李鴻章督辦，在上海開辦了東亞最大，也是最重要的兵工廠——「江南製造總局」；於同治十一年（1873），在上海成立第一家以公司概念經營的近代航運企業——「輪船招商局」（簡稱招商局）；光緒四年（1878），在直隸唐山成立大型新式採煤企業——「開平礦務局」等；當時第一條國人自建的標準軌運貨鐵路——「唐胥鐵路」（唐山至胥各莊鐵路），還有清朝海軍中實力最強、規模最大的「北洋艦隊」（或北洋水師），也都是李鴻章主持建立的（圖2-18）。

　　160年前開始的洋務運動，是以「中學為體，西學為用」為思想指導，讓我們設身處地回想當時的清朝，兩次鴉片戰爭慘敗後，全方位代差落後西方的事實，活生生地擺在眼前，中央與地方一腔熱血的滿漢「洋務派」要員，幾乎從零開始，透過「官辦、官督商辦、官商合辦」等模式，籌劃富國強兵的藍圖，推動了三十多年「師夷長技以制夷」的洋務運動，然於光緒二十年（1894）甲午戰敗，北洋艦隊全軍覆沒，而一夕崩盤。

圖2-18　清德宗光緒二十二年（1896）李鴻章像「中堂駕游漢伯克鐫刻敬獻」銅鍍
　　　　金紀念章。

李鴻章全程參與了洋務運動，甲午戰敗，也是歷史上扛起其最終挫敗之人；之後於
光緒二十二年（1896）李鴻章奉命出訪歐美，瞭解歐美情況，同時遊說列強同意
「照磅加稅」，提高對華出口商品的關稅。其間先後訪問了俄國、德國、法國、
荷蘭、比利時、英國、美國等國，此章係李鴻章在當年6月24日訪問德國漢堡（漢伯
克）時，德方所鑄敬獻之章。（圖片來源：http://cn.51bidlive.com/Item/6789896）

洋務運動是中國近代化的肇始，邁出這跟蹌蹣跚的第一步，已足以一一垂
丹青，誠是「自古風雲多變幻，不以成敗論英雄」。

　　令人可悲的是，在上世紀五〇到七〇年代，中國大陸一系列的整肅政
治運動中，遭遇最慘的莫過於李鴻章，他的墓被挖掘，屍首被栓在拖拉機
的後面、拖行遊街；另一位洋務運動重臣張之洞，也被刨墳掘墓，屍首倒
吊在野外風吹日曬；其他洋務運動名臣的墳墓，大多遭到嚴重搗毀、破壞
等，身後不得安寧，羞辱至極，真是天道寧論！

小結

　　從1870年代，列強改採金本位之後，國際銀價一路看跌，白銀既廉
且豐，同時，清光緒年間（1875～1908），滇銅供應吃緊、銅價攀升、

銅錢鑄造成本高等因素，導致地方鑄錢局停產，市面制錢奇缺[26]；這些因素導致，銀錢比急速下降，形成銀賤錢貴的現象——「白銀貶、制錢貴」。

　　為挽救「錢荒」，於光緒二十六年（1900）6月，在當時兩廣總督李鴻章的支持下，於廣東首先發行機製銅元；此種正面書光緒元寶，背面有飛龍圖案的銅元，成為清末銅錢基本形式；因為鑄造精良、不易偽造私鑄、成本低、銀元銅元比價固定等優點，之後各省紛紛仿效，迅速淘汰由各地造的方孔制錢，流通全國（圖2-19）。

圖2-19　清宣統年造「大清銅幣」二分、五枚換銀幣壹角（1910）。
清末不少地方暴動，與銅元充斥，物價昂貴，有絕對的關係。（圖片來源：https://shop.ginzacoins.co.jp/auction/past_events/allcoin/item/$/a/99/lot/1283/%3Fauction=&keyword=宣統&order=h&item_index=3）

　　銅元雖迅速解決了錢荒的問題，但因鼓鑄有厚利可圖，各省又紛紛搶鑄，導致銅元又迅速供過於求、信用降低、不斷貶值。光緒末年從銀賤錢貴、錢荒，到銅元發行升值，不久後又因濫鑄急貶，直到清朝滅亡；清

---

[26] 段洪剛編：《中國銅元譜（第三版）》，中華書局，2017年8月，頁2。

末不少地方暴動，與銅元充斥、物價昂貴，有絕對的關係[27]，這也再次印證，銅錢包括銅元，是自古不容小覷的動亂之源。

錢者，「人君之大權，御世之神物」，中國貨幣史，可以說就是一部銅錢史。行用了二千多年的銅錢，不僅是金錢，更是歷史的縮影及見證，串聯起錢幣背後承載的人與事，就是一部歷史百科全書。本章所提到的太平天國聖寶、咸豐大錢、小刀會太平通寶、祺祥通寶、同治通寶、銅元等，每一枚銅錢，都有屬於自己的「歷史含量」，述說著近代中國的風雲變幻。

如在「前言」曾提到，哈佛經濟學者尼爾·弗格森（Niall Ferguson）啟發我著此書的一句話：

每個重大歷史事件的背後都有一條金融線索。

近代西方列強對清朝首發的兩次鴉片戰爭，也充分印證了弗格森的這句話，在它們的背後都有一條「利益」的金融線索，強大的武力，進步的科技與制度，正是獲利的最佳保證；而落後、積弱就只有面對被痛宰的下場。

當我們從銅錢的角度，探究了晚清的內憂外患及自強運動，從中不難學習到，即使是一個半世紀後的今天，在詭譎多變的世局裡，「利益」仍是國際社會背後的共通語言，唯有「靠自己」，才能真正向前行，也才有真正的康莊大道。

---

[27] 何漢威：〈從銀賤錢荒到銅元泛濫—清末新貨幣的發行及其影響〉，《中央研究院歷史語言研究所集刊》，第六十二本第三分，民國82年4月，頁389。

龍洋：天朝圖騰裡的慘澹歲月

大清龍洋在廣東問世時，外國銀元充斥市場、外國銀行四處林立，紊亂的貨幣、落後的金融制度，富國強兵談何容易？然與中國一衣帶水的日本，在明治維新後怎就做到了？慈禧太后，晚清實際統治者，真就只是專橫、擅權嗎？將光緒皇帝「扶上馬、送一程」，為何最後又把他軟禁？清末貨幣改革改了什麼？「圓兩之爭」又在爭什麼？

本章共七個章節：

1. 橫行市場的「洋貨幣」和「洋銀行」
2. 幣制金融改革，日本「明治維新」背後的大功臣
3. 慈禧太后，事實與印象有反差
4. 開鑄「龍洋」，對抗外國銀元
5. 光緒皇帝，高估了自己、錯估了敵人
6. 「戊戌變法」怎變成「戊戌政變」？
7. 慢半拍、隔靴搔癢的貨幣改革

首先闡明日本「明治維新」與晚清「洋務運動」，成敗的差別關鍵，在於幣制金融改革；接著以龍洋為主的中外貨幣，導引讀者一同領略，清末慈禧太后與光緒皇帝時期，「中法戰爭」、「甲午戰爭」、「乙未戰爭」、「膠州灣事件」、「八國聯軍」等侵辱迭起、飽受創傷的「慘澹歲月」。

銀幣自古羅馬即有，中國的銀貝、銀布幣亦可追溯到先秦，且歷朝歷代多鑄有賞賜或紀念性質的銀錢。然以銀元樣式大行於世，始於1497年西班牙國王斐迪南二世（Fernando II de Aragón el Católico），制定了標

準銀元重量：27.468公克，成色93.055%，即含純銀25.56g，之後改為成色90.2%，即含純銀24.76g[1]；隨著大航海時代來臨，西班牙成為第一個，「日不落帝國」，所鑄標準化的西班牙銀元（Peso），也廣泛流通全世界。之後西班牙在其南美殖民地，發現大量銀礦，於墨西哥等地設立皇家造幣廠，南美製西班牙銀元，成為名符其實的國際通貨；1821年墨西哥獨立後，開始自鑄銀元，十九世紀中葉，墨西哥銀元亦開始風行。

外國銀元由機器衝壓製造，因為成色好、標準化、方便使用等好處，充斥包括中國、日本在內的銀本位市場。為對抗外國銀元，廣東先正式設立銀元局，彷照墨西哥銀元的成色和式樣，光緒十五年（1889）開始用機器大量鑄行本土銀元，因背面中間為蟠龍圖紋，俗稱「龍洋」或「龍銀」，之後各省紛紛仿製，主幣面值有「庫平七錢二分」、「庫平壹兩」、「壹兩」、「壹圓」等。

同樣深受到外國銀元重磅衝擊的日本，早於1871年明治維新初期即進行貨幣改革，發行日本龍銀在內的統一新貨幣，順利趕走了外國銀元，逐漸擺脫江戶德川幕府時代的幣制紊亂現象，隨後以穩定且自主的貨幣、金融制度，一路協助日本走向富國強兵之路。

反觀清朝的貨幣改革，不但起步慢，而且是一直未跟上世界腳步，真正解決銀本位的本質問題，在原地踏步，以致富國強兵就只是夢想。加諸政治上，帝后雙軌並行的矛盾互鬥；國防上，列強任意長驅直入；外交上，時有被瓜分危機；財政上，天文的戰爭賠款，苛稅全民買單等。外患不休、內憂不斷，王朝危如累卵，實乃民何以堪？

橫行市場的「洋貨幣」和「洋銀行」

晚清洋務派一心想要，「盡轉外國之長技，為中國之長技，富國強兵」；富國強兵，並不是什麼新名詞，早在先秦《管子》一書中，即已有系統地論述，只是這次天朝上國要從學「洋玩意」開始。然富國是強兵

---

[1] 維基百科：「銀圓」，https://zh.wikipedia.org/wiki/%E9%8A%80%E5%9C%93。

之本，強兵使富國得固，富國與強兵兩者相輔相成，看看兩次鴉片戰爭，領銜荼毒清朝的大英帝國即可知，其兵強因國富，其國富因有高效率的金融體系，如在第一章提過，早在1694年英國就成立了世界第一家中央銀行——英格蘭銀行（Bank of England）；而有效率的金融體系，又與健全的貨幣制度息息相關，早在1717年，牛頓擔任英國皇家鑄幣局局長時，就建立了金本位制的雛形，讓英鎊與黃金劃上等號，日後成就「英鎊霸權」。

　　晚清在追求富國強兵之時，似乎並未體察市場流通貨幣，及有效率的金融體系，對富國影響的重要性，長久對極其紊亂的貨幣、落後的金融制度，採取消極、甚至無視的態度，以致國家難富、國防難強的惡性循環，直到為時已晚。

　　清朝承襲了明朝的銀錢貨幣制度，其實一剛開始並不那麼複雜、紊亂，只是當沒有面額的銀兩，遇上了規格標準的外國機製銀元，就「人比人氣死人」，外國銀元不僅是品質可靠、重量一定，最重要的是含銀量成色穩定，以致俗稱「洋錢」或「銀洋錢」，方便使用的外國銀元，清初就已大量流入、充斥市場；這種在殖民地墨西哥鑄造，俗稱「雙柱」的西班牙本洋（見第一章圖1-7，1-8），因機器鑄造，重量、成色標準化，規格統一、便於攜帶、方便計算等多重優點，在沿海及長江流域地區，就已廣泛流通使用。如南京條約中就專門指定用「銀元」為賠款單位，以時間及當時市場現況推知，此銀元指的就是西班牙本洋。

　　十九世紀二〇年代墨西哥脫離西班牙獨立，1823年開始自鑄銀元，俗稱「鷹洋」（圖3-1），到了十九世紀中，開始逐漸取代西班牙本洋[2]，成為在華外國銀元中的翹楚，市場佔有率第一。到了清末西班牙本洋、墨西哥鷹洋之外，還有「英國站洋」、「法屬印度支那坐洋」、「日本龍銀」等多種外國銀元，亦在市場橫行。

　　除了銀洋錢，洋銀行亦長驅直入中國金融市場。當世界最早銀行，於

2　陳彥同：《富強與國際關係－清末貨幣制度之探討》，政治大學政治系碩士論文，2005年，頁27。

圖3-1　墨西哥鷹洋1874年8里亞爾（Reales）銀幣。

晚清到民初，輸入的外國銀元中，以墨西哥鷹洋最多，市場佔有率最高。（圖片來源：https://www.ngccoin.com/price-guide/world/mexico-first-republic-8-reales-km-377.10-1824-1897-cuid-1118135-duid-1422345）

1580年在義大利威尼斯誕生後，義大利米蘭、荷蘭阿姆斯特丹、德國漢堡、英國倫敦等地紛紛建立銀行，經過近三百年的蓬勃發展，銀行成為歐美金融體系的代表，資本主義向外擴展的先鋒，銀行家們主宰著世界大部分的財富，幾乎每個牽扯到利益的事件，背後都與銀行為代表的金融機構有關，當然中國也不例外。

鴉片戰爭之後，於道光二十五年（1845）英國的麗如銀行（The Oriental Bank Corporation）在香港設立分行，後在廣州、上海、福州等地設立分行，成為第一家進入中國的外資銀行；其他外商銀行也陸續在中國開設分行（表3-1），並紛紛發行以中國貨幣為單位，或以其本國貨幣為單位的紙幣[3]。

3　維基百科：「外國勢力在華發行貨幣史」，https://zh.wikipedia.org/wiki/%E5%A4%96%E5%9B%BD%E5%8A%BF%E5%8A%9B%E5%9C%A8%E5%8D%8E%E5%8F%91%E8%A1%8C%E8%B4%A7%E5%B8%81%E5%8F%B2。

表3-1　晚清各國主要銀行發行的紙幣[4]

國家	銀行	發行紙幣	流通地區	流入時間
英國	匯豐銀行（Hongkong and Shanghai Banking Company Limited）	港幣、銀元券、銀兩券	幾乎全國	1870年
	麥加利銀行（即渣打銀行，Chartered Bank）		上海	
日本	橫濱正金銀行（Yokohama Specie Bank Ltd）	銀元票、銀兩票	東北	1902年
俄國	華俄道勝銀行（Russo-Asiatic Bank）	盧布	東北、新疆	1895年
法國	東方匯理銀行（Banque de Indochine）	法鈔	雲南、廣西	1903年
德國	德華銀行（Deutsch-Asiatische Bank）	銀兩、銀兩票	山東	1890年
美國	花旗銀行（Citibank）	銀元票	上海、天津	1907年
比利時	華比銀行（BelgianBank）	銀元票	上海	1910年

　　據統計，清末外國銀行在華發行的貨幣有83種之多，占全國貨幣流通總額30%[5]。洋貨幣不論是洋錢或是洋鈔，都讓貨幣制度更紊亂複雜，而且是一種對一般民眾變相課徵「鑄幣稅」（簡單地講就是發行貨幣的收益）的惡劣行為，同時對國家金融體系也產生了深重的負面影響。

　　外國銀行在華設立，並非全是資本主義邪惡的經濟侵略，從另一角度看，許多外資銀行多與在地錢莊、票號合作，彼此融資、服務客戶，帶進現代金融管理技術，爾後不少近代中國銀行的主管都是外國銀行挖角而來的洋人，而他們又培訓出無數近代中國金融管理人才。因此民國時期金融機構的國際化程度相當高，倒是傳統的錢莊、票號，還是無法擺脫宿命，逐漸被市場淘汰。

---

[4] 同註2，表2.6，頁30。

[5] 同註2，頁27-28。

幣制金融改革，日本「明治維新」背後的大功臣

第二章提到的晚清洋務運動，經常被拿來與日本的「明治維新」（めいじいしん，The Meiji Restoration）比較，前者雖大約早十年上路，但經過甲午之戰的檢驗後相形失色，原來竟與後者差之千里。

「尊王攘夷」到「開國」、「倒幕」

明治維新之前的十九世紀中期，不像大清皇帝，日本天皇並無實權，大權掌握在德川幕府手中，這種以將軍為主導的體制，被稱為「武家政治」。1853年當美國東印度艦隊司令官馬休‧佩里（Matthew C. Perry）率領的「黑船」（江戶幕府末期抵日的外國船，因船體塗以黑色而得名；後成為西方列強向日本施加壓力的象徵與代名詞），出現在江戶灣，翌年與幕府政權簽訂《日美和親條約》，又稱《神奈川條約》；這款與鴉片戰爭後，於1844年簽的中美第一個不平等條約——《中美望廈條約》，相似的精簡版條約，同樣沒有割地、賠款，主要內容是強迫通商開埠，給予最惠國待遇等。不久，英、俄、荷等國也援例而至，簽訂了一連串類似條約，自此打開了鎖國兩百多年的日本。

「黑船事件」後，立即掀起了以長州藩（位於日本本州島最西端，又稱毛利藩、山口藩）、薩摩藩（位於九州西南部，今日鹿兒島縣全域與宮崎縣的西南部，又稱鹿兒島藩）等雄藩為中心，與德川幕府武裝對抗的「尊王攘夷運動」。然於1863年8月，薩摩藩與英國在鹿耳島灣發生了「薩英戰爭」，於1864年9月，長州藩與美、英、法、荷艦隊在馬關海峽發生了「下關戰爭」，落敗的薩摩藩、長州藩，徹底感受了西方船堅炮利的震撼與威力，遂有了180度的轉變，雙雙不再堅持「攘夷」政策，反而全力支持「開國」，但持續「尊王」的「倒幕運動」[6]。於1866年3月7日在土佐藩（位於日本四國島高知縣）坂本龍馬的斡旋撮合下，雙方祕密簽訂了政治、軍事「薩長同盟」，槍口一致對準討伐幕府。

---

[6] 李元馥：《漫話日本2》，朴惠園譯，高富國際文化股份有限公司，2003年6月，頁181-187。

之後長州藩以一己之力，打敗了第二次前來征討的幕府軍，最終促成末代幕府將軍德川慶喜，於慶應三年（1867）11月10日在京都二條城舉行「大政奉還」大典，將政權還給剛繼位數月，未滿十五歲的明治天皇。接著於1868年初，倒幕派以天皇名義，頒布廢除包括德川幕府在內的〈王政復古大號令〉，建立以天皇為中心的新政府；此舉引發了幕府軍，與以薩、長兩藩為主力的新政府軍，在京都附近開戰——史稱「戊辰戰爭」，幕府軍節節敗退，於1868年3月，天皇首度進入江戶城（今日的東京）[7]，從此結束了265年的江戶德川幕府統治，同時也讓自1192年開始，長達近七百年的幕府統治，從日本歷史上消失。

　　1868年農曆8月27日天皇舉行即位典禮，9月8日改「慶應」年號為「明治」，取自於《周易》：「聖人南面聽天下，嚮明而治」之意，從此建立君主立憲政體，開啟全盤西化，走向現代的「明治維新」。明治維新讓日本成功坐上富國強兵之位，並躋身於世界少數強國之列的第一個亞洲國家。

先建立貨幣、金融制度才是重點

　　許多學者專家研究洋務運動與明治維新，兩者同是改革，為何結果大相逕庭？有人認為英國在背後出錢又出力是重點，不但提供日本兵器、機械、火車等技術，賣軍艦、送物資，還給予大量貸款；要知道向來以自我利益為優先的列強，尤其是英國，為達到牽制沙俄在中亞、中東擴張的戰略目標，扶植並鼎力相助明治新政府，同時海撈一筆的確是事實；但在洋務運動中，列強似乎也沒少幫清朝，例如總理衙門、上海製炮局、天津機器製造局等英國人出力頗多，福州船政局主要是法國人協助建立，江南製造局最初機器是從美國購得，日後的北洋艦隊也主要靠英國、德國建成等，所以這種說法有欠精準。

　　也有人認為洋務運動只是專制皇權下，推動的自強運動，而明治維新

7　同註6，頁190-195。

如同英國的光榮革命，是以雄藩武力爲後盾、富國強兵爲共識，先完成了君主立憲、三權分立的政治體制改革，才是成功關鍵；這種說法雖然無誤，但也僅說對了政治部分。

明治維新成功的因素很多，洋務運動失敗的原因也不少，但將兩者擺在一起比較時，日本除了能在一開始即進行政治體制改革外，在第一時間著手進行幣制、金融改革，亦是兩者之間最主要的差異；相對的洋務運動只在進行多年後，才開始用機器鑄造光緒元寶銀幣、銅元等，做了些皮毛但無關大局的改變，及無謂的「圓兩之爭」。

日本幕末英雄坂本龍馬早在「船中八策」的第八條[8]：

「金銀物貨宜シク外国ト平均ノ法ヲ設クベキ事」（金銀貨物等市易之事，應參照外國，定其宜當之法）

即對通用貨幣政策提出了指導綱領，爾後這篇著名且傳奇的船中八策，進一步發展成爲日本《新政府綱領八策》第八義：

「皇國今日ノ金銀物価ヲ　外國ト平均ス」（皇國今日的金銀物價爲外國平均價格）

足見金銀通用貨幣，一開始即列入新政府的重點政策之一。

事實上，明治新政府初期，在「舊貨未退、新幣鑄行」下，貨幣體系的紊亂程度，較同期的清朝同治年間，實有過之而無不及。除了西班牙本洋、墨西哥鷹洋等外國銀元，另有中國銅錢，幕府時代的金銀銅三貨官方鑄幣、紙幣（江戸橫浜通用札、江戸及関八州通用札、兵庫開港札），地方藩札（金札、銀札、錢札、米札等），及新政府自行發行金屬鑄幣（明治二分金、一分銀、一朱銀）和兩種紙幣（太政官札、民部省札）等[9]，私鑄劣錢、僞幣、假鈔亦市場橫行，當時日本的通用貨幣處於極度混亂狀態。

---

8 維基百科：「船中八策」，https://zh.wikipedia.org/wiki/%E8%88%B9%E4%B8%AD%E5%85%AB%E7%AD%96。

9 日本貨幣商協同組合：《日本貨幣カタログ（THE CATALOG OF JAPANESE COINS AND BANK NOTES）2020年版》，凸版印刷株式会社，頁111、178-187。

然而這種混雜的場面，並未延續太久，爲了統一貨幣、促進經濟，
遵循新政府綱領，一場去舊立新的貨幣大改革，幾乎是立刻順勢登場。
1868年（明治元年），日本即購入香港造幣局英國製鑄幣機器，並在大
阪成立造幣寮（後改爲造幣局），1870年開鑄高度標準化的機製金、銀
幣（圖3-2、3-3）。1871年頒布「新貨條例」，貨幣單位從「兩」改爲

圖3-2　日本明治三年（1870）二十圓金幣。
一圓標準金幣重1.66g，二十圓金幣重33.2g。（圖片來源：https://kknews.cc/history/
zokkmpq.html）

圖3-3　日本明治三年（1870）一圓銀幣。
一圓標準銀幣重26.95g，與墨西哥鷹洋等值使用。（圖片來源：https://www.zmkm8.
com/artbid-53211.html）

「圓」（1948年以後，日本貨幣才開始用簡化的「円」字）；新貨幣以金幣為本位貨幣，一圓標準金幣重：25.72grain（1.66g），成色90%（含金量23.15grain=1.5g）。舊一兩換一圓、舊貨幣廢止，並加入「錢」、「厘」為補助單位（1圓=100錢=1,000厘），採10進位法；一圓銀幣（重量416grain=26.95g，成色90%），與墨西哥鷹洋等值使用，本是用於對外貿易，但沒多久後就開始在國內流通，所以事實上是實行金銀複本位制[10]。

　　1872年先發行了新紙幣「明治通寶」（圖3-4）並回收舊紙幣，之後又參照美國國家銀行法（National Banking Acts），制定「國立銀行條例」，1873年之後的六年間，共設立了153家國立銀行，授權發行紙幣。

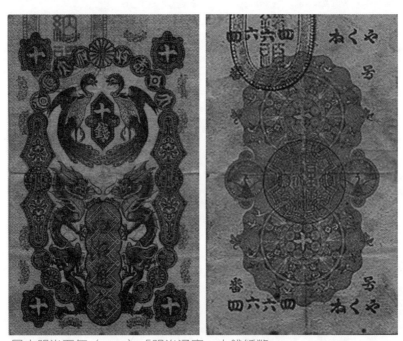

圖3-4　日本明治五年（1872）「明治通寶」十錢紙幣。
同年，參照美國國家銀行法，制定日本「國立銀行條例」。（圖片來源：https://ja.m.wikipedia.org/wiki/%E6%98%8E%E6%B2%BB%E9%80%9A%E5%AE%9D）

[10] 維基百科：「新貨條例」，https://ja.wikipedia.org/wiki/%E6%96%B0%E8%B2%A8%E6%9D%A1%E4%BE%8B。

1881年廢止國立銀行，翌年創設具統一發行紙幣現鈔，及執行金融政策等職能的「日本銀行」（即中央銀行），之後國立銀行逐漸轉型爲普通私立銀行[11]。1885年發行日本銀行券（100圓、10圓、1圓兌換銀劵），1897年10月利用馬關條約賠款爲主要儲備金，日本正式實行金本位制。

　　1871年的貨幣改革，及1872年的銀行金融制度設立，不僅統一了貨幣，在經濟上推行「殖產興業」，同時對軍事、工業、教育、文化等各方面，提供了有力支撐，更讓日本與歐美的貨幣、金融制度接軌，順利融入世界主流貨幣、金融體系之中。當政治、經濟改革到位，明治維新也順利推動；只可惜日本在富國強兵後，卻漸漸走上軍國主義、侵略擴張之路（表3-2）。終明治天皇一生，儼然已將日本打造成亞洲第一強權，日後竟是近代中國的最痛，亞洲諸國的夢魘。

表3-2　日本明治天皇時期，對外侵略擴張簡表

時間	對外的擴張
1879年	併吞琉球，改設沖繩縣。
1894年	因朝鮮問題，中日爆發甲午戰爭，結果清廷戰敗，北洋艦隊全軍覆沒，最終割讓臺灣、澎湖。
1900年	日本加入八國聯軍，成爲列強中出兵最多的國家。
1904年	與沙俄爭奪東北與朝鮮（今南北韓）權益，發生了日俄戰爭，結果俄國戰敗、損失慘重，導致後來沙皇政權垮臺，共產主義興起。
1910年	正式吞併了朝鮮。

慈禧太后，事實與印象有反差

　　日本明治天皇生於1852年，卒於1912年，從1867年即位，1868年改元「明治」，開啓明治維新，在位的45年，日本實現了富國強兵，躋身於世界強國之林，無疑是日本史上最偉大，甚至被神化的天皇。

　　近代中國和明治天皇，相對應的領導人，就是慈禧太后。慈禧太后

---

[11] 同註9，頁188-189。

生於道光十五年（1835），卒於光緒三十四年（1908），辛酉政變扳倒顧命八大臣後，於同治元年（1861），開始垂簾聽政，掌握晚清的最高權力達47年。另外，當時世界第一強國英國，是由建立「日不落帝國」，英國史上最偉大，號稱「歐洲老祖母」的維多利亞女王（1819～1901），執政亦長達64年。十九世紀後期到二十世紀初，這三位國家領導人，各自掌權的重疊時間，有33年之久。

相較於同時期的日本明治天皇與英國維多利亞女王，慈禧太后的國際名聲相去甚遠。一般咸認爲滿清積弱不振、顢頇無能，慈禧太后要負最大責任；然近來有些專家學者從正規史學角度，爲當時的滿清及慈禧平反叫屈。在東、西兩宮垂簾聽政的前二十年，對外採取了較開放政策，與西方列強開展和平外交，一時外患趨緩；湘軍、淮軍又先後解除了太平天國之亂、捻匪之亂、陝甘回亂等重大內憂；同時重用能臣啓動洋務運動，開創同治中興，身爲中樞決策者的慈禧太后，表現得算是不錯。

同治十三年（1874），同治皇帝去世，膝下無子，年僅四歲的清德宗愛新覺羅・載湉即位，爲第九任皇帝，改元「光緒」，此年號乃取「光大未竟之功業」，有殷切期盼能重振國力之意。光緒年幼，即位後仍是兩宮同治，直到光緒七年（1881），慈安太后去世後，慈禧太后才開始眞正獨坐權力顛峰。

完成收復新疆大業

在光緒初期，兩宮垂廉這段時期，最值得稱頌的功績應該就是——收復新疆。十八世紀中葉乾隆皇帝滅了準葛爾汗國，統一了西域，命名「新疆」，取「故土新歸」之意。然在同治三年（1864），受太平天國之亂及陝甘回亂的影響，新疆亦發生暴亂，中亞浩罕汗國（今哈薩克南部部分地區、烏茲別克東部以及塔吉克與吉爾吉斯部分）的阿古柏率軍入侵新疆，後建立「哲德沙爾汗國」，佔據新疆大部；如第二章所述，幾乎同時，沙俄利用《中俄勘分西北界約記》，佔領西北巴爾喀什湖以東、以南和齋桑淖爾（今齋桑泊）南北的大片領土，之後於同治十年（1871）沙

俄又藉口暫時「代收」，派兵侵佔新疆伊犁，此刻清朝在新疆只剩下塔城等少數據點[12]。

於同治十二年（1873），左宗棠平定陝甘回亂後，清廷才「有暇」處理新疆阿古柏之亂；但因經費拮据，當時朝中在海防與塞防上，孰先孰後產生了歧見，這就是著名的「海塞之爭」；最終塞防一方勝出[13]，於光緒元年（1875）左宗棠被任命為欽差大臣，開始準備收復新疆。行前提出了「先北後南」、「緩進急戰」戰略，於光緒二年（1876）4月，湘軍在肅州（今酒泉）誓師，據說左宗棠視死如歸，帶著自己的棺材入疆，經過近兩年激戰，終於平定回亂、收復新疆，其間曾為了籌措軍費，還向英國匯豐銀行借了五百萬兩白銀。三年後，於光緒七年（1881），清廷在聖彼得堡與沙俄簽訂了《伊犁條約》，這次雖成功收回伊犁九城，但仍被鯨吞7萬多平方公里的領土；光緒十年（1884），清朝在新疆設省，由湘軍將領劉錦棠為第一任巡撫。

昔日左宗棠部下楊昌浚寫的一首名詩〈恭誦左公西行甘棠〉：

大將籌邊尚未還，湖湘子弟滿天山；新栽楊柳三千里，引得春風渡玉關。

以此詩與一枚新疆「喀什大清銀幣」（圖3-5），一同緬懷左宗棠率領湘軍收復新疆的事蹟。這枚銀幣正面紀值「湘平伍錢」，這「湘平」兩字，正足見阿古柏之亂平定後，當年湘軍對新疆的影響深遠。

中法戰爭打了個平手

光緒七年（1881）慈安太后去世後，到光緒十五年（1889）由光緒皇帝正式親政，這八年間慈禧太后一人垂簾、獨攬朝政，其間三次為了保護藩屬國而對外用兵——「壬午軍亂」、「中法戰爭」與「甲申政變」。

---

12 百度百科：「新疆歷史」，https://mr.baidu.com/r/nOz7ic3qF2?f=cp&u=c2c198034e06dda3。

13 徐中約：《中國近代史：1600-2000中國的奮鬥》，世界圖書北京出版公司，2013年8月，頁234-235。

圖3-5　清光緒三十三年（1907）「喀什大清銀幣 湘平伍錢」銀幣。

正面下方紀值有「湘平伍錢」四字，湘是湖南簡稱，「湘平」是晚清湖南地方
對銀兩的衡量標準，湘平壹兩為35.84g（見第一章表1-1），新疆銀幣以湘平為
標準，足見左宗棠入疆，平定阿古柏之亂後，湘軍對新疆的影響深遠。正面右
邊維文「喀什噶爾造」，左邊用維文紀值「一兩」和紀年「1325」（回曆1325
年即公元1907年）。（圖片來源：https://www.pcgsasia.com/valueview/index?l=zh-
CHS&cid=4686&specno=403118&c=HKD）

壬午軍亂與甲申政變都是由朝鮮內部的矛盾，引起與明治維新中崛起的日
本，在朝鮮半島的軍事對峙，由於內部衝突都迅速被鎮壓平定，清朝算是
得到兩勝；中法戰爭則因安南（今越南）而爆發，清軍逆轉戰局，還打了
個平手。慈禧太后在這段時期，果敢的表現，應給予稱許。

　　「脣亡齒寒」的道理婦孺皆知，只是宗主國大清已今非昔比、自顧不
暇。日本先於光緒五年（1879）突然併吞琉球，琉球密使數度請求清朝
向日本問罪，甚至後來耳目官毛精長等人，還到北京總理衙門「長跪哀
號，泣血籲請」，清廷正與日本強力交涉，並未訴諸武力之際，於光緒八
年（1882）朝鮮內發生「壬午軍亂」（圖3-6），日本的矛頭又乘亂指向
朝鮮，迅速出兵干涉；清朝因有琉球的前車之鑒，這次亦即時出兵鎮壓軍
亂，年僅二十三歲的袁世凱因奮勇攻剿被報以首功，遂被派留鎮朝鮮訓練
新軍，爾後在當地建立名聲，贏得「袁司馬」尊稱，開始嶄露頭角。

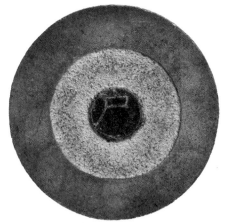

圖3-6　朝鮮「大東三錢」銀幣（1882），背「戶」（戶指代鑄幣機構「戶曹」）。光緒八年（1882）是壬午年，朝鮮內發生「壬午軍亂」，一般認為，大東錢鑄於壬午年軍亂平息後，閔妃復出掌權之際，除了大東三錢外，另鑄有大東二錢與大東一錢。（圖片來源：https://www.auction-world.co/library/item_50800.html）

　　十九世紀中葉，法國開始入侵越南，剛打完第二次鴉片戰爭的法軍，立即轉戰越南，先順利佔領了南部，接著往中、北部推進，在1873年 ～ 1883年的十年間，法軍始料未及，竟被一支流亡在越南北部，由天地會遺黨劉永福領導，名不見經傳的「黑旗軍」（該軍隊以北斗七星黑旗為戰旗）屢次打敗，讓數位法國高級軍官授首疆場。

　　光緒九年十一月（1883年12月），新任法國遠征軍總司令孤拔（Amédée Courbet），決定先剷除駐守在越南北部山西地區的眼中釘——黑旗軍，於是中法戰爭正式開打。主戰場由越南北部，擴大到包括臺灣北部在內的中國東南沿海，戰爭進行了約一年半時間，過程並未像清朝其他四次主要對外戰爭，呈現「一面倒」的局面。

　　法軍先在「山西之戰」取勝，接著光緒十年（1884）春，連續在北寧、興化擊潰清軍。越南北圻戰事失利，慈禧太后以「委靡因循」之名，突然免除在辛酉政變中，曾鼎力支持她的首席軍機大臣、總理衙門領班大臣恭親王奕訢，及罷免或降職五名軍機大臣，史稱「甲申易樞」[14]。

---

[14] 蔡振豐：《晚清外務部之研究》，致知學術出版社，2014年，頁37。

新中樞立刻派直隸總督李鴻章爲代表與法國議和，簽訂了《中法會議簡明條款》；後又因越南前線的「北黎事件」，雙方戰火再開。一說此時法國將戰火擴大到東南沿海，企圖脅迫清朝在多面臨敵下屈服；另一說是爲了控制當時的重要戰略物資，臺灣基隆附近的無煙煤。法國在新整合遠東艦隊司令孤拔攻擊下，殲滅清朝福建水師（福州船政局）、打敗南洋水師、取得臺灣海峽制海權，並先後佔領臺灣基隆和澎湖[15]。

此刻清朝並未示弱，慈禧太后表達了主戰態度，任命同是主戰的張之洞爲兩廣總督，已解甲歸田的劉銘傳奉詔入京，一道〈遵籌整頓海防講求武備摺〉慷慨主戰，不久劉銘傳被任命爲督辦臺灣事務大臣；據史料，慈禧還拿出300萬兩私房錢，命其「視機籌辦軍火」。

劉銘傳也不負重望，先洞燭法國人打著「吃越南、拿臺灣」的雙重算盤，多次擊退進攻臺北城的法軍，並成功突破海上封鎖，順利取得補給，牢牢將法軍困在基隆。另外，張之洞起用有勇有謀的老將馮子材，爲廣西關外軍務幫辦，確定「援臺惟有急越」戰略，全力支援劉永福的黑旗軍，一東一西合擊法軍。

就在中法雙方鏖戰之際，光緒十年十月十七日（1884年12月4日，朝鮮李氏王朝高宗李㷩十九年），朝鮮又發生了開化黨與日本共謀的「甲申政變」，這一場武力事變，三天即被清軍平定，居功至偉的袁世凱，從此更受李鴻章的器重，不久被任命爲駐紮朝鮮總理交涉通商事宜，從此僅二、三十來歲的他，就左右朝鮮政局長達十多年，儼然成爲太上皇。事變平定後清朝與日本簽訂《中日天津會議專條》，雙方從朝鮮撤軍，但亦默許了日本，若朝鮮一有事端，有出兵的權利[16]，故此條約一般咸認爲，爲十年後的甲午戰爭埋下了禍根。

光緒十一年（1885年，阮氏王朝阮景宗阮福升同慶元年）（圖3-7），雙方在臺灣北部戰事持續僵持。但中越邊界，馮子材率清軍，在

15 維基百科：「中法戰爭」，https://zh.m.wikipedia.org/zh-tw/中法戰爭。

16 維基百科：「中日天津會議專條」，https://zh.wikipedia.org/wiki/%E4%B8%AD%E6%97%A5%E5%A4%A9%E6%B4%A5%E4%BC%9A%E8%AE%AE%E4%B8%93%E6%9D%A1。

圖3-7 越南阮朝阮景宗阮福升「同慶通寶」伍錢金錢（1885～1889）。
同慶元年（1885年，光緒十一年）清朝在越南邊界的「鎮南關—諒山大捷」，從根本上扭轉了整個戰局，然戰勝的清朝仍與法國簽訂了頗受非議的《中法新約》。中法戰爭讓清廷更了解臺灣的戰略地位，促成同年臺灣建省。（圖片來源：https://www.auction-world.co/library/item_138196.html）

黑旗軍持援下，先取得鎮南關勝利（今友誼關，廣西壯族自治區憑祥市西南），接著清、越聯軍進佔諒山（今越南諒山省會諒山市）及附近一些其他地方，「鎮南關—諒山大捷」從根本上扭轉了整個戰局，甚導致當時法國總理茹費里（Jules François Camille Ferry），在3月30日引咎辭職，4月15日，法國陸軍和海軍全面休戰。

　　戰勝的清朝卻急於1885年6月9日，在英國調停下，簽訂了《中法新約》，其內容主要是清朝承認法國對越南的宗主權；這款條約沒有割地、賠款，簽約後清軍撤出越南，法軍撤出臺灣，應稱不上是不平等條約，但受到包括湘軍領袖左宗棠在內，「法國不勝而勝，吾國不敗而敗」的非議與不滿。

　　其實從中法戰爭的過程，不難看出法國、日本相互呼應、助攻，有一同宰割大清之嫌。有日本海軍「軍神」之稱的東鄉平八郎，就曾率「天城艦」，在法國海軍進攻臺灣基隆及東南沿海等地時，隨行觀戰。基於當時國際情勢，為避免被南北合應夾攻，及若續戰勝算未定之下，慈禧領導的

清廷快速簽了所謂「不敗而敗」之約，乃有不得已的苦衷。

　　有人稱「二十世紀的中國現代史，要從中法戰爭說起」，因爲政治上，「甲申易樞」讓恭親王奕訢爲首的軍機大臣全班撤換，換上了聽話的新軍機處，從此慈禧太后的獨裁更形鞏固；軍事上，影響了海軍對外戰爭的戰略與戰術，積極籌建北洋水師；外交上，也打破了孤立狀態，曾紀澤等不卑不亢地折衝周旋於各國，爭取支援[17]。但此役也造成清朝「宗藩關係」開始眞正的瓦解，琉球問題此後也不了了之。中法戰爭另外突出的亮點，就是讓清廷更了解臺灣是「南洋之樞紐」、「七省之藩籬」，促成了光緒十一年九月五日（1885年10月12日）臺灣建省，以劉銘傳爲首任巡撫，後內設三府一直隸州十一縣三廳，開始大力建設臺灣。

　　有趣的是，之前提到因黑船事件而聞名的美國東印度艦隊司令官馬休・佩里，1854年與日本德川幕府簽訂《日美和親條約》後，歸國途中與琉球締結《琉美修好條約》，並在基隆停留了十日，勘查煤礦、基隆港地勢等，返國後，力陳臺灣之地理位置重要，有如「墨西哥灣鑰匙」的古巴，主張加以佔領，作爲美國在遠東貿易的中繼站。莫怪法國利用越南主權問題，打起雙重算盤，也想指染臺灣的軍事行動。

　　臺灣基隆附近，有中法戰爭遺跡多處，如大武崙砲臺、白米甕砲臺、槓子寮砲臺，獅球嶺砲臺、民族英雄墓、法國公墓等，還有澎湖馬公的孤拔紀念碑，這些遺址及此處幾枚相關錢幣，都是130多年前中法戰爭的最好見證。

重用一品大員，洋人赫德

　　從慈禧太后進入政治中樞，掌握晚清的最高權力，到走入歷史的47年中，有一位深得清廷信任，官至正一品大員，死後追諡太子太保，掌管大清海關總稅務司近半世紀的傳奇「洋僱員」──羅伯特・赫德（Robert

---

[17] 廖宗麟：〈試論中法戰爭在中國近代史的地位和作用〉，《學術論壇》，總第143期，2000年第6期，頁128。

Hart）。這位英國佬，是中國近代史上一位重量級人物，因為在某種程度上，他掌握著晚清政府的經濟命脈——海關稅收，同時又是清廷多次對外重大談判的外交代表[18]。

第二章提過，咸豐三年（1853）上海發生小刀會之亂後，次年由英、美、法三國領事，取得江海關行政管理權，後來又被推廣到其他通商口岸統一辦理，到了咸豐九年（1859），清政府在上海設立總稅務司署，依英國建議，任命英人李泰國（Horatio Nelson Lay）為首任總稅務司，同治二年（1863），由二十九歲不到的赫德，繼任為第二任總稅務司，這一做就做了四十八年，直到他去世。這個掌控國家關稅的重要職位，竟由洋人擔任？的確，一開始是來自英國、法國、美國，三國的干涉與壓力，但不久清廷不得不承認——「洋人」確實做得很好。海關稅收每年占總財政收入四分之一以上，成為清末既大又穩的錢袋子。

雖然有些人認為清廷拱手讓出海關大權，這是無能到極點的表現，甚可謂國恥；但不可否認在赫德任內，幫清政府建了稅收、統計、浚港、檢疫等一整套嚴格的海關管理制度[19]，同時通過「高薪養廉」與「嚴查嚴辦」這兩招，讓海關成為晚清腐敗官場中最廉潔的政府部門，當然也是最「賺錢」的部門。關稅收入逐年增加，從同治到宣統，關稅收入成長近十倍，已達年收4,000萬兩規模，幾與乾隆期間全年總財政收入相當，無疑是晚清最重要、最穩定的財政收入，舉凡洋務運動的重大項目如鐵路、船廠、兵工廠等，還有戰爭賠款、向外國借貸，無不與海關稅收有關。赫德掌管下的清朝海關，在天朝上國內外交迫、國庫空虛的慘澹歲月中，可謂是維持最後活命的救生圈。

除了建立了現代化的海關外，赫德早在同治年間即大力建議，創辦現代郵政，同治四年（1865），海關總稅務司由上海遷至北京，當時唯海關建立在北京、上海間的信件傳遞系統，最安全可靠；到了光緒四年

---

[18] 趙長天：《大清海關總稅務司赫德》，文匯出版社，2003年8月，簡介。

[19] 百度百科：「羅伯特・赫德」，https://mr.baidu.com/r/opt259nKFy?f=cp&u=233c9dda3d32d344。

（1878），北洋大臣李鴻章上書奏請獲准，由海關總稅務司，在北京、天津、煙臺、牛莊、上海這五處通商口岸，效仿歐洲試辦「大清郵政」，赫德遂指定津海關引領示範，同年津海關開辦第一家郵政局——「天津華洋書信館」，並發行中國第一套郵票——「大龍郵票」，因其出自大清海關之手，集郵界亦稱之為「海關大龍」。光緒二十二年（1896）3月20日，清廷批准開辦「大清郵政官局」，公布了《郵政開辦章程》，次年正式成立「大清郵政總局」，但仍隸屬於海關總稅務司，由赫德管理督導，現代郵政系統與制度從此建立，直到宣統三年（1911）郵政才脫離海關自立。

晚清的近代史上，赫德絕對稱得上是一位舉足輕重的風雲人物，從早年上書恭親王奕訢，提出4,000多字的改革計劃書——〈局外旁觀論〉，列舉「改善內情、理順外情」的多項改革建議，深遠影響其後近三十年的洋務運動，從包括軍火、郵政、造船廠、鐵路、電報、銀錢式樣、使節赴歐，到協助購買新式軍艦，建立北洋水師，到簽訂中英《煙臺條約》、《中法新約》、《中葡里斯本會議草約》、《中英會議藏印條約》，八國聯軍《辛丑條約》（圖3-8）等，赫德幾乎無所不在。在辛丑條約的賠款談判上，各國漫天要價，就是經過赫德由稅收計算，得出清朝可承受的議和條件，最終庚子賠款，賠給11國共海關銀4億5,000萬兩，分39年付清，每年利息為四厘，由關稅和鹽稅來償付[20]。

二十一世紀的今天，如果是從民族自尊的角度看赫德，很容易就情緒化、標籤化地把他歸類是「列強侵略的幫兇」、「帝國主義派來的間諜」等大非之人，但如果從一個洋人，十九歲來到落後的中國，一生57年中，努力推動了什麼改革計劃？完成了什麼大事？的角度來看，赫德無疑是參與中國現代化奠基的大是之人。

---

[20] 同註19。

圖3-8　清德宗光緒二十七年（1901）辛丑年「江南省造庫平七錢二分光緒元寶」。
此枚龍洋為南京造幣廠鑄造，當時為有別於江蘇省造幣廠鑄造的銅元，銀幣上用了
已不存在的空省——「江南省」。辛丑年訂的《辛丑條約》，其中海關銀4億5,000
萬兩的天價賠款，是海關總稅務司赫德，依稅收計算出清朝可承受償還的數目。
（圖片來源：https://www.mtzscp.com/archives/2123）

開鑄「龍洋」，對抗外國銀元

　　中法戰爭被任命為兩廣總督的張之洞，時人稱「張香帥」，是晚清中
興四大名臣之一，前章提過，亦是洋務運動的的重要代表人物。中法戰
爭結束後，鑑於外國銀元，充斥市場，嚴重擾亂金融，為對抗這些機器
製造，成色規格標準的銀洋錢，於光緒十三年（1887）張之洞設置廣東
銀元局，率先引進英國鑄幣機器，仿外國銀元先試鑄「庫平七錢三分」樣
幣，因為英文字「廣東省（KWANG-TUNG PROVINCE）」及「庫平七
錢三分（7 MACE AND 3 CANDAREENS）」安排在正面珠圈外環，與之
後的銀元標準形制相反，故俗稱「七三反版」或「番版」；此幣由當時金
石書法家吳大澄手書，亦稱「吳書番版」。這是中國第一套的機鑄銀圓，
面值除「庫平七錢三分」外，另有「三錢六分五釐」（圖3-9）、「一錢四
分六釐」，「七分三釐」。

　　光緒十五年（1889）入市流通後，因重量比外國銀元多一分，中國

圖3-9　清德宗光緒十三年（1887）「廣東省造庫平三錢六分五釐光緒元寶」。
此枚龍洋為俗稱「七三反版」系列銀幣中的一種，從此中國正式進入機器鑄幣時
代。（圖片來源：China: Kwangtung　Kuang-hsü Specimen Trial 50 Cents (3 Mace
6-1/2 | Lot #30148 | Heritage Auctions）

錢幣史上首套機制製銀幣，竟多被收藏、熔毀，導致市面流通反而不暢；
翌年採納匯豐銀行的建議，試作重量降為「庫平七錢二分」銀幣，俗稱
「七二反版」，但仍因將洋文列於正面「光緒元寶」年號之外，體制上不
妥，此版龍洋又引起非議而停鑄。

　　接著替代七二反版的第三套廣東省造光緒元寶問世，俗稱「七二正
版」（圖3-10），此幣在中國近代機製銀幣史上，佔有重要地位，因為它
成為日後清末銀元主幣的標準形制，銀幣正面有滿漢文「光緒元寶」四
字，珠圈外上有漢文「廣東省造」，下有「庫平七錢二分」，背面中間
為蟠龍圖紋，上有英文「KWANG-TUNG PROVINCE」，下有英文「7
MACE AND 2 CANDAREENS」，民間俗稱「龍洋」或「龍銀」；另配
輔幣四等：「三錢六分」、「一錢四分四釐」、「七分二釐」、「三分六
釐」。廣東省首次發行龍洋後反應不錯，之後各省紛紛效法，改用機器鑄
造龍洋，從此「機製幣」，全面進入中國的貨幣領域，並似有凌駕銀兩之
勢，成為主流。

　　光緒二十二年（1896）時任直隸總督王文韶奏請朝廷批准，由北洋
機器局首先開鑄以「元、角」計數制面額的龍洋，這種樣式與其他省份仍

從貨幣看近代中國之風雲變幻

圖3-10　清德宗光緒「廣東省造庫平七錢二分光緒元寶」（1890～1908）。
此幣俗稱「七二正版」，成為日後銀元主幣的標準形制，在近代機製銀幣史上，
佔有重要地位。（資料來源：https://shop.ginzacoins.co.jp/auction/past_events/allcoin/
item/$/a/429/lot/850/?auction=429&keyword=%E5%85%89%E7%B7%92&item_
index=7）

以「兩、錢」計重制面額龍洋完全不同，主幣為壹圓（圖3-11），輔幣為
五角、二角、一角、半角；這是中國第一枚以「圓」計值的銀元，開啓了
以「圓」為貨幣單位之先河。

　　晚清外國銀元能在中國市場橫行，不僅是品質可靠、重量一定，最重
要的是含銀量穩定，尤其是其中的墨西哥鷹洋，市場佔有率第一。清末
按照當時上海銀錢所價目表，以成色最好的墨西哥鷹洋訂為1，南方各省
龍洋減少0.15‰至0.25‰，北洋造幣廠之龍洋減0.5‰，奉天、吉林、東三
省、四川等地龍洋，因成色差，錢莊素不通用[21]。

　　大清龍洋雖是仿外國銀元來製造的國貨，但在品管上沒仿到位，一些
地方官吏更趁各省自鑄之機偷工減料、大量鑄造，並不許其他省造的龍洋
流入，結果與外國銀元，面對面在中國市場的抗衡中，不但未能得到主場
的優勢，反而使整個清末幣制更趨複雜[22]。

---

[21] 鉅臻堂主：〈在中國流量最大的外國銀元〉，百度，2020年3月20日，https://mz.mbd.baidu.com/r/oopR
　　0iSpH2?f=cp&u=00f2f238149b83bd。

[22] 國文藝術：〈晚清時期在國內流通的外國錢幣〉，搜狐文化，2018年11月27日，https://m.sohu.com/
　　a/278112642_120000449。

圖3-11　清德宗光緒二十二年（1896）「大清北洋機器局造壹圓」。
這是中國第一枚以「圓」計值的銀元，開啟了以「圓」為貨幣單位之先河。（圖片
來源：https://www.acsearch.info/search.html?term=Year+of+Kuang+Hsu&category=2&
en=1&de=1&fr=1&it=1&es=1&ot=1&images=1&currency=usd&order=0）

光緒皇帝，高估了自己、錯估了敵人

　　光緒十五年（1889），新婚的光緒皇帝正式親政，慈禧太后本應完全歸政，但又「勉強答應」領班軍機大臣禮親王世鐸等所請，訓政一再延長，所以實際上仍大權在握，國家大事還是慈禧太后說了算。

「乙未戰爭」，悲壯的全臺保衛戰

　　光緒二十年（1894），又因為朝鮮主權問題，導致甲午戰爭爆發。清軍在平壤戰役、黃海海戰、鴨綠江江防、金旅之戰、威海衛之戰失利，節節敗退，北洋水師全軍覆沒，次年曾極力主戰的光緒皇帝，無奈在《馬關條約》上用璽，最終除了天價賠款庫平銀2億兩，後追加3,000萬兩的贖遼費，及150萬兩代守威海衛軍費外，就是永遠讓予日本：「臺灣全島及所有附屬各島嶼。澎湖列島，即英國格林尼次東經百十九度起至百二十度止，及北緯三十三度起至二十四度之間諸島嶼」。

　　從康熙二十三年（1684），臺灣正式納入清朝版圖，到光緒十一年（1885）中法戰爭後臺灣建省，整整兩百年間，經濟上先從荷蘭、鄭氏

王朝以降的國際海洋貿易，轉爲以大陸爲重心的兩岸區域貿易；俗諺說「一府二鹿三艋舺」，亦說明了十八世紀臺灣在地商業發展，從南往北移的進程。英法聯軍之役前期，清廷與英、法、美簽訂的《天津條約》，開放包括臺灣（今臺南市安平區）、淡水在內的沿海及長江沿岸十處港口爲通商口岸，於咸豐十年（1860）簽訂《北京條約》時溯及批准。雖然條約上稱安平、淡水兩港，但實際上又有「正口」、「子口」之分，北部：淡水爲正口，雞籠（今基隆）爲子口；南部：安平爲正口，打狗（今高雄）爲子口[23]。

南北開港之後，臺灣出口國際貿易迅速以倍數成長，主要以茶、樟腦油、糖等行銷全球，其中樟腦曾佔世界總產量的一半以上。不過當時樟腦的進出口，幾乎爲英商如怡和洋行、甸德洋行所壟斷，數年後清廷介入，將樟腦改爲官辦專賣，此舉引起英方強烈反彈，於同治七年（1868）11月20日，導致了臺灣歷史上鮮爲人知的「樟腦戰爭」（Camphor War），又稱「樟腦糾紛」（Contest of Camphor），不久英軍攻陷安平，並威脅如不妥協，將攻佔整個臺灣；同年12月底雙方簽訂《樟腦條約》，清廷除賠償一萬七千餘銀元外，並「廢除樟腦官辦，訂立外商採運章程」[24]；至此，臺灣樟腦利益又完全由英商控制。

而日本在還沒併吞琉球之前，就已有覬覦臺灣之心。同治十三年（1874），藉口處理琉球人民遇害的「八瑤灣事件」（八瑤灣，今屏東縣滿州鄉九棚附近），決定採納美籍顧問李仙得（Charles W. Le Gendre）「番地無主論」的建議、出兵臺灣[25,26]，進而引發了「牡丹社事件」（牡丹社，今屏東縣牡丹鄉）。

此處要特別談一下這位傳奇的法裔美國人李仙得（Charles Le Gen-

---

23 李筱峰：《快讀臺灣史》，玉山社，2002年，頁32。

24 維基百科：「樟腦戰爭」，https://zh.wikipedia.org/wiki/%E6%A8%9F%E8%85%A6%E6%88%B0%E7%88%AD。

25 駱芬美：《被混淆的臺灣史：1861～1949之史實不等於事實》，時報文化，2014年1月17日，頁76。

26 維基百科：「臺湾出兵」，https://ja.wikipedia.org/wiki/%E5%8F%B0%E6%B9%BE%E5%87%BA%E5%85%B5。

dre），他曾擔任過美國駐廈門領事，在美商船羅妹號（Rover，又譯羅發號）遇上海難，船員們誤闖原住民斯卡羅族（Seqaro）的「瑯嶠十八社」（「瑯嶠」是屏東恆春鎮舊稱，排灣語「蘭花」的音譯）被殺事件時，為美方全權代表；於1867年底曾進入瑯嶠，與斯卡羅酋邦頭目卓杞篤（Cuqicuq Garuljigulj）交涉，訂立「南岬之盟」，當時被視為「臺灣番界通」，不久前公視即以此事件為背景，推出了一部頗受注目的史詩劇——《斯卡羅》。李仙得曾獲日本政府頒授二等旭日重光章等勳章，並擔任日本政治家大隈重信，及朝鮮高宗李熙的私人顧問多年，實際參與且深度影響，日本經略臺灣與朝鮮的一位歷史人物。

　　牡丹社事件發生，清廷立刻命船政大臣沈葆楨為欽差大臣處理，最後雙方簽訂《北京專約》，清廷賠款50萬兩白銀，日本退兵了事。此事件後，清朝洞察日本染指臺灣之狼子野心，依沈葆楨建議，開始積極部署包括打狗砲臺、東港砲臺、鵝鑾鼻燈塔等海防設施，及臺南到旗後（高雄旗津），總長95華里，國人自己修建、自己掌管的第一條電報線路。

　　然而清朝真正積極推動臺灣的近代化，始於之前中法北臺灣戰役提到的名將，首任巡撫劉銘傳。在其任內六年中，主要政績包括[27]：

1. 設定省行政區：臺南、臺北、臺灣（今臺中市）三府，臺東一直隸州（原卑南廳），三府下轄安平、嘉義、鳳山、恆春、淡水、新竹、宜蘭、臺灣、彰化、雲林、苗栗十一縣，澎湖、基隆、埔里社三廳。

2. 清光緒十二年（1886）創設臺灣「電報總局」，興建全長約117海浬，由淡水通往福建福州川石山的海底電纜，翌年完工，這是中國歷史上第一條自主建設的海底電纜。

3. 光緒十三年（1887）七月獲准成立「全臺鐵路商務總局」，制定《商辦臺灣鐵路章程》，興建鐵路定為開發臺灣的要務之一，在劉銘傳離職後，光緒十七年（1891）基隆臺北段通車，這是第一條由國人自己

從貨幣看近代中國之風雲變幻

---

27 張素玢：「劉銘傳」，臺灣百科全書，民國98年09月24日，https://nrch.culture.tw/twpedia.aspx?id=3564。

籌資、自己興造、自己管理的鐵路;而連接八堵與基隆間的獅球嶺隧道,乃當時第一條鐵路隧道。

4. 光緒十四年二月初十(1888年3月22日)正式成立「臺灣郵政總局」,設立總站、正站、腰站、旁站4等「郵站」,發行郵票購置郵船,以一省之力創辦島內及島外近代郵政,比光緒二十二年(1896)籌辦的「大清郵政官局」,還早了八年。

　　除了以上政績,劉銘傳還設立西學堂、自辦電力公司、興辦醫院、發展煤礦、加強邊防、引進洋槍器械、創辦各項現代事業等,臺灣在他銳意革新的治理下,可說是當時清朝最進步的一省(圖3-12)。

圖3-12　清德宗光緒十九年～二十年(1893～1894)「臺灣製造庫平七分二釐光緒元寶」。
此枚臺灣小銀幣是臺灣建省後鑄造,製造地點是臺北府城北門外的「臺灣機器局」。(圖片來源:https://www.pcgs.com/auctionprices/item/china-taiwan-7-2-candareens-10-cents-nd-1893-94-pcgs-ms-62-gold-shield-t/166073/-7347339572288822417)

　　光緒二十年(1894),清朝甲午戰敗,翌年三月二十三日(1895年4月17日)簽訂馬關條約,割讓臺灣、澎湖。消息傳出、舉國譁然,當時正在北京參加科舉考試的康有為,義憤填膺,寫成一萬八千字的「上今上皇帝書」[28],多人連署、響應,要求拒簽和約、遷都抗戰、變法維新,這

28 鐘叔河:《走向世界——近代中國知識分子考察西方的歷史》,中華書局,1985年,頁415-416。

就是近代史上第一次學生運動──「公車孝廉連署上書」，簡稱「公車上書」，舉人入京應試俗稱「公車」，故名。

臺灣割讓首當其衝，官紳更是不服，然木已成舟，遂決定「自主抗日」，丘逢甲率領臺灣士紳與巡撫唐景崧發表「臺民布告」，不久唐景崧發布〈臺灣民主國獨立宣言〉，於5月25日舉行獨立典禮，宣布成立「臺灣民主國」。唐景崧被推爲大總統，丘逢甲爲副總統兼團練使，領導義勇軍，劉永福爲大將軍，制定藍地黃虎旗爲國旗，年號爲「永清」，定都臺北。

四天後，於5月29日北白川宮能久親王的日軍近衛師團，從澳底（今新北市貢寮區澳底）登陸，「臺灣保衛戰」，亦稱「乙未戰爭」（1895年爲乙未年而得名）正式開打。一開始日軍勢如破竹，僅十天就攻佔首府臺北，總統唐景崧及副總統丘逢甲，雙雙逃離；劉永福在臺南被擁立爲第二任總統，這位中法戰爭中，表現英勇的黑旗軍名將，以抗日盟主的身份，領導臺灣民眾繼續奮戰，爲了籌措軍餉，發行了臺南官銀票（圖3-13）。

南下日軍此時卻遭到客家、閩南、原住民義軍及民勇、黑旗軍、湘軍、淮軍、團練等臺灣軍民在中、南部各地頑強的抵抗，尤其是彰化「八卦山戰役」最爲慘烈，以致乙未戰爭結束後，彰化廳甚至因此合併臺中廳，從地圖上除名。

於此之前鄭成功臺南趕走荷蘭人、中法的北臺灣之戰，都只是區域性大型戰鬥，這次是臺灣史上第一次，涵蓋全臺的保衛戰，也是目前唯一且規模最大的一次戰爭；日本近衛師團由北往南打受阻後，再增派伏見宮貞愛親王的混成第四旅團，在布袋嘴（今嘉義布袋）登陸，及有日本陸軍「戰神」之稱的乃木希典率第二師團，在屏東枋寮登陸，三面進攻臺灣南部各城，日軍死傷加霍亂、瘧疾病故者眾多，其中包括主帥北白川宮能久親王（一說戰死，一說病故），但以正規軍絕對優勢武力，迫使劉永福也敗北棄逃，結束了臺灣史上最慘烈的乙未戰爭。薩摩藩出身的樺山資紀，爲第一任臺灣總督，正式開始了日本五十年的殖民統治。

從臺灣民主國的國號永清，取「永屬大清」之意，及臺南官銀票仍用

從貨幣看近代中國之風雲變幻

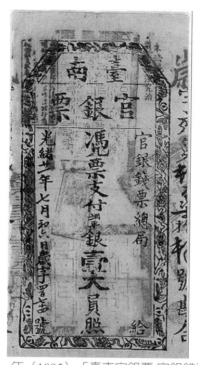

圖3-13　清德宗光緒二十一年（1895）「臺南官銀票 官銀錢票總局 銀壹大員」。
乙未戰爭期間為籌措軍費，劉永福在臺南發行，仍用光緒年號的臺灣民主國銀
票──「臺南官銀票」。（圖片來源：臺史博線上博物館https://the.nmth.gov.tw/
nmth/zh-TW/Item/Detail/702123d9-1aac-4375-9d56-d49df8f8a7e1）

光緒年號，即知這並不是一次獨立運動，當時只是為反對異族佔領、自主
抗日，一種「不得以而為之」的非常手段[29]。

「大德國寶」，膠州灣事件後的產物

　　光緒親政時期，除了對日本的甲午戰敗，簽訂喪權辱國的馬關條約，
必須概括承受外，對德國的「膠州灣事件」，最後乖乖就範，簽下不平等
條約，也難辭其咎。

　　比起英法等列強，德國算是後起之秀。普魯士王國在首相俾斯麥
（Otto Eduard Leopold von Bismarck）的「鐵血政策」下，於1864年普

---

[29] 同註23，頁44-45。

丹戰爭，打敗丹麥，於1866年的普奧戰爭，打敗奧地利，接著於1871年的普法戰爭，打敗法國，三次王朝戰爭的勝利，實現德意志統一，建立德意志帝國，普魯士國王威廉一世（Wilhelm I von Deutschland）加冕爲皇帝。幾乎與日本帝國同時崛起的德意志帝國，到1888年威廉二世（Wilhelm II von Deutschland，威廉一世長孫）繼位時，已成爲世界上最強大的國家之一。

威廉二世這位日後第一次世界大戰的主謀，野心勃勃的德皇，即位後立刻改變策略，一心想加快殖民步伐，對清朝已不再滿足於軍火和商品的輸出，強烈希望追上其他列強，能獲得一海軍基地，增加德國在遠東的整體影響力。甲午戰敗後簽訂馬關條約，俄、德、法三國爲了自身利益，強力干涉日本退還遼東半島，因此德國數度要求清朝要有所「回報」，卻都被一一婉拒，而膠東半島膠州灣（膠澳），就是德國索求的首選目標。

光緒二十三年（1897）11月1日深夜，兩名德國傳教士，在山東巨野磨盤張莊教堂，被當地大刀會成員殺害，此「巨野教案」事件，正好提供了德國最佳動手藉口，兩週後，德國迅速出兵佔據包括青島在內的膠澳周邊地區，這就是著名的「膠州灣事件」。最後清廷無力要回，爲避免再生事端，只得「割地求和」，放任德國霸行，於光緒二十四年（1898）3月6日與德國簽訂《中德膠澳條約》[30]，租期99年，膠澳遂成爲德意志帝國，海軍東亞分艦隊的主要基地，遠東的橋頭堡。

1914年第一次世界大戰爆發，日本藉口對德宣戰，發動「青島戰役」擊敗了駐守德軍，強行佔領膠東半島，結束了德國十七年的膠澳租借史。1909年德華銀行鑄行的青島「大德國寶」鎳幣（圖3-14），正是這段德國殖民史的最好見證。

---

[30] 陳維新：〈國立故宮博物院所藏「中德膠澳條約」及相關輿圖說明：兼論膠州灣租借交涉〉，《國立政治大學歷史學報》，第43期，2015年5月，頁83-84。

圖3-14　1909年「大德國寶」每二十枚當大洋壹元伍分鎳幣。

1897年德國佔領青島，翌年與清政府簽訂《膠澳租界條約》，此幣是德國在青島租界於1909年發行的硬幣。（圖片來源：https://onebid.sk/sk/coins-china-kiautschou-5-cents-1909/898779）

「戊戌變法」怎變成「戊戌政變」？

　　慈禧太后曾全力培育親生兒子同治皇帝，惜難以成材、年少早故；之後致力培育侄兒光緒皇帝，甚為嚴格；慈禧太后政治在行，但理家似乎不是強項，兩人漸行漸遠，終至難以相容。

　　光緒親政後，到底有多大的權力？不得而知，但可確定的是，他處處受慈禧太后挾制，可以說只是位沒有實權的光桿皇帝。二十三歲的光緒皇帝，本想藉甲午戰爭樹立自己的政治權威，但因完全錯估了日軍的實力，事與願違、結果慘敗。慈禧太后不肯完全下放權力，是不信任光緒皇帝的治國能力？還是自己權力慾望作祟？或兩者都有？當權力以雙軌運作，領導中樞又不能同心，絕非王朝之幸。

　　慈禧太后與光緒皇帝完全決裂的導火線，就是「戊戌變法」。歷史上的改朝換代叫革命，在現有體制內改革叫變法，戊戌變法只進行了103天，又稱「百日維新」，是晚清以「公車上書」展露頭角的康有為，與其弟子梁啟超等為代表，通過光緒皇帝，推動以日本明治維新為藍本的教

育、經濟、軍事、政治等一系列改革。

　　從光緒二十四年（1898年，是年爲戊戌年）四月二十三日（6月11日），光緒皇帝頒布其師翁同龢起草，慈禧太后批准的改革綱領詔書——〈明定國是詔〉，又稱〈定國是詔〉（國是，乃指國家大計），表明決心改革，由此揭開戊戌變法的序幕（圖3-15）。

圖3-15　清德宗光緒二十四（1898）戊戌年「江南省造庫平七錢二分光緒元寶」。此龍洋鑄造的戊戌年，發生的「戊戌變法」雖然最終失敗，但「時務報」公開政論刊物的創辦，及「強學會」社團的成立，無疑加速了中國傳統社會向現代「公民社會」的轉型，戊戌變法的貢獻卓著。（圖片來源：https://www.oldwine-590999.com/index.php?module=product&mn=5&f=content&tid=1810471）

　　據考證，百日維新期間，軍機處共向慈禧太后共上呈摺、片、呈及書等共計462件，單日最高紀錄上呈29件[31]。光緒皇帝收到的奏摺，皆須送慈禧太后審閱，慈禧太后對變法內容，可說是全程掌握，而且從光緒皇帝請安、侍膳、侍看戲等看來，兩人互動頻繁、正常。

　　但爲何慈禧太后會在農曆八月六日（9月21日）發動了血腥的「戊戌政變」？近年來由於大量引用清宮檔案，歷史學者對政變發生的原委，進行更深層的瞭解。主因多直指是由於康有爲野心過大，有心塑造慈禧太后

[31] 茅海建：《戊戌變法史事考》，生活・讀書・新知三聯書店，2005年1月1日。

是改革最大阻力，鼓動光緒皇帝奪權改革，甚想結外造反；另外，譚嗣同試圖策動袁世凱「圍園劫后」的魯莽行徑，致使政治鬥爭經驗豐富的慈禧太后，快速動手採取制止行動。不同的學者視角有別，對於政變的真正原因，至今仍存在很多的爭議，然結果百日維新宣告失敗是事實，戊戌六君子被殺，康有為、梁啓超等逃往國外，光緒皇帝也從此被軟禁於中南海瀛臺。

慈禧太后一生中發動過三次宮廷政變，第一次及第二次分別是之前提過，咸豐十一年（1861）的「辛酉政變」與光緒十年（1884）的「甲申易樞」，第三次就是「戊戌政變」，這三次宮廷政變，都以慈禧太后完勝而告終。

光緒二十五年（己亥年）十二月二十四日（1900年1月24日），慈禧太后立端郡王載漪之子，十四歲的溥儁為「大阿哥」，一般咸認為這是冊封儲君之舉，目的是要迫使光緒皇帝禪位，史稱「己亥建儲」（圖3-16）。但不久義和團發動庚子拳亂，已六十五歲的慈禧太后，這時似乎失去了以往的精明幹練，竟想借重義和團來「扶清滅洋」，致八國聯軍攻佔北京，最後簽訂喪權辱國之最的辛丑條約，載漪、溥儁父子被聯軍視為戰犯，發配新疆，廢除光緒皇帝之事，也不了了之[32]。

若甲午戰敗的帳是算在光緒皇帝的頭上，那麼庚子之災的帳，慈禧太后就要全權負責，這應該是她掌權理政四十七年以來最大的敗筆，之後慈禧太后在李鴻章、張之洞等大臣的支持下，順利重新當政，並再次力圖軍事、經濟、教育等改革，史稱「清末新政」或「庚子新政」；然庚子之亂也讓慈禧太后持續訓政的合法性大受質疑，辛丑條約也使清朝元氣大傷，百姓生活更艱。民間輿論亦轉而支持，以孫中山為代表的革命路線。

八國聯軍帶來最重要的覺醒，就是更多人了解體制內的改革，已經無法解決落後、腐敗、無能的根本問題，改朝換代激進的革命，開始得到各階層包括知識精英在內，前所未有的支持。

---

32 郭衛東：〈「己亥建儲」若干問題考析〉，《北京大學學報：哲學社會科學版》，1990年第5期，頁94-100。

圖3-16 清德宗光緒二十五（1899）己亥年「北洋造庫平七錢二分光緒元寶」。
發生在光緒二十五年（己亥年）底的「己亥建儲」，其實已是陽曆1900年初，慈禧太后本並預定庚子年元旦（1900年1月30日），迫使光緒帝行讓位禮，改元「保慶」。因遭各國駐華公使拒絕祝賀，及兩江總督劉坤一等人反對，不久又發生義和團拳亂，「建儲」計劃流產。此枚銀幣一般稱「北洋龍洋」，由設在天津的北洋機器局東局，分出成立的「北洋機器鑄錢局」鑄造。（圖片來源：https://www.zmkm8.com/artdata-80828.html）

慢半拍、隔靴搔癢的貨幣改革

　　沒有自主且穩定的貨幣金融制度，富國強兵就是奢想，相較於明治維新，清政府對貨幣的改革，一直是慢半拍，而且又隔靴搔癢，糾結在「圓兩之爭」，而未真正解決核心的「銀本位」貨幣制度問題。

　　十九世紀初英國就實施了金本位制，十九世紀中葉以後，因工業革命的大躍進、商業興起，大宗交易日益，價值較低的白銀已不能滿足實際經濟發展需要，從1870年到1900年，世界主要國家紛紛加入金本位的國際金融遊戲規則，白銀地位隨之墜落。尤其日本在1897年甲午戰爭後實行金本位制，更形成清廷貨幣制度急需改革的共識。清朝落後的銀本位貨幣制度，加上外國銀元橫行、天文數字的銀兩賠款、用銀又不產銀等問題，白銀帝國越來越受制於西方主導的國際金融體系，已到了非改革不可的地步。

　　清末幣制改革主要是圍繞在貨幣本位制、貨幣計重單位的兩個議題

上。在時間上，這兩個議題是相互交差重疊，前者是問題核心，後者的表面是「圓兩之爭」，而背後則真正是中樞權力之爭。在朝野大臣紛紛上書提出幣制改革上，清末幣制本位的改革方案有三：

1. 金本位制，由駐俄國公使胡惟德、駐英公使汪大燮等人提出。
2. 繼續銀本位制，由湖廣總督張之洞等提出。
3. 金匯兌本位制，由海關總稅務司英人赫德（Robert Hart）及美國會議貨幣專使精琪（Jeremiah Whipple Jenks）建議實行[33,34]。

此處的金匯兌本位制，又稱「虛金本位制」，由前面提過的傳奇「洋僱員」赫德，於光緒二十九年（1903）4月提出，建議「改虛金本位制，定立銀錢準價」，將中國傳統慣用的銀兩改為銀幣，「凡新幣八兩，等於英金一鎊」（一鎊=20先令=240便士），也就是說訂國幣壹兩，等於30便士，新幣盯著英鎊走。此提議清廷反應冷淡、未獲青睞，因為一方面深怕英國趁機深入掌握金融命脈，另一方面英國也未同意提供貸款支持。

1902年國際銀價大跌，與清朝有共同利害關係的用銀國墨西哥，一同商討決議，尋求美國幫助穩定銀價，1903年美國國會遂指派康乃爾大學財政學教授精琪為三人委員之一，負責研擬清朝貨幣改革方案；於光緒三十年（1904）發表了《中國新貨幣體系備忘錄》（*Memoranda on a New Monetary System for China*），提出對外用金、對內用銀，其中最重要的就是訂出銀幣庫平壹兩與黃金比價，永遠固定為——32:1（32兩換一兩黃金）的金匯兌本位制，亦即銀幣間接按照黃金的價值流通於市場[35]。

在黃金開採量低，及現實條件不允許中國像其他主要國家，立即實施金本位制之下，當時普遍共識，是未來以建立金本位制為終極目標，現階段在條件未具備時，先實行銀本位制或金匯兌本位制為過渡時期。但在湖廣總督張之洞、度支部尙書載澤等人強力反對金匯兌本位制，並提

---

[33] 陳忠海：〈近代以來的貨幣本位之爭〉，中國共產黨新聞網，2016年09月26日http://theory.people.com.cn/BIG5/n1/2016/0926/c83865-28740672.html。

[34] 賴建誠：《梁啓超的經濟面向》，聯經出版事業公司，2002年3月，頁31-32。

[35] 同註34，頁33。

出繼續實行銀本位制，才合乎中國傳統及現實需要之下，在光緒三十四年（1908）九月，清廷正式否決了金匯兌本位制，再度確定繼續銀本位制。

在貨幣本位之爭中，支持繼續銀本位制的一方，亦在主銀幣的重量上意見嚴重分歧，即採用中國自古以來的兩、錢、分、釐的制度，鑄造銀元壹兩主幣（圖3-17），還是採用國際接軌的圓、角、分的制度，鑄造以圓為單位的七錢二分主幣（圖3-18），這就是清末爭辯最激烈的「圓兩之爭」。「兩派」主要人物是張之洞、袁世凱及慶親王奕劻等；「圓派」的代表人物為度支部尚書載澤、醇親王戴灃等。兩派權力爭鬥中互有斬獲，在光緒三十三年（1907）到三十四年（1908）進入白熱化[36]。

1908年底光緒皇帝、慈禧太后相繼離世，宣統皇帝溥儀即位，其父載灃為攝政王，「圓兩之爭」才告一段落。宣統二年（1910）先後頒布《大清銀行則例》和《幣制則例》，定調銀本位制以「圓」作為國幣單位，「圓派」最終勝出，由天津度支部造幣總廠試鑄大清銀幣壹圓（圖3-19）、五角、二角五分、一角共四等水龍版一套；宣統三年（1911）正式鑄造發行包括主幣壹圓（圖3-20），輔幣五角、二角、一角三等的大清銀幣，依背面蟠龍圖紋計有長鬚龍、短鬚龍、大尾龍、反龍等不同版本。

始終是「白銀帝國」的清朝，白銀代表財富是通用貨幣、是交易貨幣、是賦稅貨幣，白銀流入量及價格影響巨大，因為整個經濟的運行幾乎全靠白銀。雖然窮途末路的清政府也曾試圖要改革幣制，但改革始終沒有解決幣制亂象，十多年的「圓兩之爭」，也沒觸及貨幣銀本位的根本核心問題，不知為何而爭？或正如梁啟超所言：

> 而論者乃視為一大事而攘臂爭之，真乃大惑不解也。

一切所謂改革也為時已晚，還沒來得及力挽狂瀾，1911年10月10日

---

36 每日頭條：〈晚清龍洋的「圓兩之爭」，隔靴搔癢而為末觸及本質！〉，2020年6月17日。

圖3-17　清德宗光緒三十二年（1906）丙午年「大清銀幣（中）戶部 壹兩」。
此龍洋為戶部天津造幣總廠試鑄、設計精美，正面中央有陰刻「中」字，一般
習稱「中字壹兩」。「兩派」認為銀兩是祖宗成法，仿鑄外國洋元，乃一時權
宜之計，不可作為定製；若以「圓」為單位，則「上損國體，下失民信，內便
中飽，外長漏卮」。（圖片來源：https://www.biddr.com/auctions/stacksbowers/
browse?a=1980&l=2173078）

圖3-18　清德宗光緒三十三年（1907）丁未年「大清銀幣 壹圓」。
此龍洋依度支部（戶部已更名為度支部）〈進呈新鑄通用銀幣並議定成色分量章
程〉奏摺，由度支部天津造幣總廠試鑄之壹圓大清銀幣。「圓派」認為銀幣以枚計
算，「期與他國錢銀相通，為金本位之準備，不宜實行舊日陳規」，有分量、成
色、幣制分配和市道流通等好處。清末近二十年的「圓兩之爭」，如圖17與18所窺
見，其實只是表面的貨幣亂象，背後真正是新舊碰撞下的中樞權力之爭。（圖片來
源：https://www.pcgs.com.cn/valueview/auctiondetail/itemid/-983824370411282641）

圖3-19　清宣統二年（1910）「大清銀幣 壹圓」，「宣統年造 $1」。

此龍洋為天津度支部造幣總廠試鑄，因背面中央為水龍圖案，故稱「水龍壹圓銀幣」；背面下「$1」是美元符號與美元金額，若用於國幣上與當時體制不符，故未被採納流通。（圖片來源：https://www.sohu.com/a/395599353_120091738）

圖3-20　清宣統三年（1911）「大清銀幣」壹圓。

宣統三年（1911），新的大清國幣終於登場，暱稱「宣三」，然此時武昌起義已經成功，「宣三」自然成為鎮壓革命軍的軍餉，直到清朝滅亡。此幣是清朝所鑄造發行唯一的一枚，也是最後一枚大清壹圓國幣。（圖片來源：https://www.biddr.com/auctions/teutoburger/browse?a=1900&l=2068446）

武昌起義成功，1912年1月1日中華民國在南京成立，同年2月12日宣統皇帝溥儀宣布退位，清朝正式滅亡，自1636年皇太極改國號爲清，歷11帝、國祚276年。

小結

道光十八年（1838）底，林則徐受命爲欽差大臣，派往廣東禁煙，翌年爲充分了解「洋夷」，命幕僚翻譯休・慕瑞（Hugh Murray）所著《地理百科全書》（*An Encyclopaedia of Geography*），編輯成《四洲志》，但未及出版；鴉片戰爭後，林則徐被遣戍伊犁，將書稿全部交給好友魏源。於道光二十三年（1843），魏源以《四洲志》爲基礎，及一些報紙翻譯，寫下了共50卷的《海國圖志》一書[37]，提出了「以夷制夷」、「師夷長技以制夷」的新觀點；所謂「師夷」就是師夷之三技：一戰艦，二火器，三養兵練兵之法；所謂「制夷」就是抵抗侵略、克敵制勝。但此書並未引起清朝當局的注意，銷量很少，印刷數僅有一千冊左右。

有趣的是，此書多處使用帶有貶抑、蔑視意味的「夷」字，這是在當時對外國人，尤其是西方人的稱呼。咸豐八年（1858），英法聯軍之役前期，與英國簽訂《天津條約》，英國人對夷字提出正式抗議，其中第51款明文寫著：

> 嗣後各式公文，無論京外，內敘大英國官民，自不得提書「夷」字。

爾後「夷」字在社會輿論及一般語言中的使用頻率明顯下降，逐漸向「洋」、「西」以及「外」字過渡，如在道光年間與「外夷」打交道的事務統稱「夷務」，也開始淡出，轉用以「洋務」稱之，以「師夷長技以制夷」的洋務運動，也在第二次鴉片戰爭之後蓬勃興起，對於洋人「夷技」

---

[37] 郭廷以，李洪超編，《近代中國史》，北京：中華書局，2018年1月，頁41-65。

也逐漸從輕視、不服，轉移到虛心學習。

《海國圖志》之後幾年也多次修改、增編成100卷，成為近代史上最早一部介紹世界各國的巨著。在中國默默無聞的《海國圖志》一書，流傳到日本後，卻引起幕末如吉田松陰、橋本左內、佐久間象山等日本思想家的高度重視，直接影響了明治維新的誕生。

明治維新的成功，對正在推動洋務運動的清朝，無疑是一大刺激與警訊，但甲午戰敗讓這些刺激與警訊，剎那間變成殘酷的現實；1895年乙未戰爭中壯烈的全臺保衛戰，但已無力回天，之後以明治維新為藍圖的百日維新，也因戊戌政變而血腥收場。日本怎會那麼快就搖身一變，1900年成為八國聯軍出兵最多的列強，又接著在1904的日俄戰爭，打敗北極熊沙俄？幣制、金融改革的成功，絕對是日本能迅速富國強兵的關鍵主因。

光緒皇帝親政的十年，某種程度上僅是沒有真正實權的傀儡，後又被軟禁於中南海瀛臺十年，最終竟在慈禧太后死前二十二小時暴斃。光緒皇帝之後宣統皇帝溥儀，即位時還只是個未滿三歲的娃兒，做了三載末代皇帝，清朝就滅亡了。本章所示光緒元寶、宣統元寶、大清銀幣等大清龍洋，似正見證且述說著清末兩位皇帝，一位是悲劇、一位是弱小的無力與無奈。

慈禧太后從同治元年（1861）開始，掌握清朝的最高權力達四十七年，三次垂簾聽政、三次政變、兩次推動重大改革，近年來史學界對這位晚清實際統治者，提出較積極正面的評價，與我們從小教科書上那位弄權、貪圖個人享受、專橫守舊等，充滿負面印象的「老佛爺」，有不小的反差。衷心期待更多史料事證出現，給予近代最後且唯一的女性決策者，應有的歷史定位。

第四章
銀元：軍閥割據下的悲歡與榮辱

　　「國幣」袁大頭問世後，逐漸取代銀兩，民國正式進入「銀元時代」，之後孫小頭、船洋等銀元大量發行，中國持續走在銀本位的花道上，直到紙鈔法幣誕生。於推翻帝制、建立共和國之際，為何袁世凱成為最大贏家？又為何在華各有利益盤算的列強，此刻竟能獲得共識？袁大頭何以被稱為「銀元之寶」？北洋政府的貨幣改革，怎會始終無功而退？「日元經濟圈」，日本打的到底是什麼算盤？孫中山護法運動失敗，與財政支絀有關嗎？黃埔建軍錢又從何而來？

本章共十三個章節：

1. 孫中山，一生革命、一生籌款
2. 袁世凱最大的資本，「北洋六鎮」
3. 世界六大列強在華利益均霑
4. 袁大頭，銀元之寶
5. 「中華帝國」，一場來去匆匆的鬧劇
6. 幣制金融改革，梁啓超再次披掛上陣
7. 一戰中，日本「日元經濟圈」的宏大藍圖
8. 「五四運動」，影響近代中國最深遠的民運
9. 炒股票，引爆「信交風潮」
10. 外債內債、大印紙幣，北洋政府籌款手段
11. 財政支絀，孫中山南方政府的大問題
12. 僅兩年半，蔣介石完成北伐
13. 「銀元時代」的結束

　　依時間順序，主要以民國銀元及人像紀念銀幣為索引，探討民國建立、「善後大借款」、「京鈔風潮」、北洋政府幣改、「石原借款」、「信交風潮」、「聯俄容共」、「黃埔建軍」等大事，背後相關的金融脈動；並直接連結銀元時代的悲歡與榮辱。

　　清末開始鑄造龍洋，然市場上中央、地方龍洋成色不一，外國銀元充斥橫行，銀兩、銀元並行，於第三章已詳述。民國成立，袁世凱鑄行袁大頭後，國造銀元才真正成為名符其實的「國幣」，先是淘汰了大清龍洋，接著打敗了外國銀元，人稱袁大頭為「銀元之寶」，真正進入「銀元時代」。

　　民國銀元時代，列強已過渡到金本位的貨幣制度，且孕育出現代金融系統，外國銀行可以隨便進入中國，可以隨便發行鈔票，國家的金融體系，根本不掌控在自己手上；同時在鉅額賠款、借款的大環境下，除了造成經濟民生上的重大損失，難以估計外，任何改變本位貨幣，解決核心問題的改革，難度也都變得超高，更遑論戰禍連年、政府財政拮据，幣改最後都是與現實妥協，以維持銀本位制而草草收場。

　　辛亥革命之際，在「大國協調」，以「中立」為原則之共識下，促成清帝退位，袁世凱憑藉「北洋六鎮」之政治實力，當權掌控時局。民國以降，軍閥割據互鬥、南北分裂內戰，一大特色就是找列強為靠山，抵押資源礦產、鐵路、甚至主權等舉債借款，主要是壯大自己、剷除異己，袁世凱的「善後大借款」、段祺瑞的「石原借款」等，均如出一轍。就連一生為革命奮鬥，為籌款奔走的孫中山，不同階段為完成首要革命目標：推翻帝制、建立民國、再造共和、護法運動，有時亦曾為籌款，答應列強之承諾，即使有失原則、立場，也在所不惜。

　　出錢的列強，也以利益為優先，在清末形成了多國銀行團模式，壟斷在華財政與實業借款業務；一戰期間，歐洲各國無暇顧及遠東事務，造成幾乎是日本以「菊分根」戰略，單一主導對華借款的局面；一戰後又恢復

從貨幣看近代中國之風雲變幻

了「新四國銀行團」模式，然行之不久，由於銀行團內部利益矛盾、人民反對等因素而退場。

　　總是失敗的孫中山，晚年得到蘇聯共產國際大力協助，推動「聯俄容共」政策，命蔣介石黃埔建軍，孫中山去世後，蔣介石繼續領導國民革命軍北伐。北伐成功，形式上統一了中國，袁大頭與孫小頭、船洋等銀元爲主幣，在市場流通，但本質仍是銀本位制，換湯不換藥，而中國仍在銀的世界裡打轉，經濟民生仍深受到世界銀價波動的牽制，落後的貨幣金融制度，在國際金融競合中總是吃虧；直到1935年（民國二十四年）紙鈔法幣問世，銀元時代才正式結束。

孫中山，一生革命、一生籌款

　　宣統三年（1911）10月10日，革命黨在武昌起義，湖北陸軍第八鎮工程第八營，打響了第一槍攻占武昌，兩天後又成功占領漢陽及漢口，完全控制武漢三鎮。當時孫中山正在美國四處演說，爲革命籌款；美國時間10月9日，他人在猶他州鹽湖城附近的小鎮奧格登（Ogden），當晚住進一家名叫馬里恩（Marion）的旅店，10月10日當天，下榻在美國科羅拉多州丹佛市的布朗皇宮酒店「The Brown Palace Hotel」（今改名爲The Brown Palace Hotel and Spa）321室；得知武昌起義成功的消息後，孫中山並未立即返國，而是更積極聯絡各國政府，尋求外交上支持，及繼續最重的幕後工作——「籌款」（圖4-1）。

　　孫中山曾先要求會唔當時的美國國務卿菲蘭德‧蔡斯‧諾克斯（Philander Chase Knox）不果；隨後去了英國，向英國外交大臣愛德華‧格雷（Edward Grey）提出借款，格雷回覆英國將「保持中立」，當然最終借款未成；之後又到了法國，會見法國東方匯理銀行經理西蒙（Stanislas Simon），提出貸款要求，結果法國東方匯理銀行（Banque de Indochine）也婉拒，不貸就是不貸，理由是「銀行團和他們的政府決定，就財政觀點方面嚴格採取中立」。

圖4-1　1911年「中華民國金幣」券10元。

為革命籌款，一直是孫中山的要務；1911年5月在美國舊金山成立的「洪門籌餉
局」（又稱中華革命軍籌餉局），印刷了這套由孫中山設計，名為「中華民國金
幣」的革命軍籌餉券，以現貼債券的方式，於中華民國尚未建立之下，向在美僑
界募款，這次籌款得僑胞的大力支持，共募得40多萬美金。（圖片來源：https://
m.163.com/dy/article/GG0R9G1A0543W69S.html?spss=adap_pc）

　　這家法國東方匯理銀行，非同一般銀行、身分特殊，乃是與英國的匯
豐銀行（Hongkong and Shanghai Banking Company Limited）、美國的花
旗銀行（Citibank）及德國的德華銀行（Deutsch-Asiatische Bank），於
宣統二年（1910）5月23日，組成的「四國銀行團」成員之一。

　　清廷為貫徹「鐵路國有」政策，原來交准商辦的鐵路，決定一律「收
歸國有」；起初同意參與此政策，對華鐵路借款的只有英、法、德三國，
爾後又加入美國，經歐美18家銀行、15家公司協議，最終達成由四國銀
行為代表，組成「四國銀行團」[1]，擴大為壟斷在華實業投資業務，而形
成的排他金融組織，在共同利益分享的背後，也執行著各國政府的政治立
場。

　　於宣統三年（1911）5月20日，郵傳部大臣盛宣懷與四國銀行團簽
署600萬英鎊的《粵漢川漢鐵路借款合同》，或稱《湖廣鐵路借款合同》
（Hukuang Imperial Government Railways Final Agreement），由四國銀
行承銷，以清政府名義發行的湖廣鐵路債券，年息5厘，期限為四十年，
半年付息一次，清廷以湖北百貨厘金、江防經費等作為抵押。此舉明顯有
「出賣路權」之嫌，引發粵漢、川漢兩幹線相關的湖南、湖北、廣東、

---

[1] 百度百科：「國際銀行團」，https://baike.baidu.hk/item/%E5%9C%8B%E9%9A%9B%E9%8A%80%E8
%A1%8C%E5%9C%98/1728506。

四川4省，尤其是四川的大規模「保路運動」；為鎮壓四川越演越烈的保路風潮，湖北新軍被調入川，造成武昌守備空虛，為起義創造了絕佳時機[2]。

　　四國銀行團，陰錯陽差地引爆保路風潮，為武昌起義提供了有利條件，但對孫中山卻一致表明「不借款」的中立態度。孤立無援的孫中山遂由法國馬賽起程，於12月25日返抵上海，未如傳言帶回鉅款，只帶回了「革命精神」。

　　然而就在這短短的兩個多月中，整個局勢已有了翻天覆地的變化：

1. 原先被攝政王載灃解除職務的袁世凱，武昌起義四天後復出，因為只有他能指揮得動，當年從天津「小站練兵」開始，一手訓練出的新軍勁旅——「北洋六鎮」。清廷先任袁世凱為湖廣總督，11月1日慶親王奕劻辭內閣總理大臣，11月8日袁世凱被正式任命為內閣總理大臣，後親赴湖北督戰，11月底收復漢口、漢陽。

2. 除了武昌起義成功後，湖北立即成立「湖北軍政府」，到了12月2日革命軍攻下南京，長江以南已全部為革命軍據有，也紛紛成立軍政府，此役大大減弱了11月底北洋軍攻陷漢口、漢陽的意義。12月6日醇親王戴灃辭去監國攝政王職務，垂簾聽政的隆裕太后，雖名為大清國政最高負責人，然此刻大清的命運，已完全掌控在袁世凱手裡。

3. 12月7日，隆裕太后再任命袁世凱為議和全權大臣，12月18日，十一省革命軍代表伍廷芳，與袁世凱代表唐紹儀，在上海公共租界南京路工部局市政廳舉行首次會議，史稱「南北議和」；雙方經過多次會議，除討論停戰外，主要爭論的是實行君主立憲，還是民主共和。英國、美國、俄國、日本、德國、法國，六國駐上海的總領事也出席了會議，之後六國總領事，一致以立場中立的態度，要求議和雙方代表，盡快達成協議、停止衝突。

　　就在南北議和無果，且年底已近，新政府不能無人主持的情況下，

---

[2] 李剛：《辛亥往事》，新世界出版社，2011年，頁268。

12月29日德高望重的孫中山返國僅數日後,被革命軍十七省代表,在南京選舉為臨時大總統。於1912年1月1日,南京臨時政府成立,孫中山在總統府(清朝兩江總督署),宣誓就職第一任臨時大總統,其誓詞如下:

傾覆滿清專制政府,鞏固中華民國,圖謀民生幸福,此國民之公意,文實遵之。以忠於國,為眾服務,至專制政府既倒,國內無變亂,民國卓立於世界,為列邦公認,斯時文當解臨時大總統之職,謹以此誓於國民。

正式建立「中華民國」,是年為民國元年(圖4-2)。

圖4-2 民國元年(1912)「中華民國開國紀念幣」壹圓銀元。
辛亥革命後,孫中山為中華民國臨時大總統,民國成立時鑄造的紀念幣,俗稱「孫小頭」。因袁世凱繼任即停鑄,此版鑄量僅10萬元,且流通時間甚短。(圖片來源:https://www.spink.com/lot/CSS66000794)

組織南京臨時政府時,清末狀元,近代實業家、政治家張謇,被公推為實業總長,他寫了一份〈對於南京新政府財政意見書〉,中肯地指出新政府權力的鞏固,要有統一的軍隊與充裕的財政,而軍隊的統一否?全在於財力的強弱;張謇估計臨時政府的一年支出需2億兩白銀,當時歲入僅

海關稅、兩淮鹽稅4,000萬兩，加上有盈餘的省，補貼中央及其他少數收入，赤字至少是8,000萬兩³。孫中山就任臨時大總統後，府庫空虛、開支無著，歐美等銀行又不借款，不得已向相對和善的日本，提出以抵押漢冶萍公司、租借滿州，共1,500萬日元的緊急資金紓困，最終兩項借款計劃雖均告失敗，孫中山還是從日本三井物產會社，在清帝遜位的同時，拿到了3百萬日元，暫解燃眉之急，但此款喪失原則、立場的作法，也為兩年後日本提出蠻橫的「二十一條款」，種下惡因⁴。

袁世凱最大的資本，「北洋六鎮」

　　辛亥年絕對是袁世凱的政治生涯中，最幸運的一年，拜辛亥革命之賜，在僅僅一個月內，從開缺回籍、賦閒在家二年多，一躍成為滿清總攬大權的內閣總理大臣，原因很簡單，就是他手中握有「槍桿子」——「北洋六鎮」，這是清廷當時唯一可以抗衡革命軍的武裝力量，也是袁世凱一生中最重要的政治資產。之後又憑藉這支效忠部隊，一方面要挾革命軍，另一方面又逼宣統皇帝退位，最終成為最大贏家，順利當上中華民國第一任總統。

「小站練兵」，近代化陸軍之始

　　甲午戰爭後期，李鴻章親信的淮系洋務派胡燏棻，在天津以南的馬廠，聘請德國人為教習，仿效西法訓練「定武軍」，由於練兵成果顯著、名噪一時；定武軍之後擴充，移至天津東南70里，位於大沽以西的第五個驛站，士兵慣稱為「小站」的地方。甲午戰爭結束後，光緒二十一年（1895）十月，榮祿等奏請，由在朝鮮發跡受李鴻章等封疆大臣器重、保薦的袁世凱，接掌定武軍，改編並定名為「新建陸軍」，簡稱「新

³ 楊天石：《尋求歷史的謎底：近代中國的政治與人物》，中國人民大學出版社，2010年3月1日，頁268-269。

⁴ 師如藍：〈対華二十一ヵ条要求と漢冶萍公司の通惠借款「日中合弁化」と「国有化」の狭間で〉，『アジア地域文化研究』No. 16（2020. 3），p52-53。

軍」。參照德國軍制編制，分立步、馬、炮、工、輜等兵種，「小站練兵」開啟了中國走向近代化陸軍的序幕。

據說袁世凱在小站練兵時，能叫出每一位班長的名字，常和士兵們同吃鍋飯、睡一條炕，發餉時，親自到場防止剋扣，深得士兵愛戴。加上嚴正軍紀、優厚待遇、培訓人才等因素，袁世凱打造了一支有戰鬥力的勁旅，新建陸軍編成時，文職人員3,852人，戰鬥部隊7,450人，共計11,302人[5]。在戊戌變法中，因列名並參加贊助康有為建立的「強學會」，加上手中握有新建陸軍，袁世凱一直是維新派寄予厚望、極力拉攏的對象，因而捲入了這場政治風暴；如在第三章所述，他最後選擇告發維新派「圍園劫后」的計劃，此舉加重了戊戌政變中血腥鎮壓的力度，雖從此背上「告密者」的不義罵名，但也贏得慈禧太后的高度信任。戊戌政變後，直隸總督榮祿奏准成立「武衛軍」拱衛京師，遂改編新建陸軍為「武衛右軍」。

光緒二十五年（1899）袁世凱升任山東巡撫，武衛右軍隨赴山東，大力鎮壓由山東開始的義和團，之後義和團開始向直隸等地轉移，導致八國聯軍之役，護衛京師的武衛軍首當其衝，中、前、後、左四軍在交戰中幾乎全都潰散[6]，只有武衛右軍及新編的武衛右軍先鋒隊，駐守在山東未參與作戰，袁世凱後又加入「東南互保」，致全軍不但逃過一劫，還得以擴充，完整保存下來（圖4-3）。庚子之亂簽訂辛丑條約後不久，光緒二十七年（1901）李鴻章去世，袁世凱接任直隸總督兼北洋大臣；從甲午戰爭爆發前夕，袁世凱化裝成平民逃離朝鮮，到榮任封疆大臣之首，僅用了七年時間，其編練新建陸軍有成，加上政治上的幹練遠謀、手腕靈活是主要因素。

光緒二十八年（1902）袁世凱在武衛右軍基礎上，組建「北洋常備軍」兩鎮（相當於師）；次年底，清廷在北京設立總理「練兵處」，袁世凱兼任會辦大臣，主導軍政改革；不久，又併入由兩江總督兼南洋

從貨幣看近代中國之風雲變幻

130

---

[5] 劉鳳翰：《新建陸軍》，中央研究院近代研究所，1967年版，頁57-73。

[6] 維基百科：「武衛軍」，https://zh.wikipedia.org/wiki/%E6%AD%A6%E5%8D%AB%E5%86%9B。

圖4-3　清德宗光緒二十六年（1900）庚子年「北洋造庫平七錢二分光緒元寶」。
八國聯軍之役，山東巡撫袁世凱的「武衛右軍」，不像其他武衛軍幾乎全軍覆滅，
不但毫髮無傷，還得以擴充，無疑大大提升了袁世凱的政治實力。（圖片來源：
https://auctions.stacksbowers.com/lots/view/3-QF98Y/t-china-chihli-pei-yang-7-mace-2-
candareens-dollar-year-26-1900-pcgs-genuine-chopmark-vf-details-gold-shield）

大臣張之洞建立的「自強軍」，北洋常備軍再增擴兩鎮；光緒三十一年
（1905），清廷開始統一全國軍隊番號，近畿陸軍從此擴編成第一鎮至
第六鎮，由直隸總督袁世凱直接管轄，合稱「北洋六鎮」，又稱「北洋新
軍」或「北洋軍」，負責拱衛京畿。

　　北洋六鎮近8萬新軍，所有軍官要職，幾乎清一色均出自袁世凱小站
練兵的嫡系，日後這些軍官，很多又成為民國初年的軍政要人，共計出過
5位總統、9位總理、30位督軍，小站無疑是北洋軍起家的地方，堪稱民
國政壇的奇葩。

　　光緒三十三年（1907），慈禧太后決議以北洋六鎮為模範，限二至
五年內完成，全國各地編成36鎮新軍。至宣統三年（1911）清亡時，總
計完成整編新軍十四個鎮、十六個混成協（相當於旅）、禁衛軍2協，以
及幾個獨立標（相當於營）、營，而其中素質、裝備、戰鬥力最強的，非
北洋六鎮莫屬。此時北洋軍系的主要勢力範圍為北京、天津、河北省、山
東省、東三省等地。

清帝遜位，二千年帝制畫上休止符

　　辛亥革命的主力，除上海、廣東、廣西由民兵商團起義外，其實正是在各地的新軍，自湖北（鄂）開始，湘、陝、晉、滇、贛、黔、蘇、浙、桂、閩、皖、粵、川等各省，革命軍多以新軍爲主幹建立了軍政府，宣布脫離清朝獨立（圖4-4）。中華民國成立後，北洋軍系將領立刻聯名反對共和，各國政府也未承認孫中山的臨時政府，1月16日在東華門丁字街，袁世凱遭到同盟會京津分會組織的暗殺，其衛隊長等十人被炸死，袁世凱倖免於難。

圖4-4　民國元年（1912）「軍政府造四川銀幣」壹圓銀元。
武昌起義成功，繼湖北軍政府成立後，各地紛紛響應組織軍政府獨立，其中四川是當時清朝人口最多的省份，於1911年11月27日，建立「大漢四川軍政府」，鑄造發行了軍政府四川銀幣。此幣背面中央有「漢」字，「漢」字周圍18個小圓圈，象徵當年響應辛亥革命的十八省。（圖片來源：https://www.biddr.com/auctions/teutoburger/browse?a=1900&l=2068448）

　　孫中山一開始即磊落表態不戀棧職位，更提出《五條要約》，基本上重申只要清帝退位，即自行辭職，讓位於袁世凱；英、法、俄、日公使亦聲明贊成清室退位，此刻劫後餘生的袁世凱已不再堅持君主立憲，並加速逼宮清帝。1月26日，北洋軍系將領也隨後通電「懇請渙汗大號，明降諭旨，宣示中外，立定共和政體」。2月12日，清廷頒布了《清帝遜位詔

書》，詔書由張謇起草，據說袁世凱在定稿時加了一句才頒布：

仍合滿、漢、蒙、回、藏五族完全領土為一大中華民國。

多民族國家在建立過程中，最大的危機就是分裂，從南北議和到五族共和的詔書，在力保國家完整、統一上，意義非凡。

其實清帝的寶座，在袁世凱復出的那一刻，就是泡沫化的開始。歷史上對袁世凱受詔出山，有「節略八條」、「政治六條」等不同說法，一般學界認為鎮壓革命軍，提出的軍事節略八條件，是存在的，但利用危機，提出「委以指揮水陸各軍及關於軍隊編制的全權」等，政治六條件作交換，是沒有史實根據[7]。但可以確定的是，袁世凱的復出是得到隆裕太后、監國攝政王等皇族各派的支持，因為當時只有他能指揮得動北洋新軍、穩住大清江山。

由於政局的變化太快，袁世凱的重要性在短時間內大大提升，隨時勢所趨，本來君主立憲、效忠清帝的主張，遂轉成雙向取利、取代清廷，攫取革命果實之路。其實再看看當時九位末代總督，他們身為地方最高行政和軍事長官，各各都手握兵權，在清朝危亡之際，只有閩浙總督松壽戰敗自殺，四川總督趙爾豐兵變被殺，其餘不是投降、棄逃、就是贊成共和，這些封疆大臣的表現，即知清帝遜位以換取善待，是無奈中最好的選項。清帝遜位次日，孫中山就立刻提出辭呈，不到一個月光景，袁世凱宣誓就職中華民國第二任臨時大總統（表4-1）。

世界六大列強在華利益均霑

有北洋新軍為後盾的臨時大總統袁世凱，已如願將臨時政府，從南京遷到自己的地盤北京，此刻的北京臨時政府，急需的是列強的外交承認及金援貸款。

---

[7] 劉路生：〈袁世凱辛亥復出條件考〉，《廣東社會科學》，2003年第4期，頁60。

表4-1　從清帝遜位，到袁世凱就任中華民國第二任臨時大總統

日期 （民國元年，1912年）	過程
2月12日	清廷頒布了〈清帝遜位詔書〉。
2月13日	孫中山立即提出辭呈，推舉袁世凱出任臨時大總統。
2月15日	參議院召開選舉大會，袁世凱當選臨時大總統，但政務由孫中山繼續執行，直到袁世凱來南京就職。
2月29日	突然發生北京兵變（又稱京保津兵變），一說是袁世凱一手策劃；本就不願去南京就職的袁世凱，藉機提出北方政局不穩，其結果就是南方臨時政府讓步，接受袁世凱在北京就職。
3月8日	南京臨時參議院仍利用最後機會，通過《中華民國臨時約法》，試圖以內閣制對來限制大總統的權力。
3月10日	袁世凱如願在北京宣誓就職中華民國第二任臨時大總統，之後南京中華民國臨時政府解散。

「大國協調」下的大妥協

綜觀世界，十九世紀下半，可說先是英國、法國、俄國、德國、奧匈帝國，清一色歐洲五強局面；美國於南北戰爭後崛起，1894年已超越英國，成為世界最大的工業生產國；二十世紀初，1904年日俄戰爭爆發（圖4-5），為防止俄國在遠東擴張，英國與日本先訂有「英日同盟」，又一同與美國貸款支助日本，最終日本戰勝俄國[8]；世界從而變成英國、法國、俄國、德國、美國、日本六強格局。1905年，世界六大國還合資，在北京市東交民巷，新建了中國當時最高級、最著名的飯店——六國飯店。美國與日本非歐洲國家的興起，對原有「歐洲中心主義」的國際秩序，產生了巨大衝擊。

東西六國列強在華擁有不菲利益，當時各有各的勢力範圍與盤算；在

---

[8] カルチャーランド：《世界歷史地圖》，麥盧寶全譯，楓樹林出版事業有限公司，2014年1月，頁104。

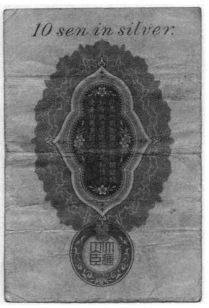

圖4-5　日本明治三十七年（1904）銀拾圓軍票。

此券為日俄戰爭（日本稱「日露戰爭」），日本政府為籌軍費發行的軍用票；1904
年2月，日本和沙俄兩國，為爭奪清朝東北及朝鮮半島的利益，爆發了長達1年半的
日俄戰爭，除了日本、沙俄兩強正面互打外，背後當時世界最強的大國德國、美
國、英國、法國、奧匈帝國甚至大清帝國，都介入了這次戰爭，各國各自有自己不
同的利益計算，而且隨戰局的變化，及時調整自己的戰略，結果俄國戰敗，損失慘
重，還導致後來沙皇政權垮臺，共產主義興起，對全世界影響巨大深遠，此戰後，
日本亦成為世界六強之一。（圖片來源：https://www.google.co.jp/amp/s/read01.com/
zh-mo/gRKMJy2.amp）

歐洲，同盟國與協約國，兩大軍事集團業已形成對立態勢，戰爭一觸即發
之際，列強竟能在辛亥革命爆發後，在中國達成大國協調——「不軍事干
涉、不借款支援，嚴守中立」的基本共識[9]。也就是說，列強們承認革命
軍為「交戰團體」，這樣的基調，直接助長了各省排山倒海的革命起義風
潮。

　　六國列強雖然各自為自己的利益，都有些動作。例如德國的利益主要
在山東非長江流域，曾多次聲明支持清朝，除了借予75萬英鎊外，還提

---

[9]　章永樂：〈條約網絡、銀行團與辛亥革命的路徑〉，《學術月刊》，2018年第10期，頁91-109。

供軍火、軍事教官給北洋新軍，幫助鎮壓革命軍，其他列強紛紛指謫，德國才有所收斂；又如，辛亥革命爆發後，俄總理大臣科科弗探夫（Vladimir Nicolaevich Kokovtsov）曾召見日本駐俄公使本野一郎，試探是否有意出兵，保護兩國在滿蒙的利益？雙方也因顧忌其他國家干涉，最後作罷[10]；還有東三省總督趙爾巽，在清廷頒布遜位詔書之前一星期，曾向袁世凱提出，在東三省建立「政治特區」，清朝宗社黨人與日本都順勢鼓動東三省獨立，但英美兩國反對中國分裂，趙爾巽最後也懸崖勒馬，放棄獨立、接受共和。列強個個不好惹，都有影響當時政局的能力，且列強之間，又存在著彼此合縱連橫的複雜利益關係；但在檯面上，從武昌起義、南北議和、南京臨時政府，到北京臨時政府，六國列強一直保持基本共識與默契，不軍事干涉、嚴守中立，甚至支持並維繫著新國家的完整、統一。

或許是此刻六國仍遵守，於1899年9月，美國國務卿海約翰（John Milton Hay）提出的「門戶開放政策」（Open Door Policy），即所有的國家，在中國都享有平等的商業和工業貿易權，及保持中國的領土與行政實體。此外交政策，讓列強在矛盾和利益上達成妥協，一直延伸到民國建立，某種程度上，保持了中國的主權和領土完整，免於被瓜分。由於民初政局瞬息萬變，外交上，列強仍選擇靜觀其變的「中立」立場，並沒有立刻承認袁世凱的北京臨時政府。

民國元年（1912）3月10日，袁世凱在北京就任臨時大總統，列強駐京公使一致決定不參加他的就職典禮，但在借款方面，卻是先外交而行，開始極力爭取，給予有力財政支持。

四國、六國到五國銀行團的「善後大借款」

在對華金援貸款上，列強基本上仍以銀行團的機制模式進行，如之前提過，宣統二年（1910）5月23日由英國、法國、德國、美國所組成的四

---

[10] 同註9。

國銀行團，就是執行此任務的代表機構。其成員間以「銀行團間會議」（Inter-Bank Conference），爲互相溝通、協調的平臺，定期在巴黎、倫敦、柏林祕密舉行會議。

辛亥革命爆發後，四國銀行團對財政極度困難的清廷與革命軍，與其政府的中立步調一致，均拒絕給予借貸，並不斷強調一個穩定、能代表全中國的政府，才能獲得他們的財政支持。如革命軍武昌起義成功後，立即照會列強，將不承認此後給予清廷的任何借款，清廷在10月中以後分別提出的1,200萬兩及800萬兩的借款計劃，就在11月8日四國銀行團的巴黎會議中遭到否決，理由是中國當下尚不存在能夠負責任的政府；本章之前也提過，孫中山在辛亥革命期間，於11月21日抵達巴黎，在法國停留期間，曾向法國東方匯理銀行商談借貸不成，原因相同；12月6日醇親王戴灃辭去監國攝政王職務，同時內閣總理大臣袁世凱向四國銀行團提出借款要求，此事被革命軍得知，由伍廷芳代表提出了強烈抗議，美國先是同意借款後改變立場，英國也因革命軍已控制其最大利益所在的長江流域，持反對意見，四國銀行團最終拒絕借款給袁世凱[11]。

袁世凱當選臨時大總統後，四國銀行團在母國尚未承認新的臨時政府，就迫不及待地展開與袁世凱的借款談判。最重要的就是討論以辛亥革命「善後」爲名的鉅額借款，一般稱之爲「善後大借款」：
1. 整頓北京的統治機構，加強政治、軍事等各方面的統治力量。
2. 結束南京臨時政府，首先是遣散南方的軍隊。
3. 償還積欠的外債和賠款。
4. 履行對遜清皇室的優待條件。

四國銀行團先是取得了袁世凱每月所需墊款，和善後借款的優先權保證；而事實上，從民國元年（1912）2月到6月間，已提供了包括南京臨時政府的200萬兩急需等，共5次墊款[12]；3月12日，四國銀行團在倫敦會議決議，正式邀請對四國銀行「獨攬生意」，早已怨聲載道的另外兩

---

[11] 同註9。

[12] 百度百科：「善後大借款」，https://mr.baidu.com/r/q0fjTFLYYg?f=cp&u=6b203a8461dd036b。

強日本與俄國加入、共商事宜；6月20日，日本橫濱正金銀行（Yokohama Specie Bank Ltd）和俄國的華俄道勝銀行（Russo-Asiatic Bank）雙雙加入，成立了兩年的四國銀行團，正式擴大成「六國銀行團」，並以此名義向袁世凱正式提出，銀行團監督中國財政為「善後大借款」的必要條件。

由於六國銀行團苛刻的要求，談判一度中止，不久雖恢復，但仍一直圍繞在借款條件上談判，民國二年（1913）3月20日，美國表示大借款條件侵犯中國主權，違反門戶開放原則，實為不妥，遂宣布退出，成立不到一年的六國銀行團，又變成「五國銀行團」。然美國仍於5月2日繼巴西等國之後，正式承認中華民國。

4月26日，五國銀行團最終與袁世凱臨時政府，在北京東交民巷匯豐銀行大樓，簽署《中國政府善後借款合同》，共21款、7個附件、2個附表，借款總額2,500萬英鎊，但東扣西扣，實得不到債面40%，利息5%，分47年償還，本息共計達6,789萬英鎊，借款以鹽稅、關稅等擔保[13]。

此項苛刻的善後大借款，未正式經國會同意，明顯違憲，引起社會嘩然，加上於此之前的3月20日，國民黨理事長宋教仁，在上海滬寧車站遇刺身亡，因此孫中山繼辛亥革命後，發動了討伐袁世凱的「二次革命」，南方七省及上海市紛紛加入，從7月12日到9月12日，二次革命歷時兩個月，最後革命軍被北洋軍擊潰，以失敗告終，孫中山、黃興等逃亡日本。「二次革命」讓袁世凱有藉口利用借款，乘機加速擴張軍權，勢力如日中天；10月6日袁世凱當選為第一任中華民國大總統，英、俄、法、日等十三國，同時宣布承認中華民國；民國二年（1913）10月10日宣誓就職（圖4-6），以袁世凱為首的北洋政府正式形成。

世界六大列強彼此雖存在著種種利益衝突與競合關係，在武昌起義爆發後的中國，竟達成了「不軍事干涉」的中立共識，使得晚清立憲派康有為一直宣傳，「革命將引發列強干涉」的說法不攻自破，很快各地革命風起雲湧，形成南北對峙的局面；之後六國列強又協調雙方談判議和，又在

從貨幣看近代中國之風雲變幻

---

[13] 維基百科：「善後大借款」，https://zh.m.wikipedia.org/wiki/善后大借款。

圖4-6　民國二年（1913）袁世凱「中華民國共和紀念幣」壹圓銀元。
民國二年（1913）10月10日，袁世凱正式就任大總統，發行此紀念幣。（圖片來源：China: Republic Yuan Shih-kai Restrike "Plumed Hat" Dollar Year 3 | Lot #34071 | Heritage Auctions）

錢及外交上保持中立立場，最終促成了清帝退位，袁世凱當選臨時大總統，定都北京，六國列強對華的影響力之巨大，可見一斑。

　　隨後列強再以銀行團的模式，直接將寶壓在了袁世凱身上。袁世凱手上有軍隊但沒錢，在列強的評比中，他的綜合指數似乎優於孫中山，認為他能穩定政局，合作度也滿意，故給予以金援；袁世凱當然順勢利用此借款，行鏟除異己軍事力量、鞏固其統治之實。的確五國銀行團開出的是極苛刻的條件，而善後大借款也的確是犧牲國家主權的行為，然審度當時處境之悲、國弱之難，像孫中山抵押漢冶萍公司借款一樣，袁世凱政府也是在無奈的情況下，不得以而為之，「而非單純個人利益之下的賣國行為」[14]。

袁大頭，銀元之寶

　　在第三章提到，清末的貨幣市場，只能用又雜又亂形容。除了中央、

---

[14] 齊萌：〈淺析善後大借款〉，《長江叢刊》，2016年5期，頁94。

各省鑄造的銀錠、龍洋、銅元及印發的紙幣、銀行兌換券外，外國銀元、外銀紙幣亦在市場橫行、大量流通，清末外國銀行在華發行的貨幣有83種之多，占全國貨幣流通總額30%。以當時金融市場的龍頭上海匯豐銀行（匯豐乃「匯款豐裕」之意）而言，掌管著三分之二以上的外匯市場成交量；上海通用鈔票，以匯豐發行之銀兩票和銀元票最多，「人民視之，幾與現洋無異」，所有的通商口岸，沒有一處不用匯豐紙鈔（圖4-7）。更遑論各地方政府、私人票號錢莊鑄造的銀錠及印發的錢票、銀票，形式不一、混雜無章。

圖4-7　民國八年（1919）「英商香港上海匯豐銀行」伍圓紙幣。
清末民初外國銀行林立，其中影響力最大者非匯豐銀行莫屬，時人稱：「蓋吾國關稅之收入，必解至匯豐，故匯豐操縱金融之勢力尤偉」。一直到民國二十二年（1933）「廢兩改元」前，匯豐銀行在中國的金融市場上，一直是居於龍頭的地位。（圖片來源：China Hongkong & Shanghai Banking Corporation, Shanghai 5 Dollars | Lot #28153 | Heritage Auctions）

　　辛亥革命之後，為補軍費及各項開支不足，各省趕鑄銀元、濫鑄銅元、尤其濫發紙幣、官帖、軍用券，如黑龍江省官帖實價僅面值的三成等，幣制更添紊亂之象。

銀本位制，又是換湯不換藥的幣制改革

　　當袁世凱就任臨時大總統時，也概括承受了清末貨幣制度的一切亂象，或更有過之；有人統計當時社會上流通的中外貨幣至少在百種以上，銀元就有大清龍洋、外國銀元等十多種，還有銀錠、銅元、銅錢、鐵錢，

本國銀行紙幣、銀票、匯票，外國銀行鈔票，可以說是五花八門、琳瑯滿目[15]。袁世凱臨時政府深知幣制混亂的嚴重後果，幣制改革刻不容緩；為了解決這種貨幣規格不一、交易不便，產生的經濟問題、民生積怨，同時籌措政府軍費來源，提高並鞏固自己的政治地位，袁世凱對貨幣改革可以說是既關心又用心。

民國元年（1912）7月15日成立的幣制委員會，即專責研究和擬定幣制改革方案。此刻，剛正式加入六國銀行團的日本，於9月由東京交換所，提出包括鑄金幣、發行紙幣、回收銀幣、銀錠等，類似明治維新時11條金本位幣制的改革建議草案[16]。10月委員會邀請荷蘭貨幣金融學者衛斯林博士（Gerard Vissering）及羅斯特博士（W. A. Roest）協助，經多次討論，兩人主張在採用金匯兌本位制之前，中國應暫時並用金匯兌本位和銀本位兩種制度；衛斯林和羅斯特的金匯兌本位制，就是發行紙幣但不直接與黃金掛鉤，而是與另一金本位制國家的貨幣如英鎊，保持固定兌換比價，並存一筆外匯或黃金作為儲備金，增強本幣的避險能力。兩人還將其研究結果，寫成一書"*On Chinese Currency: Preliminary Remarks about the Monetary Reform in China*"發表。

民國二年（1913）2月，委員會詳細討論幣制改革各種方案，將金匯兌本位制列為首選。但同年秋天，委員會被撤銷，幣制改革移交國務院會議繼續討論，新任國務總理兼財政總長熊希齡，認為其他本位制一時難以為之，應先以國內習慣的銀本位來統一貨幣，按其說法，雖然銀本位不好，但「惡本位勝於無本位」，結果如同清末之貨幣改革，又因考量現實條件不允許，加上北洋政府因善後大借款，已無力舉債籌措儲備金，在權傾一時，人稱「二總統」、「活財神」的梁士詒等人支持下，銀本位制又脫穎而出，成為最終唯一選擇[17]。

---

[15] 陳忠海：〈近代以來的貨幣本位之爭〉，中國共產黨新聞網，2016年9月26日，http://theory.people. com.cn/，頁1。

[16] 高垣寅次郎：〈中華民國幣制改革的經過〉，《東京商科大學研究年報‧商學研究》第一號，https:// hermes-ir.lib.hit-u.ac.jp/hermes/ir/re/7182/TNshogaku0000102010.pdf，頁216-27。

[17] 同註15，頁2。

除了銀本位的貨幣經濟本質問題，落後且又不能完全掌握的金融體制也是關鍵；金融人才缺乏，金融法規長期空白，外國銀行長驅直入，在中國隨便印發鈔票，簡單一句，就是金融命脈在列強的手裡。在這樣的情況下，無論是清末還是民初，貨幣改革總是以選擇與現實妥協收場。

銀元國幣「袁大頭」的誕生

　　民國三年（1914）2月7日袁世凱領導的北洋政府，根據頒布的《中華民國國幣條例》及《國幣條例施行細則》，確立銀本位貨幣制度，規定國幣以「壹圓」銀幣為主幣，重「庫平七錢二分」，成色90%，即含庫平純銀六錢四分八釐，其成色與法定成色之公差不得超過千分之三。

　　為了能實行《國幣條例》，同年3月8日袁世凱政府設立幣制局，並任命梁啟超為總裁，有意借重他在幣制改革方面的熱情與專業。戊戌政變後梁啟超流亡日本的14年中，親見且認識到，貨幣、金融制度的完善建立，乃中國救亡圖強的第一義諦，於其〈中國貨幣問題〉、〈幣制條議〉、〈余之幣制金融政策〉等著作，可窺見一二。他本是支持金匯兌本位制，但梁啟超既為內閣閣員，政策上只有支持銀本位制，上任後發表了〈幣制條例理由書〉，暫時按捺住自己的主張，順應時勢[18]。

　　可惜第一次世界大戰於同年7月28日爆發，本以幣制改革為名向銀行團提出的「幣制借款」，已無希望；同時提出發行兌換券，整理並統一貨幣的計劃也沒被批准，在心灰意冷之下，於同年12月梁啟超自劾而去，幣制局亦被裁撤。

　　於此同時，鑄造新幣的計劃仍繼續執行，只是因銀行團幣制借款無望，無財力回收市場成色差的大清龍洋，但又怕格雷欣法則（Gresham's Law）的「劣幣驅逐良幣」（bad money drives out good）現象發生，最終決定以原北洋造龍洋為準，降低新幣成色1%，訂正面袁世凱側面頭像，背面嘉禾銀元為國幣，以「圓」為單位，重「庫平七錢二分（約26.87公

[18] 賴建誠：《梁啟超的經濟面向》，聯經出版事業公司，2002年3月，頁59-60。

從貨幣看近代中國之風雲變幻

克）」、直徑39mm、厚度3mm，含純銀89%，銅10%，錫1%，即庫平純銀六錢四分零八毫，此銀元俗稱「袁大頭」、「袁頭幣」、「袁大洋」、「袁洋」或「大洋」（圖4-8）。國幣另有中圓（即半圓）、貳角、壹角銀幣三種，伍分鎳幣一種，及為貳分、壹分、伍厘、貳厘、壹厘銅幣五種。於12月24日，天津造幣總廠首先開鑄袁大頭，接著南京、武昌等造幣廠也開始鑄造，民國四年（1915）1月新幣開始發行。

圖4-8　民國三年（1914）袁世凱壹圓銀元。
此幣俗稱「袁大頭」、「袁頭幣」、「袁大洋」、「袁洋」或「大洋」，因「成色足、質量好」，終使長期擾亂中國金融市場甚巨的外國銀元，正式退出。（圖片來源：https://katzauction.com/lot/25164）

也許是吸取了清朝的教訓，北洋政府在袁大頭的鑄造上有板有眼、毫不含糊，要求全國各地的造幣廠，嚴格遵守造幣標準；由於袁大頭幣型規整，重量嚴格規範，含銀量足又易識別，很快就被老百姓認可接受，迅速打敗了大清龍洋流行開來，成為全國流通的主幣「硬通貨」[19]，從此正式開啟了民國銀元時代。

根據陳存仁先生所著傳記《銀元時代生活史》，此書記載民國三年

---

[19] 周惠斌：〈「袁大頭」銀幣的出籠始末〉，《東方收藏》，2011(4):115-116。

（1914）一位私塾老師的月薪是12塊大洋，綢緞莊總帳房月薪10塊大洋，民國六年（1917）米價每石3元6角[20]。

　　高級知識分子的收入，尤其是大學教授，當時收入最牛。北洋政府大學教員薪俸，基本上教授400至600銀元，副教授260至400銀元，助教100至160銀元。蔡元培在出任北大校長時，月薪600銀元；魯迅民國五年（1916）3月薪俸為300銀元，這還不算其教學以及寫作等多種其它收入。民國六年（1917）8月當年剛留美歸國的胡適，就任北京大學文科教授，月薪260銀元，一個月後，薪俸加至280銀元，他興奮地寫信回家道：「適初入大學便得此數，不為不多矣」。上海工人的工資，一個月多在10至25銀元左右，門診看一次要一元，急診十元[21]。對普通老百姓而言，袁大頭代表的是紮紮實實的銀元，一塊袁大頭絕不是小錢，的確很具購買力。

　　於民國四年（1915）8月1日，中國銀行、交通銀行與全國金融中心上海錢業公會，取消「洋厘」（以銀兩表示的銀元市價）的大清龍洋行市，以袁大頭代之；民國六年（1917）北洋政府乘勝追擊，規定公款出入一律使用袁大頭，並以袁大頭為稅收本位幣；民國八年（1919）五四運動中，上海的錢業公會終於通過決議，取消鷹洋等外國銀元的行市，規定只能使用國幣，從此長期擾亂金融市場甚巨的外國銀元，才正式退出中國流通貨幣舞臺、走入歷史[22]。

　　北洋政府於民國八年、九年、十年（1919～1921），連續三年大量續鑄當時人氣十足的袁大頭[23]。堪稱「良心國貨」的袁大頭，即使在袁世

[20] 陳存仁：《銀元時代生活史》，廣西師範大學出版社，2007年5月，頁6-9。

[21] 張嶔：〈民國初期的一塊大洋，相當於現在多少錢的購買力？〉，騰訊網，2020年3月15日，https://xw.qq.com/amphtml/20220108A093EQ00。

[22] 鉅臻堂主：〈在中國流量最大的外國銀元〉，百度，2020年3月20日，https://mi.mbd.baidu.com/r/EfyPrKXxte?f=cp&rs=3105489656&ruk=22D1v21cqPj7FxMFPARCng&u=2893fbaf963e91cd&urlext=%7B%22cuid%22%3A%22_82_u08T2igkiS8M0uvciluBv8g98SuI_uvci0aP-i_fi28V_u2O80iX1O0bt1urzWDmA%22%7D。

[23] 齊庚：〈八十年風雨「袁大頭」〉，《藝術市場》，2004(10):124-125。

凱去世後，其後鑄者仍自始至終保持「成色足、質量好」的原汁原味，這讓袁大頭的聲譽也因此一直屹立不搖，保持廣大銀元交易市場的龍頭地位，直到北伐成功。

「中華帝國」，一場來去匆匆的鬧劇

袁世凱就任中華民國第一任大總統後，似乎就一直念念不忘他的「皇帝夢」，不斷破壞共和，為復辟帝制造橋鋪路。民國三年（1914）1月，總統上任三個月後就解散國會，由其控制的「中央政治會議」行使立法權；5月1日頒布《中華民國約法》（又稱「新約法」，俗稱「袁記約法」），共10章68條，新約法主要規定國家實行總統制，大總統為國家元首，總攬統治權，改責任內閣制為總統制，把立法院置於總統管轄之下；12月29日，公布《修正大總統選舉法》，總統任期為十年，且可以連選連任，也就是說自己可以當「終身大總統」。

「二十一條款」，換取日本支持稱帝？

素有「歐洲火藥庫」之稱的巴爾幹半島，由於「塞拉耶佛」（Sarajevo）事件的一顆子彈，於1914年7月28日引爆了以英國、法國、俄國為主的協約國，與德國、奧匈帝國、義大利為主的同盟國，人類史上的第一次世界大戰，簡稱「一戰」（圖4-9）。日本以「英日同盟」為由，立即對德宣戰，不久發表最後通牒，要求德國交出山東膠州灣，9月26日以近5萬兵力猛攻，只有4千多的德國守軍，在英軍的助攻下，「青島戰役」於11月7日結束，日本強行佔領膠東半島。

除了膠東半島外，日本亦同步出動海軍佔領太平洋上的德屬島嶼，如馬里亞納群島（Mariana Islands，1898年美西戰爭後，西班牙出售關島以外的所有島嶼給德國，當時關島已被美國佔領）、馬紹爾群島（Marshall Islands，1886年成為德國的保護領地）、特魯克環礁（Chuuk Lagoon，

圖4-9　奧匈帝國弗朗茨‧約瑟夫一世（Francis Joseph I）1914年4達克特（Ducats）
　　　　金幣。

弗朗茨‧約瑟夫一世（1830～1916），奧匈帝國的締造者、第一位皇帝，雖在位
長達六十八年，卻也是著名的悲劇帝王。先是獨子奧匈帝國王儲魯道夫（Rudolf
Franz Karl Joseph）殉情自殺，立侄子弗朗茨‧斐迪南大公（Franz Ferdinand von
Österreich-Este）為新皇儲；之後其妻伊利莎白皇后（Elisabeth Amalie Eugenie），
有「世界上最美麗的皇后」之稱，以茜茜公主（Sissi）之名聞名於世，在日內瓦湖
畔被刺殺身亡；接著斐迪南大公在塞拉耶佛遇刺身亡，此事件成為第一次世界大
戰的導火線。此枚奧匈帝國金幣正是鑄於一戰爆發的1914年。（圖片來源：https://
www.ebay.com/itm/204312735462）

1898年美西戰爭後，西班牙出售給德國）等地[24]。

　　強行佔領膠東半島後，日方不但不撤離，更企圖擴大其利益特權，
於民國四年（1915）1月18日，由日本駐華公使日置益，遞交袁世凱解決
分歧要求，共計五號21條，史稱「二十一條款」；歷時四個月努力周旋
交涉，袁世凱於5月9日接受簽約，5月25日在北京簽署《關於山東省之條
約》、《關於南滿洲及東部內蒙古之條約》及13件換文，總稱《中日民
四條約》[25]，還特別將5月9日列為「國恥紀念日」！雖然最後沒有二十一

[24] 李明峻：〈日本的南太平洋政策〉，《臺灣國際研究季刊》，2007年／秋季號，第3卷第3期，頁
　　117。
[25] 唐啟華：《被「廢除不平等條約」遮蔽的北洋修約史（1912-1928）》，第五章：廢除《中日民四條
　　約》交涉，三《中日民四條約》的內容，社會科學文獻出版社，2010年9月。

條照單全收，袁世凱忍辱只同意了部分條款，但仍不能擺脫其出賣了山東、南滿、東內蒙古權益等喪權辱國的事實，及間接謀取日本支持復辟帝制之嫌。

財政惡化與「皇帝夢」碎，息息相關

有人說如果袁世凱不稱帝？將會名留千古，這是假設性的問題，事實上，他就是「復辟稱帝」，沒有什麼如果不如果。善後大借款或可以說是由於無奈、妥協於現實，五九國恥也可以解釋是出自忍辱、並非是賣國，勉強都可用較寬容的態度看待；然而從楊度組織的「籌安會」，梁士詒等發起「全國請願聯合會」，銀彈下的「國民代表大會」，勸進再勸進等戲碼一一上演，於民國四年（1915）12月12日，袁世凱竟與時代作對，宣布接受帝位，廢除共和政體，改中華民國為「中華帝國」，廢除民國紀年，總統府改為「新華宮」，並大封公侯伯子男爵位，改民國五年（1916）為「洪憲元年」，史稱「洪憲帝制」（圖4-10），「洪」是帝德之大，「憲」是民主憲政，洪憲即弘揚憲法之意。

據《1915，中國表情》一書中提到，一場原本預計只花590萬銀元的登基大典，修理大殿工程費105萬元、兩件「龍袍」60萬元、後宮珠寶服裝費200萬元、報社宣傳費30萬元、祭典費、調度費、饗宴費、接待費、犒賞費、大禮關係費等等，實際花費遠遠超支，竟高達2,000萬銀元。

復辟稱帝一出，全國一致反對，不僅孫中山、梁啓超等堅決反對，就連他的嫡系北洋將領也不支持，段祺瑞甚致電袁世凱「恢復國會，退位自全」。於民國四年（1915）12月25日，唐繼堯、蔡鍔、李烈鈞等率先宣布雲南獨立，反對帝制，發動「護國戰爭」、武力討袁，護國的涵義就是「維護中華民國國體」（圖4-11）。原本有意支持君主立憲的列強，一看出了亂子，反袁運動此起彼落，讓列強們紛紛打退堂鼓，決定不再借錢給袁世凱了。

在軍事上，袁世凱北洋軍三路進攻雲南計劃相繼失敗，隨著戰況的加劇、人心不穩，黔、蜀、粵等省相繼宣布獨立；經濟上，在登基大典上花

圖4-10　民國五年（1916）袁世凱「中華帝國 洪憲紀元」飛龍銀元。

袁世凱飛龍銀元，正面無文字，只有袁世凱身著大元帥服，頭戴鷺羽高纓冠的肖像，背面中央有飛龍圖案，上方鐫「中華帝國」四字，下方鐫「洪憲紀元」四字。此枚紀念幣，見證的就是袁世凱復辟稱帝，那場破碎的皇帝夢。（圖片來源：https://www.biddr.com/auctions/stacksbowers/browse?a=1613&l=1744249）

圖4-11　民國五年（1916）唐繼堯「擁護共和紀念 庫平三錢六分」銀元。

民國五年（1916）5月8日，護國軍軍務院在廣東肇慶成立，唐繼堯任撫軍長，與袁世凱政府對峙，不久，陝西、四川、湖南等省相繼宣布獨立。同年6月6日袁世凱憂憤而死，黎元洪任大總統，宣布恢復《臨時約法》和國會；7月14日軍務院撤銷，護國運動結束。此銀元是唐繼堯任軍務院撫軍長後開始鑄造。（圖片來源：https://gudongtw.com/20044.html）

了大把銀子的北洋政府，除了要償還清朝戰敗賠款外，自己也至少背負有20項外債，關、鹽收稅大部分已為外國銀行扣押，另外，各省上繳的稅也極為有限，以民國四年（1915）為例，國庫收入共計銀元130,678,127元，支出共計銀元139,036,456元，赤字為8,358,329元[26]。護國戰爭讓北洋政府財政雪上加霜、更加惡化，為籌軍費，袁世凱只得要求交通銀行「墊款」4,600萬元，中國銀行「墊款」2,000萬元。消息傳出，先是發生存戶換銀行擠提事件，接著又發生了兩行兌換券現銀擠兌事件，到民國五年（1916）5月12日，兩行已無銀元可兌換，北洋政府財政部只得宣布暫止兌現，不料引起更大的騷動；這場金融失序風暴，立即席捲全國，但以京、津等地最為嚴重，故被稱為「京鈔風潮」。

袁世凱北洋政府於民國四年（1915）1月發行袁大頭後，是以銀元為主，元兩（銀元、銀兩）並行，銀元，銅元和紙幣並用的貨幣制度，銀行同時發行大量兌換券，自由兌換銀元。稱帝引發戰爭，戰爭引發財政危機，財政危機又引發了的金融失序、社會大亂，危機環環相扣，各地反袁情緒也更加高漲。在內外壓迫下，袁世凱稱帝僅83天後，於民國五年（1916）3月22日，先行發布〈撤銷帝制令〉、恢復民國；2個多月後於6月6日因尿毒症不治去世，由黎元洪任大總統，宣布恢復《臨時約法》和國會，護國戰爭也隨之結束。

袁世凱已貴為終身大總統，為何非要復辟帝制？是受到北洋政府憲法顧問美國人古德諾（Frank Johnson Goodnow），所發表〈共和與君主論〉一文，認為中國只適合君主制的引誘嗎？還是其子袁克定特別製作的假版《順天時報》，提供他假新聞閱讀而「欺父誤國」呢？亦或臨終時所稱「楊度誤我」？將稱帝之過，都一一推是別人誤導、設計造成；想想若不是袁世凱被「當皇帝」的私慾薰心，底下的人又怎會賣力造勢、搖旗吶喊？正如國學大師章太炎直言，原因就是「元首不世及」（世及乃世襲之意）；更講白一點，就是袁世凱的皇帝思想，不僅要自己擁有最高權力，

---

[26] 張巨成：〈護國戰爭中袁政府的經濟波動〉，《經濟問題探索》，2006(9)：157-160。

也要後代子孫世襲最高權力。

黎元洪，首義都督、兩任總統、三任副總統

　　袁世凱憂憤而死後，繼任大總統的黎元洪和孫中山、黃興、袁世凱並稱「民初四巨頭」。武昌起義成功，因緣際會黎元洪開始走進歷史舞臺，被革命黨人順勢推舉為湖北軍政府都督，之後的十一年間，曾歷兩任中華民國總統，三任副總統，史上絕無僅有，孫中山甚稱黎元洪為「民國第一偉人」。

　　黎元洪雖在名聲與威望上與其他三位有差，但有個外號叫做「活菩薩」，這種不得罪人、心善面慈的性格，讓他在官場上樹敵不多，甚至左右逢源。辛亥革命中，他調和鼎鼐，包括在「陽夏之役」（革命軍保衛漢陽、夏口即漢口的戰役）雖敗，但與黃興等合作愉快，之後在穩定革命軍心上，發揮了重要作用。此外，清朝海軍統制（總司令）薩鎮冰，當時奉命率「楚有」等十餘艦隻，在武漢三鎮水域，馳援北洋軍鎮壓革命，因薩鎮冰是黎元洪在天津水師學堂時的老師，藉此師生之誼，他致信給薩鎮冰，最後策反大清海軍成功，居功厥偉。

　　中華民國臨時政府成立，黎元洪被選為第一任臨時大總統孫中山的副總統兼領鄂督（圖4-12），袁世凱在北京就任第二任臨時大總統時，黎元洪仍被任命為副總統，之後袁世凱當選為第一任中華民國大總統，由於黎元洪未跟隨孫中山二次革命，又被袁世凱繼續任命為副總統；黎元洪是一個光桿司令，不具威脅，但有的是首義都督光環，與支持共和的正統性，這樣的任命深具指標性意義，對袁世凱有加分效果。

　　民國四年（1915）底，袁世凱復辟帝制，冊封黎元洪為「武義親王」，因黎元洪反對帝制，堅辭不就。袁世凱死後，副總統黎元洪繼任大總統，宣布恢復約法，召集國會，護國運動、京鈔風潮漸漸平息，但實際權力則為國務總理段祺瑞所掌握，約一年後辭職；第一次直奉戰爭直系勝出，於民國十一年（1922）6月，直系軍閥曹錕、吳佩孚請黎元洪復任總統，翌年6月，無實權的黎元洪再度辭職，退出政壇。

圖4-12　民國五年（1916）黎元洪「開國紀念幣」壹圓銀元。
黎元洪曾歷兩任中華民國總統，三任副總統，史上絕無僅有。袁世凱去逝後黎元洪
繼任大總統，鑄此紀念幣。（圖片來源：https://katzauction.com/lot/25143）

幣制金融改革，梁啓超再次披掛上陣

　　袁世凱生前，北洋政府直轄和依附的軍隊共計33個陸軍師、97個混成旅、33個混成團、總兵力達120萬人，一半以上爲北洋軍系部隊[27]，尚能維繫團結的局面。袁世凱身後，北洋軍遂分裂爲三大軍閥：以馮國璋爲首的直系，以段祺瑞爲首的皖系和以張作霖爲首的奉系。之前依附的地方軍隊，如以馮玉祥爲首的西北軍，劉湘、劉文輝等爲首的川軍，閻錫山爲首的晉系等，之後也分別形成地方軍閥割據勢力，不論是三大軍閥或地方軍閥，大多都有外國勢力在背後支持。

　　袁世凱去世後，小站練兵起家的皖系將領段祺瑞，成爲第一代掌門人，主導北洋政府，段祺瑞不抽、不喝、不嫖、不賭、不貪、不占，人稱「六不總理」，於民國五年（1916）6月29日至民國七年（1918）10月10日，短短二年多時間，段祺瑞就曾三次擔任國務總理組閣：

1. 第一次，1916年6月29日～1917年5月23日。

---

2. 第二次，1917年7月14日～1917年11月22日。

3. 第三次，1918年3月23日～1918年10月10日（圖4-13）。

圖4-13　民國十三年（1924）段祺瑞「中華民國執政紀念幣」背「和平」銀元。
袁世凱去世後，段祺瑞領導北洋政府，享有「三造共和」的美譽，三次擔任國務總理，段祺瑞不抽、不喝、不嫖、不賭、不貪、不占，人稱「六不總理」；民國九年（1920）7月，直皖戰爭失敗後隱退，民國十三年（1924）10月第二次直奉戰爭，馮玉祥「甲子兵變」後直系大敗，與奉系妥協下，段祺瑞出山，任「中華民國臨時政府的臨時執政」（即國家元首），並鑄此紀念幣。（圖片來源：http://m.ybkinfo.com/yinyuan/p392.html）

　　第一次實際掌權組閣的段祺瑞，由於是否參加一戰對德國宣戰？引發與大總統黎元洪的「府院之爭」，1917年（民國六年）5月23日遂被迫撤職下野；不久藉調停之名而來北京的辮子軍，上演了另一場12天的鬧劇——「張勳復辟」，先是張勳把黎元洪趕下臺，接著這位有「北洋之虎」之稱的段祺瑞，又率軍趕走「辮帥」張勳，於民國六年（1917）7月14日再次擔任國務總理，重新組閣，掌握北洋政府實權。黎元洪也通電全國，正式引咎辭職，大總統職務由副總統馮國璋暫代。

　　段祺瑞此次再組閣，特別邀請對幣制、金融改革熱衷的梁啓超出任財政總長，梁啓超提出「改革幣制，整頓金融」的八字方針，一如之前任幣

制局總裁時的熱情，這次他將幣制改革訂了進行三步驟[28]：第一步，劃一銀幣，以「袁大頭」為全國統一行使的貨幣；第二步，整理紙幣，整理全國的紙幣，禁止各地濫發紙幣；第三步，採用金匯兌本位制（即虛金本位制）。

同時訂下十項「現擬著手之事」[29]：

1. 改革造幣廠，如減少廠所，不使幣廠含獨立營業性質。
2. 造幣廠聘用外國總技師一人。
3. 設檢查貨幣委員會時，得約外國人為名譽委員。
4. 依民國三年頒布之《國幣條例》，嚴定重量、成色、型式，鼓鑄新幣；其一元主幣，採自由鑄造主義。
5. 稽查爐房。
6. 規定國幣與各地銀碼之比價，由徵收機關照定率收，使國幣與代表國幣之兌換券得以推行全國。
7. 照市價收回舊輔幣。
8. 發行對外金匯票，以維持中央銀行北京鈔票價格。
9. 以造幣廠餘利購金，存儲外國，補充在外準備金之耗損。
10. 以海外準備金為擔保，發行內國公債，充整理各省濫發紙幣之用。

整個幣制改革所需資金為2,000萬英鎊，因北洋政府財政赤字嚴重，只得另籌。資金來源本擬一方面以緩付五年的庚子賠款，發行5,000萬元公債，另一方面向一戰協約國，日本、英國、法國、俄國四國銀行團借款，藉此徹底改革幣制、整頓金融；前者每年緩付的1,300萬元，結果段祺瑞決定用在急劇增加的軍費上，後者決定由日本銀行代表四國銀行團，

---

[28] 李興強：〈論北洋政府時期的幣制改革〉，《湖北教育學院學報》，第24卷第9期，2007年9月，頁70。
[29] 中國人民銀行總行參事室編：《中華民國貨幣史資料1912-1927》（第一輯），上海人民出版社1986年版，頁384。

只先借到1,000萬日元[30]。

張勳擁護溥儀復辟鬧完後，段祺瑞受梁啓超領導的「憲法研究會」之鼓動，拒絕恢復《臨時約法》和召集國會，於民國六年（1917）7月中，孫中山南下廣州後，9月10日被選爲爲「中華民國軍政府大元帥」，隨即發動「護法戰爭」，南北正式宣告分裂，史稱「三次革命」，並將矛頭直指段祺瑞的假共和。11月15日，段祺瑞因與馮國璋在對南方護法軍，主戰還是主和上意見不和，發生第二次「府院之爭」，又被迫辭職，梁啓超也一同遞上了辭呈，此次幣制金融改革當然又束之高閣。

一戰中，日本「日元經濟圈」的宏大藍圖

段祺瑞第一次組閣同時，一次世界大戰也進入第二階段，雙方在歐洲東線與西線戰場，發生數次大型戰役，包括一戰中規模最大，也是傷亡最慘烈的「索姆河戰役」（Battle of Somme，1916年6月24日～11月18日間），及一戰中最大規模的「日德蘭海戰」（Battle of Jutland，1916年5月31日～6月1日），始於1914年中的一次世界大戰，到1916年底，交戰雙方仍處於焦灼狀態、難分軒輊。

「菊分根」經濟支援戰略思維

日本此刻無疑是出力有限、但受益最豐的一戰參戰國，不僅趁火打劫了德國在山東的利益，而且將德屬的太平洋諸島一併佔爲己有，這使日本領土一下拓展到數千里之外的赤道附近。所佔領的特魯克環礁，日後成爲日本聯合艦隊司令部所在地，而馬里亞納群島也成爲二戰日本所謂「絕對國防圈」（以日本本土爲圓心，畫了一個半徑爲2,000多公里的圓形防禦區）的核心。

一戰帶來的商機，讓在戰爭圈千里之外的參戰國日本，經濟從1915年（民國四年，大正四年）後半開始好轉，商品出口尤其是對英、俄等國

---

[30] 同註16，頁222。

的軍需品快速增長[31]，據統計日本政府和日本銀行持有的「正貨」（標準一圓金幣），在1914年至1918年之間，從約3.4億日元，增加到約15.9億日元；一戰前約欠11億日元的債務國，到戰後1920年（民國九年，大正九年），完全翻轉成為擁有27.7億日元以上的債權國[32]。一戰帶來國際市場供需逆轉，工業生產總值、出口大幅增長，經濟上前所未有的繁榮，日本稱「大戰景氣」（たいせんけいき）；通過大戰景氣，三井、三菱、住友、安田等企業，成為更壯大、更具獨占性的大財閥。

1916年（民國五年，大正五年）10月9日，由首任朝鮮總督寺內正毅，接任日本新首相兼任大藏大臣與外務大臣，兩個月後將大藏大臣位置交給了他在朝鮮的老部下勝田主計；勝田主計為寺內首相提出了名為「菊の根分け」（菊分根）的對華政策。所謂菊分根就是像菊花分根移植一樣，日本為主幹，義務提攜協助分根發展，簡單的說，就是形式上改變了過去為攫獲利益，赤裸裸地「強勢」作法，而以提供貸款、經濟支援的方式，增進分根國家（主要指中國）發展的同時，擴大政治上的影響，建立親日政府。

勝田主計將其對華的政策思想，以口述的方式寫成《菊の根分け（其一）─日支經濟の施設に就て》一書[33]，共十章192頁，此書詳細說明其經濟援助，開發中國資源的計劃，如何一步步將日本已經成長壯大的金融成就，向中國移植。菊分根思維模式，日後亦深度影響日本二戰時的戰略構想與政治號召──「大東亞共榮圈」之形成。

因為一戰，當時歐洲各國打得難分難解，日本以「菊分根」為主軸，「高度國防經濟」的對華戰略，其最大的顧忌，就是仍為一戰中立國，美國的態度。然就在民國六年（1917）初，戰局有了轉變；於1月16日，德國外交祕書（相當於外交部長）阿瑟・齊默曼（Arthur Zimmermann），

---

[31] 今井清一：《日本の歷史(23)大正デモクラシー》，中央公論社，1974年9月，頁79-95。

[32] 中村隆英：〈第一次世界大戰下の日本経済─もう一つの高度成長〉，野上毅編，《朝日百科：日本の歷史11近代II》，朝日新聞社，1989年4月，頁26-27。

[33] 勝田主計述：《菊の根分け（其1）─日支經濟の施設に就て》，東京：同労舎，1918年12月。

向德國駐墨西哥大使海因里希·馮·厄卡（Heinrich von Eckardt）發了一封加密電報，被英國情報機關截獲，並最終破解，其震驚的內容竟是：

我們計劃於2月1日開始實施無限制潛艇戰。與此同時，我們將竭力使美國保持中立。

如計劃失敗，我們建議在下列基礎上同墨西哥結盟：協同作戰；共同締結和平。我們將會向墨西哥提供大量資金援助：墨西哥也會重新收復在新墨西哥州、德克薩斯州和亞利桑那州失去的國土。建議書的細節將由你們草擬。

請務必於得知將會與美國開戰時（把此計劃）以最高機密告知墨國總統，並鼓勵他邀請日本立刻參與此計劃；同時為我們與日本的談判進行斡旋。

請轉告墨總統，我們無敵的潛艇部隊的參與將可逼使英國在幾個月內求和。

「無限制潛艇戰」（德國為封鎖英國海上通道，宣布使用潛艇，對任何駛往英國的商船，不宣而開火的恐怖殘忍作戰行動）開始後，因不人道且嚴重影響美國利益，美國立即宣布與德國斷交，之後得到電文的美國總統威爾遜（Thomas Woodrow Wilson），於3月1日對外公開電文全部內容，又於4月6日，美國國會通過決議，正式參戰。在這短短的數月間，日本也通過與俄國的三次協定，與英、法的四次密約，乘機取得了三國對強佔山東和太平洋德屬島嶼的承認。

這封史稱「齊默曼電報（Zimmermann Telegram）」的烏龍事件[34]，德國不但未得到墨西哥支持，又導致美國參戰，改變了當時整個均勢的戰局，被公認為對時代影響最深、最遠的一封電文。

---

[34] 維基百科：「齊默曼電報」，https://zh.wikipedia.org/wiki/%E9%BD%90%E9%BB%98%E5%B0%94%E6%9B%BC%E7%94%B5%E6%8A%A5。

「西原借款」，天下沒有白吃的午餐

　　美國的參戰，更增進了段祺瑞的皖系北洋政府，加入協約國的參戰之心，只是當時的大總統黎元洪仍堅持反對。段祺瑞終於在第二次上臺組閣後，已沒有黎元洪的反對下，於民國六年（1917）8月14日，對同盟國的德國及奧匈帝國宣戰，並先後派遣約14萬以上華工，其正式名稱為「中國勞工旅」（Chinese Labour Corps, CLC），到協約國的東方戰線和西方戰線，參與後勤勞力支援。

　　同時，美國的參戰及對其遠東事務趨於妥協，也加速了在「大戰景氣」及「菊分根」政策下，已由寺內正毅親信西原龜三為代表，勝田主計主導的對華金援進程。於1917年11月2日年，美國國務卿藍辛（Robert Lansing）和日本全權代表石井菊次郎，簽定的「藍辛－石井協定」，就是最具體的表現，美國一方面承認日本在中國山東享有「特殊利益」，另一方面，雙方又重申在中國尊重「門戶開放」和「機會均等」，一份內容相互矛盾的外交換文協定[35]；總之，因參戰美日兩強，彼此之間對華政策上，由競合轉向緩解、曖昧，是不爭的事實。

　　當然，段祺瑞的北洋政府財政拮据、嚴重缺錢下，對日本這筆不求自來，且比美國更主動、更慷慨的禮物，難以抗拒，雙方一拍即合，於1917～1918年間，由日本的興業銀行、朝鮮銀行、臺灣銀行，組成的特殊銀行團，為避免他國尤其美國干涉，日方謹慎布局，由西原龜三私人出面，在段祺瑞三次擔任國務總理任內，透過中日合辦的中華匯業銀行經手，分別提供了為數不少的八筆貸款（表4-2）。合計1.45億日元（約為當時的7,250萬美元），史稱「西原借款」，這還不包括3,208萬日元的武器裝備，段祺瑞的北洋政府，亦將山東和東北的鐵路、金礦、森林等權益抵押給日本[36]。

---

[35] Barbara Wertheim Tuchman: *Stilwell and the American Experience in China: 1911-1945*, Random House Publishing, 2017/01/24, p63.

[36] 維基百科：「西原借款」，https://ja.wikipedia.org/wiki/%E8%A5%BF%E5%8E%9F%E5%80%9F%E6%AC%BE。

表4-2　西原借款

時間	借款内容
民國六年（1917）1月20	交通銀行借款500萬日元。
民國六年（1917）9月28日	交通銀行借款2,000萬日元。
民國七年（1918）4月30日	有線電信借款2,000萬日元。
民國七年（1918）6月18日	吉會鐵路借款墊款1,000萬日元。
民國七年（1918）8月2日	吉林、黑龍江金礦及森林借款3,000萬日元。
民國七年（1918）9月28日	滿蒙四鐵路借款墊款2,000萬日元。
	濟順、高徐二鐵路借款墊款2,000萬日元。
	參戰借款2,000萬日元。

　　據勝田主計的兒子，曾任日本債券信用銀行社長勝田龍夫宣稱，整個西原借款的總額本是5億日元，最終的目的是推動中國的貨幣改革，試圖扶持親日的段祺瑞政府，將中國逐漸帶入「日元經濟圈」的一項宏大計劃[37]；由中國交通銀行發行與日元等值且互相通用的「金券」，期達到中日貨幣統合的目標構想[38]。

　　段祺瑞曾因致電要求清帝退位、抵制洪憲帝制及討伐張勳復辟，享有「三造共和」的美譽。袁世凱去世以後，能三起三落三次組閣，日本在背後的支持，絕對是他能屢敗屢起的重要關鍵。

「金券條例」，中國貨幣日本化？

　　民國七年（1918）3月23日段祺瑞第三次上臺組閣，交通總長兼財政總長曹汝霖，上任數月後，再聘請前日本大藏大臣阪谷芳郎為幣制改革顧問，在談及中國新的貨幣改革時，阪谷芳郎認為首先需廣修鐵路，在各地

---

[37] 勝田龍夫：〈昭和の履歴書〉，《文藝春秋》，1991年11月1日，頁29。

[38] 塚本英樹：《日本外交と対中国借款問題「援助」を巡る協調と競合》，法政大学出版局，2020年，頁121-124。

經濟水平接近時，才能鞏固紙幣的信用，進而統一貨幣[39]，這種說法，與西原借款的最終目的，前後呼應。

同年8月10日公布幣制改革的《金券條例》，與之前梁啓超的幣制改革，最大的不同處，就是這次的內涵是「中國貨幣日本化」。幣制局發行金券，金券的基本單位爲一「金圓」，金圓含純金0.752318克，即庫平二分零一毫六絲八息八，與1897年（明治三十年）10月1日，日本新「貨幣法」1円＝純金0.75g（即重二分），含金量幾乎相同，面額有一圓、五圓、十圓、二十圓、五十圓、一百圓六種，金券和國幣（即袁大頭）、生銀不定比價，可按市價在指定銀行互相兌換，外國金幣、生金亦然。

就在同一天，又公布了《幣制局官制》，陸宗輿爲新幣制局總裁，直屬國務院，主要負責整理全國貨幣、鈔券等事宜。此次段祺瑞幣制改革，發行「金券」的準備金8千萬日元，將由朝鮮銀行提供，北洋政府以煙酒稅爲抵押。

《金券條例》出臺後，立即引起了中外輿論的一致反對，咸認爲金圓的含金量與日元的含金量幾乎相同，朝鮮銀行又由日本人控制，根本就是企圖將中國貨幣金融，完全納入日本體系的一件大陰謀。1918年9月29日，由於寺內正毅內閣解散，金券發行又有出賣貨幣金融主權之重嫌，在全國及英、法、俄等國的反對聲浪中，《金券條例》遂被取消，中國貨幣日本化的構想亦破滅。

民國九年（1920）7月的直皖戰爭，皖系大敗，導致段祺瑞北洋政府垮臺，由直系取代。後繼之政府對西原借款概不承認，造成未還的1.2億日元成爲呆帳。據說1929年，當時日本駐華公使佐分利貞男，帶著借款密約前來向蔣介石討債，之後密約被盜遺失，佐分利貞男爲此自殺身亡。

雖然表面上看來，日本血本無歸、吃了大虧，無論從政治或是經濟方面，西原借款的目的都沒達成，但它對近代中國的影響卻是長遠多重的：
1. 段祺瑞利用西原借款，編成三個師的「參戰軍」，增強了皖系整體軍

---

[39] 王利中：〈西原借款與段祺瑞政府的幣制改革〉，《中國錢幣》，2013年03期。

力，當然也加劇了中國南北分裂及北洋系內部矛盾；

2. 西原借款中，山東鐵路與東北鐵路的籌備借款，前者成為一戰後「巴黎和會」上，膠州半島被侵佔，無法要回的致命傷，後者在十多年之後的九一八事變，協助關東軍快速控制東北的運兵幹線；

3. 建立親日政府，促使日華貨幣的並用流通，方可讓日本利益百世不衰，此種高度國防經濟的戰略思維，開始形成。

西原借款身為執行菊分根政策的關鍵，其實是具有前瞻性且深謀遠慮的戰略布局。寺內正毅下臺時曾說：

大隈內閣向中國要求二十一條，惹中國人全體之怨恨，而日本卻無實在利益。本人在任期間，借予中國之款，三倍於從前之數，實際上扶植日本對於中國之權利，何止十倍於二十一條。

「五四運動」，影響近代中國最深遠的民運

民國六年（1917）7月，孫中山南下後遂發動「護法戰爭」，主張「武力統一」的皖系領袖段祺瑞，與主張「和平統一」的直系領袖馮國璋，政治上一直針鋒相對。於1918年（民國七年）10月10日，馮國璋總統任期屆滿，兩人相約共同下野，結果由一直作為「清客」的徐世昌，經由段祺瑞控制的「安福國會」（俗稱「民七國會」）選舉，登上大總統之位。

徐世昌為袁世凱至交，小站練兵時的重要幕僚謀士，倍受袁世凱信任與尊重。辛亥革命時袁世凱「重新出山、逼宮、掌權」之三部曲，據說背後導演就是徐世昌。徐世昌是北洋政府期間，任職最長的大總統（1918年10月10日～1922年6月2日）（圖4-14），之前的黎元洪與馮國璋，都是代理大總統。後人稱徐世昌為「文人總統」，雖沒有實權，在北洋政府各派系的鬥爭中，慣以元老居中調和的角色操作，故能安穩在位四年。

就在段祺瑞與馮國璋雙雙退居幕後，徐世昌出任大總統後一個月，11月9日，威廉二世這位第一次世界大戰的主謀，野心勃勃的德皇，在內外

圖4-14　中華民國十年（1921）九月徐世昌「仁壽同登」紀念銀幣。
徐世昌是袁世凱的莫逆之交，重要謀士，北洋政府期間，為任職最長的大總統，雖沒有實權，然剛柔並濟，居中協調，手腕高明老練，後人稱「文人總統」。民國十年（1921）9月適逢徐世昌任大總統三週年，同時是六十七歲壽辰，故鑄「仁壽同登」紀念幣。（圖片來源：https://mdc.bidinside.com/en/auc/6/1/?f_display=1&f_order_by=ABS%28lotTitle%29&f_order_dir=ASC&f_search_string=&f_search_lot=273&f_rec_page=30）

交困的情況下，被迫退位，逃往荷蘭；兩天後11月11日，德國正式宣布投降，第一次世界大戰正式結束。

中國拒簽「凡爾賽和約」

民國八年（1919）1月18日，一戰27個戰勝國包括中國（當時北洋政府代表），齊聚在巴黎凡爾賽宮，召開戰後協約會議，史稱「巴黎和會」。本期望「聯美制日」、「申張正義」的巴黎和會，由於美、日之間的矛盾，美、英、法、意各國之間的分歧，以及日、英、法之間的祕密協定等複雜原因[40]，與會各國竟決定把戰前德國在山東的政治、軍事、經濟特權，轉讓給日本，消息傳回、民情激憤，引發「五四運動」（圖4-15）。

---

[40] 歐陽軍喜：〈論美國對五四運動的影響〉，《中共黨史研究》2019年第4期，https://www.dswxyjy.org.cn/BIG5/n1/2020/0109/c219000-31541470.html。

圖4-15　民國八年（1919）袁世凱壹圓銀元。

五四運動是民國八年（1919）5月4日，為抗議巴黎和會上有關山東問題的決議，爆發中國近代史上一次重要的學生運動。五四運動對近代中國政治、外交、教育、思想文化等方面，影響巨大深遠，不在話下，然而不同立場對五四運動的認識和評價大相逕庭。五四運動後，抵制外貨、外幣情緒高漲，導致外國銀元下市，一舉助國貨袁大頭成為市場唯一主幣。（圖片來源：https://katzauction.com/lots?to_page=1&categories=79&auction_id=48&lot_number=316）

　　幾番激辯、較量、妥協，終於在6月28日，戰勝國在巴黎近郊的凡爾賽宮鏡廳簽訂了，共15部分，440條《對德和約》，即《凡爾賽和約》，條約在1920年1月20日正式生效。與中國山東問題相關的第4部第8篇（即第156、157、158條），其中最重要的第156條：

　　德國將按照1898年3月6日與中國所定條約，及關於山東省之其他文件所獲得之一切權利，所有權名義及特權，其中以關於膠州領土、鐵路、礦產及海底電纜為尤要，放棄予日本。

　　所有在青島至濟南鐵路之德國權利，其所包含支路，連同無論何種附屬財產、車站、工場，鐵路設備及車輛、礦產，開礦所用之設備及材料，並一切附屬之權利及特權均為日本獲得並繼續為其所有。

　　自青島至上海及自青島至煙臺之德國國有海底電線，連同一切附

屬之權利、特權及所有權，亦爲日本獲得，並繼續爲其所有，各項負
擔概行免除。

因爲條約不公，及五四運動爆發，中國代表拒絕簽署《凡爾賽和
約》，美國雖說簽了，但最終因國會反對未通過，等於也沒簽。

「抵制日貨」，沒有硝煙的經濟武器

日本的狼子野心，固是昭然若揭，但若不是袁世凱於民國四年
（1915）5月25日在統稱的《中日民四條約》中，外交總長陸徵祥簽署了
《關於山東省之條約》，其第一條：

中國政府允諾，日後日本國政府向德國政府協定之所有德國關於
山東省依據條約或其他關係對於中國享有一切權利、利益讓予等項處
分，概行承認。

又若不是段祺瑞在西原借款中，急於借到濟順（濟南至順德）、高徐
（高密至徐州）二鐵路墊款2,000萬日元，於民國七年（1918）9月24日，
在中日雙方《關於處理山東省各問題換文》中，駐日公使章宗祥竟以「欣
然同意」回覆日方[41]。雖說北洋政府簽署是出於無奈、脅迫、或利誘，但
白紙黑字，在國際會議上，就算是有「民國第一外交家」之稱的顧維鈞據
理力爭，也無力回天。

五四運動對近代中國政治、外交、教育、思想文化等方面，影響巨大
深遠，無需多言。在過去的幾十年裡，兩岸對五四的研究，明顯形成「左
右分裂」現象，它的意義已遠遠超出了其原來的範圍。五四運動對社會經
濟的影響上，最顯著就是其間利用抵制外幣的情緒，如之前提到，外國銀

[41] 陳旭麓，李華興主編：「關於處理山東省各問題換文」，《中華民國史辭典》，上海人民出版社，
1991年，頁98。

元中曾是流通最廣的墨西哥鷹洋被取消行市，讓袁大頭真正取得了唯一主幣的地位。另外，其間掀起的「抵制日貨」狂潮，這招沒有硝煙的經濟武器，就有外國學者稱其是「現代經濟史最有啓示的篇章」。

山東問題在巴黎和會後成為懸案，一直到1921年11月12日～1922年2月6日，英、美、日、中等九國召開的「華盛頓會議」（Washington Naval Conference），中日在美國的調停下，於1922年2月4日，雙方代表在會外簽訂了《中日解決山東懸案條約及附約》，到了12月10日，中國（北洋政府）正式收回青島，同時日本從山東撤軍；1923年1月1日，以4,000萬日元贖回膠濟鐵路及支線；3月12日，再以600萬日元贖回膠州灣沿岸日本人鹽田及鹽業公司等，山東問題才得到一定程度的解決。

炒股票，引爆「信交風潮」

一次大戰爆發後，不僅讓美國、日本經濟快速成長，爲中國也帶來了不少出口商機，致工商業進入蓬勃發展期，其中尤以紡織、麵粉、卷煙、火柴四大傳統輕工業表現出色。工商業前所未有的榮景，連帶爲證券市場發展提供了有力條件；民國三年（1914）底，之前提過的清末狀元，近代實業家張謇，已投效袁世凱政府任農商總長，在他積極推動下，頒布了中國第一部《證券交易所法》。

民國五年（1916）冬，孫中山、虞洽卿等人依據《證券交易所法》，聯名向北洋政府申請設立「上海交易所股份有限公司」，然在交易所的業務範圍是證券和物品合辦還是分辦上，與農商部意見分歧，故申請未准；而孫中山也因南下廣州組織軍政府，遭北洋政府通輯，上海交易所發起人資格隨之被取消。民國七年（1918）初，虞洽卿等人在上海總商會支持下，捲土重來再次呈請，但仍因舊問題未獲核准。就在上海交易所申請案膠著之際，農商部已核准「北京證券交易所」的成立，於同年6月5日開業，成爲中國開辦的第一家證券交易所。同年年底，日商利用治外法權，亦搶先在上海設立「取引所」(即交易所)，此舉引起在地華商不小的反彈。

虞洽卿等人又再度要求政府核准所請，終於在民國八年（1919）6月獲准，不久正式定名爲「上海證券物品交易所」，於民國九年（1920）7月1日正式開業。同年11月，農商部接著核准上海股票商業公會申請，成立「上海華商證券交易所」，翌年5月20日正式開業。至此，北京、上海兩地三家證券交易所的先後成立，標誌著證券在中國，正式進入近代交易所管理營運的時代。

上海證券物品交易所開業不到半年，即大賺特賺；上海華商證券交易所，亦生意興隆，並首次增資。人們誤以爲開設交易所是發財致富的捷徑，於是各行業不甘落後、爭相仿效，如上海麵粉交易所、上海雜糧油豆餅業交易所、上海華商棉業交易所等，交易所與信託公司如雨後春筍般紛紛成立，短短一年，僅上海一地，新設交易所即達136家，信託公司有12家；全國各地也跟風搶進，多達52家交易所在漢口、天津、廣州、南京、蘇州等地設立[42]。

加上國際銀價走貶，企業和商人因銀匯價導致財富縮水，急於尋找新的投資方向，挽回損失；同時，一戰後外資回籠等因素，一時間市場游資充斥，在暴利的引誘下，大量湧入信交事業「炒股票」。爲保資金安全，銀錢業於民國十年（1921），開始收縮資金、抽緊銀根，同年10月左右，先是股票大跌，接著交易所和信託公司紛紛倒閉，引爆嚴重的「信交風潮」（圖4-16）。

此次金融風潮後，全國僅12家交易所勉強撐過，信託公司也只剩中央信託公司一家，盛極一時的股票市場跌入谷底。但政府公債卻因禍得福，取而代之；公債一枝獨秀，活躍市場的現象，一直持續到抗戰初期，股票市場才在上海租界這「孤島」上悄然復甦，重新繁榮。

---

[42] 張春廷：〈中國證券市場發展簡史（民國時期）〉，《證券市場導報》（深圳），2001年05期，頁48-49。

圖4-16 民國十年（1921）袁世凱壹圓銀元。

在暴利引誘下，大量社會游資，盲目跟風、湧入股票市場，不問緣由的狂熱投機後，引爆民國十年（1921）底股票崩盤，交易所、信託公司大量倒閉的「信交風潮」。（圖片來源：https://www.kuenker.de/en/archiv/stueck/323289）

外債內債、大印紙幣，北洋政府籌款手段

巴黎和會結束後，於民國八年（1919）中，代理國務總理兼財政總長龔心湛，又擬通過借外債，推動金本位制，由天津造幣總廠，鑄造了民國八年袁世凱十元和二十元金幣，但因鑄量極少，作用也極為有限。

因袁世凱妄冀帝制，直系北洋政府有意於民國十二年（1923），將袁大頭圖案換成，早先於民國元年（1912）8月由魯迅、許壽裳、錢稻孫等三人，共同設計的「十二章國徽圖」國幣（俗稱「龍鳳幣」）（圖4-17）。十二章，又稱「十二文章」，「文」本意為紋樣，「章」本意為彰明，乃古代貴族禮服上的十二種紋飾——「日、月、星辰、山、龍、華蟲、宗彝、藻、火、粉米、黼、黻」；然因該圖案帝王色彩濃厚而作罷。

事實上從《金券條例》取消後，以金本位制或金匯兌本位制為目標的貨幣改革，在北洋政府可以說是完全偃旗息鼓，不管是民國九年（1920）7月「直皖戰爭」中勝出的直系曹錕政府（圖4-18），或是民國十三年（1924）10月「第二次直奉戰爭」中勝出的奉系張作霖政府（圖4-19），

從貨幣看近代中國之風雲變幻

圖4-17　民國十二年（1923）造十二章國徽圖壹圓銀元。

此幣俗稱「龍鳳幣」，因「十二章國徽圖」的帝王色彩濃厚，最終未被北洋政府採用取代袁大頭。（圖片來源：https://www.pcgs.com/auctionprices/item/1923-1-lm-81-k-680-sm-chars/116581/5048780853910183526）

圖4-18　民國十二年（1923）曹錕憲法成立「紀念」銀元。

馮國璋逝世後，同是小站歷練出身的曹錕成為直系的領袖，先於直皖戰爭擊敗皖系，後又於第一次直奉戰爭擊敗直系，民國十二年（1923）10月6日當選為中華民國大總統，被譏為「賄選總統」，同年10月10日，頒布《中華民國憲法》，乃中國第一部正式頒行的憲法，人稱「曹錕憲法」；此幣為憲法成立時所鑄紀念幣。（圖片來源：https://www.kuenker.de/en/archiv/stueck/246421）

第四章　銀元：軍閥割據下的悲歡與榮辱

167

圖4-19　民國十七年（1928）張作霖「大元帥紀念幣」。

第二次直奉戰爭，直系慘敗，雖由段祺瑞為「中華民國臨時執政」，但實權由奉系
掌控，北洋政府進入了張作霖時代。民國十七年（1927）6月於北京就任「中華民
國安國陸海軍大元帥」，行使大總統職權；次年在皇姑屯被日本關東軍預埋的炸
藥暗殺身亡，史稱「皇姑屯事件」，是北洋政府最後一位領導人。（圖片來源：
https://coins.ha.com/itm/china/china-republic-chang-tso-lin-silver-pattern-mukden-tiger-
dollar-year-17-1928-ms62-ngc-/a/3095-34077.s）

在他們成為北洋政府的新主人後，基本上仍以袁大頭為主幣，維持著銀本
位制。

　　袁世凱去世後的北洋政府，從民國五年（1916），到民國十七年
（1928）北伐成功期間，有人統計，在這短短十二年中，內閣變更37
次，改組24次，有26人擔任過總理，任期最長的不到兩年，最短的僅幾
天，更迭之快，令人目不暇給。而真正掌控實權的，都是擁有自己嫡系部
隊的軍事將領，如皖系的段祺瑞，直系的馮國璋及後來的曹錕，奉系的張
作霖等。

　　軍隊既是權力來源，要給養「百萬雄師」及應付長期混戰，每年需要
鉅額的軍費，據資料統計民國五年（1916）北洋政府的軍事預算為1.53億
元，民國十六（1927）激增至7億元[43]。年年高漲的龐大軍費，再加上中
央、地方行政開銷，北洋政府解決財政問題的手段，除了前述向列強借款

---

[43] 維基百科：「北洋政府」，https://zh.m.wikipedia.org/zh-hk/北洋政府。

外，對內就是：

1. 加徵賦稅，苛捐雜稅。
2. 中央、地方濫發公債，如中央政府共發行公債27種，發行額就高達6.12億元，為清政府歷年實發公債的10倍以上[44]。
3. 濫發紙幣、軍用票、加印官票、軍需兌換券等，如吳佩孚在河南發行的鈔票，1,200餘萬元銀鈔，1,800餘萬吊銅元鈔，跌成最後一文不值[45]。

財政支絀，孫中山南方政府的大問題

　　北洋政府各派系及地方軍閥背後，明的暗的大部分都有列強當背後靠山，皖系、奉系有日本；直系有英、美；桂系有英國；滇系有法國等。而南北分裂時的南方中華民國政府，因不被列強看好，兩次護法期間，幾乎孤立無援，財政支絀一直是個「大問題」。

兩次護法運動，沒錢難成

　　民國六年（1917）7月17日，孫中山由上海到廣州護法前，因支持府院之爭的黎元洪，反對對德宣戰，德國表示願支持孫中山對抗段祺瑞，密贈150萬銀元（一說200萬），其中的50萬元給了支持護法，宣布脫離北洋政府的海軍總長程璧光，率領第一艦隊包括永豐艦（為紀念孫中山，於1925年3月12日改名為中山艦；此艦是1922年6月16日「陳炯明叛變」，與1926年3月20日「中山艦事件」的事發現場，為中國近代史上最著名的一艘軍艦）在內的九艘戰艦開赴廣州，另30萬銀元用於資助南下參加「非常國會」的議員，餘款由荷蘭銀行與日商臺灣銀行，匯至廣州備用[46]。

---

[44] 千家駒：《舊中國公債史資料，1894-1949》，中華書局，1984年1月，頁10。

[45] 章有義編：《中國近代農業史資料：第2輯（1912-1927）》，北京三聯書店，1957年12月，頁595-596。

[46] 韋慕庭（Clarence M.Wilbur）：《孫中山：壯志未酬的愛國者（Sun Yat-Sen: Frustrated Patriot）》，楊慎之譯，中山大學出版社，1986年，頁82-83。

孫中山的「第一次護法運動」（1917年7月17日～1918年5月21日），除了桂、滇兩系西南軍閥，以護法爲名，各有所圖之外，廣東督軍如陳炳焜、莫榮新等把持稅收，中華民國軍政府沒錢，大元帥府開支無著，許多政軍計劃無法執行，也是主因之一。「第二次護法運動」（1920年11月28日～1922年8月9日），因於民國十一年（1922）6月16日陳炯明叛變，孫中山避難永豐艦，而最終失敗；然仔細探究，廣東每年稅收約1,600萬元，支出需3,200萬元，根本無力北伐，財政赤字空虛，北伐「錢從何來」？陳炯明贊成「聯省自治」，先完成廣東一省自治，再徐圖其他，導致兩人政治分歧[47]，亦是「六一六事變」的重要原因之一。

蘇聯共產國際，唯一肯伸出援助之手

一戰之前大英帝國體系包含印度、澳洲等國在內的世界四分之一人口，世界處於金本位，而英鎊是當時世界貨幣霸主，倫敦是世界金融中心；一戰後，英國因爲戰爭軍費，黃金大量外流，美元逐漸取代英鎊，世界金融中心也轉移到紐約，歐洲經濟強權大打折扣，美國成爲世界第一經濟強國，日本也海撈一筆，成爲債權國，經濟實力大增。1920年10月，美、英、法、日四國的銀行團在紐約組成，一般稱「新四國銀行團」，有效期五年，主要是各國在華所取得的經濟及政治借款，優先權均歸於新銀行團。

此外，大戰期間於1917年2月，因參戰而陷入物資匱乏的俄羅斯帝國，被推翻宣告瓦解，史稱「二月革命」，同年列寧領導的布爾什維克黨，經由「十月革命」，建立「蘇維埃政權」，正式國名爲「俄羅斯蘇維埃聯邦社會主義共和國」（Russian Soviet Federative Socialist Republic，RSFSR），簡稱「蘇俄」，蘇維埃俄文「Советский」意即「代表會議」或「會議」，世界上出現第一個所謂的「無產階級專政」的「社會主義國

---

[47] 鳳凰資訊：〈爲恢復中華建立民國，孫中山借錢革命借遍世界〉，鳳凰網歷史綜合，2009年6月26日，頁2。

家」。不久，爲了保住剛誕生的「蘇維埃政權」不被德國消滅，在1918年3月3日，蘇俄與德國等同盟國，單獨簽署了割地賠款、喪權辱國的《布列斯特－立托夫斯克和約》，宣布退出一戰、換取和平。

　　一戰後於1919年3月，列寧領導創建「第三國際」，又名「共產國際」，在共產國際的資助扶持下，從此各國共產黨開始成立，其中包括於1921年7月23日成立的中國共產黨。1922年12月30日，蘇俄與一戰後，從俄羅斯帝國獨立出去的各個國家，組成「蘇維埃社會主義共和國聯盟」（Union of Soviet Socialist Republics，（USSR），簡稱「蘇聯」（圖4-20）。在蘇聯領袖史大林，高度集中的政治、經濟體制下，從1925到1937，蘇聯從一個相對落後的經濟體，有了大幅躍進，在二次大戰爆發的前夕，實際上已是站上歐洲第一，世界第二。

圖4-20　　1922年俄羅斯蘇維埃聯邦社會主義共和國（Russian Soviet Federative
　　　　　Socialist Republic）15戈比（Kopeks）銀幣。
1922年底，蘇俄與一戰後，從俄羅斯帝國獨立出去的各個國家，組成「蘇維埃社會主義共和國聯盟（Union of Soviet Socialist Republics, USSR）」，簡稱「蘇聯」。
（圖片來源：https://www.numisbids.com/n.php?p=lot&sid=4911&lot=41474）

　　隨著一戰結束，美日爲獲益最大國，對華政策重點雖仍放在北洋政府上，但彼此之間又由緩解、曖昧，轉向競合關係；在「華盛頓體系」（一

戰後巴黎和會的延續，九國在華盛頓召開會議，各國之間簽訂條約、公約，以維護並鞏固東亞太平洋地區的秩序）精神下，如對北洋軍閥間的內戰，表面是採取「不干涉」的態度，事實反應在直皖及兩次直奉戰爭上，卻是美國支持直系，日本支持皖系或奉系的對立模式[48]：新四國銀行團，也因美日之間的矛盾，功效不彰、最終瓦解。

孫中山兩次擎起，為保護《中華民國臨時約法》的護法運動大旗，都以失敗收場，革命沒錢，又無列強在背後撐腰，很難成功。此時，蘇聯也在中國尋找可以合作的政治盟友，而考慮的對象至少有兩位：吳佩孚和孫中山（一說還包括陳炯明）；蘇聯被吳佩孚直接拒絕了，不得不與跨過整個中國，與遠在廣州的孫中山合作。蘇聯一方面積極發展與中國國民黨的關係，另一方面仍保持與北洋政府的交涉，玩「兩手政策」，最終於1925年，在北方同時相中了「西北軍」將領馮玉祥[49]。

蘇聯對孫中山的中國國民黨，以政治訓練、軍事及財務的協助、支援，史稱「第一次國共合作」，一般又稱「聯俄容共」，其中影響最深遠的莫過於，民國十三年（1924）6月16日，創建了中國近代最著名的一所軍事學校——「陸軍軍官學校」，因校址在廣州黃埔，故世人也因此稱其為「黃埔軍校」。

黃埔軍校可說是蘇聯一手規畫的，蘇聯金援黃埔軍校創建的數目說法不一，但一般相信是共產國際駐中國代表鮑羅廷，所說過的300萬盧布（約270萬銀元），事實上這筆錢並非來自蘇聯國庫，而是日本漁民在蘇聯海域附近捕魚，日本政府支付蘇聯的300萬盧布補償款，由日本銀行直接轉給了大本營財政部長廖仲愷；除了這筆重要資助外，蘇聯當年援助黃埔軍校的槍支彈藥、武器裝備、顧問的開支，全都是有償的[50]，只是民國

[48] 吳翎君：《美國與中國政治1917～1928：以南北分裂政局為中心的探討》，張玉法主編，東大圖書公司，1995年，頁15。

[49] 葉曙明：《中國1927—誰主沈浮》，花城出版社，2010年11月，頁21。

[50] 李吉奎：〈黃埔軍校草創時期經費問題研究〉，陳建華編《黃埔軍校研究（第2輯）》第二章，中山大學出版社，2008年4月。

十六年（1927）的「清黨運動」，蔣介石把蘇聯顧問趕走之後，就自然不還了。

僅兩年半，蔣介石完成北伐

如果小站練兵是袁世凱的發跡之所，那麼黃埔軍校就絕對是蔣介石問鼎中原的起步之地。光緒二年（1876），兩廣總督劉坤一，以8萬兩白銀買下廣州長洲島（又稱黃埔島）的船塢，創立「廣東西學館」，又先後易名為「廣東實學館」、「廣東博學館」，於光緒十三年（1887）8月3日，當時兩廣總督張之洞，鑒於南洋海防形勢嚴峻，先後花用約6萬4千兩白銀，在原址創辦「廣東水陸師學堂」；當然真正讓黃埔馳名中外的還是「陸軍軍官學校」的創立。

孫中山之所以會選中蔣介石，除了他是黨內有數的軍事人才，多次奉孫中山之命，擬訂如民國三年（1914）的歐戰趨勢及倒袁計劃、民國四年（1915）的「淞滬起義軍事計劃書」、民國十年（1921）的進軍兩廣進而統一中國之作戰計劃等，最重要的還是民國十一年（1922）6月16日陳炯明叛變後，蔣介石收到孫中山急電，即刻帶著借來的6萬銀元，輾轉登上永豐艦，侍護孫中山40餘日，從此取得高度信任和重用；同年10月即被任命為「東路討賊軍」第二軍參謀長，民國十二年（1923）2月被任命為大元帥府大本營參謀長，8月奉命率領「孫逸仙博士代表團」赴蘇聯考察學習。返國後於民國十三年（1924）1月24日，蔣介石被任命為陸軍軍官學校籌備委員會委員長，同年5月3日，孫中山正式任命蔣介石為陸軍軍官學校校長。當然當時共產國際駐中國代表鮑羅廷，對蔣介石的賞識，也是此項任命的重要關鍵。

孫中山於民國十四年（1925）3月12日去世，翌年民國十五年（1926）6月4日，蔣介石就任北伐總司令，7月9日國民革命軍在廣州誓師北伐。國民革命軍勢如破竹，不到10個月，便從珠江流域打到了長江流域；其間雖發生「清黨」、「寧漢分裂」等事件；兩年半不到，便打垮

號稱至少擁有80萬大軍的北洋政府，於民國十七（1928）12月29日，東北保安總司令張學良宣布「東北易幟」，北伐成功、統一全國。

「銀元時代」的結束

民國十六年（1927）4月18日中華民國定都南京後，便決定以國父孫中山像爲新國幣，先重鑄俗稱「孫小頭」的民國元年孫中山像「中華民國開國紀念幣」銀元（圖4-21），發行數量極大，形成南方用「孫小頭」，北方用「袁大頭」的現象。民國十七年（1928）底，北伐成功後乃訂孫小頭銀元爲國幣，宣布禁鑄袁大頭，但此時各地除使用孫小頭外，袁大頭亦可流通。

圖4-21　民國十六年（1927）「中華民國開國紀念幣」壹圓銀元。

民國十六年4月18日中華民國定都南京後，重鑄俗稱「孫小頭」的民國元年孫中山「中華民國開國紀念幣」銀元（見圖4-2），兩種銀元正、背面基上相同，最大的差別在背面上方，英文「MEMENTO」兩側，一爲六角星，一爲五角星；北伐成功後訂孫小頭銀元爲國幣，大量鑄造。（圖片來源：https://www.biddr.com/auctions/teutoburger/browse?a=1900&l=2068457）

其實北伐成功前後，國民政府曾數次以孫中山像設計新國幣，如「中華民國國民政府十六年造」孫中山像陵墓壹圓（圖4-22），「中華民國

從貨幣看近代中國之風雲變幻

圖4-22　民國十六年（公元1927）造孫中山陵墓壹圓銀元。
此幣由奧地利維也納造幣廠首席雕刻師Richard Placht（理查普拉希特）雕模，鑄樣
幣480枚，據說當時中山陵仍在建造中，普拉希特又從未到過現場，銀幣上的陵墓
與中山陵完全不符合，加上當局認為孫中山像，神態貌似德國元帥興登堡，最後此
設計未被採用。（圖片來源：https://www.sohu.com/a/427923451_120091738）

十八年」孫中山像三桅帆船壹元（圖4-23）等銀元，然最後均未被採用。
民國二十一年（1932）孫中山像三鳥壹圓銀元（圖4-24），是發行的第一
種「船洋」銀幣，俗稱「三鳥幣」；正面中央是孫中山側面頭像，上緣有
「中華民國二十一年」八字，背面是雙帆船放洋圖，兩邊有「壹圓」兩
字，帆船正上面有三隻高飛鳥，帆船的右側鑄海上日出和9條芒線。然此
幣正式發行不久後，有些人認為它的圖案似指日本旭日東升，三鳥似暗示
已被日本侵佔的東三省，像要飛走了，紛紛指摘不妥，當局遂迅速停鑄並
收回短命的三鳥幣，以遏止謠言。

　　經過審慎的策劃，民國二十二年（1933）3月10日中華民國政府發布
《廢兩改元令》，接著於4月5日頒布《銀本位幣鑄造條例》，「廢兩改
元」結束了中國近千年的銀兩制；同時由中央造幣廠統一鑄造國幣──孫
中山像背雙帆船銀元，俗稱「船洋」大量發行（圖4-25），當然這船洋國
幣上高飛的三隻鳥，與船右側的旭日都已被刪除。然船洋仍無法完全阻

圖4-23　民國十八年（1929）孫中山三桅帆船壹元銀元。

此幣上鑄「中華民國十八年」，背面為三桅帆船，「壹元」分列兩旁的設計方案，請美國、奧地利、義大利、英國及日本的國家造幣廠，雕刻模具送樣比稿，其中僅義大利版，於正面四點鐘方向有雕刻師「A.MOTTI.INC.（莫蒂）」的簽名，背後五點鐘方向鑄有羅馬造幣廠簡稱「R」字，義大利版樣幣，浮雕感強烈，栩栩如生。（圖片來源：https://media.stacksbowers.com/VirtualCatalogs/CatalogLibrary/SBP_May2020_HK_Coin_Catalog.pdf）

圖4-24　民國二十一年（1932）孫中山三鳥壹圓銀元。

此幣是發行的第一種「船洋」銀幣，俗稱「三鳥幣」，因背面圖案有爭議而回收停鑄。（圖片來源：https://www.pcgs.com/auctionprices/item/1932-1-lm-108-k-622-birds-over/116626/568200634848045481）

圖4-25　民國二十二年（1933）孫中山雙帆船銀元。
此幣俗稱「船洋」，取代孫小頭為新國幣，大量鑄行。（圖片來源：https://elsen.
bidinside.com/en/auc/6/auction-148/1/?f_display=1&f_order_by=ABS%28lotTitle%29&
f_order_dir=ASC&f_search_string=&f_search_lot=1235&f_rec_page=30）

止，魅力十足的袁大頭在民間流通[51]。

　　如果說袁大頭讓大清龍洋、外國銀元壽終正寢，「廢兩改元」即是讓以銀兩為貨幣的交易、計價、賦稅、收支等正式走入歷史，在統一貨幣上向前邁進一大步，為之後的「法幣」紙鈔發行先舖好了路。法幣為國家信用法定發行之紙鈔，如在第一章提及，它終結了中國實行近五百年的銀本位制，讓「白銀帝國」正式走進歷史，當然也代表著「銀元時代」的結束。

小結

　　光緒二十六年（1900）5月「大國協調」下的結果，就是八國聯軍一同出兵痛毆大清；宣統三年（1911）10月辛亥革命前，歐洲列強之間，至少存在三對矛盾：法德矛盾、俄奧矛盾和英德矛盾，但在辛亥革命時，充滿矛盾的列強卻在「大國協調」下，維持了「不軍事干涉、不借款支

51 彭慶綱：《珍罕中國古錢幣收藏—海外淘寶》，學研翻譯出有限公司，2022年3月，頁170。

援，嚴守中立」的基本共識，由於列強互相牽制，在新舊交替的動亂中，中國幸而沒有被瓜分。

然而民國建立後，不論是北洋政府各派系及地方軍閥，或是之後的南方中華民國政府，為了壯大自己、解決軍費財政支絀問題，都還是要依附列強為靠山，從五國銀行團的善後大借款，到西原借款，再到聯俄容共，幾乎沒有例外。列強在中國，也依各自勢力範圍，及利益的輸送與衝突，彼此展開競合關係。正如英國政治家本傑明·迪斯雷利（Benjamin Disraeli）曾經說過：

We have no permanent friends. We have no permanent enemies. We just have permanent interests.
（沒有永遠的朋友，沒有永遠的敵人，只有永恆的利益）

列強因中國積弱而橫行，但不同於其他國家或地區，中國有足夠的地理空間，讓列強在此盡情博弈。

回顧銀元時代，列強在中國的利益，不難發現，不論是新政府為了爭取列強的承認，概括承受了清朝所簽不平等條約的鉅額賠款及相關借款，到日元經濟圈計劃、金法郎案、白銀風潮等，竟多與中國仍實施銀本位制有關。貨幣本位制絕不是一個純粹的理論概念，而是與國民經濟、國家前途命運緊緊聯繫在一起，也與每一位百姓的日常生活息息相關。從晚清到民國二十四年（1935）法幣發行，包括民初梁啓超在內的幾次幣改，均無功而退，當年中國就是無法解脫銀本位制的束縛。

清末民初的貨幣問題錯綜複雜，除了幣制本身紊亂龐雜外，還有國際銀價長期走貶、大量借款、鉅額戰爭賠款等外因，國內政局動盪、對幣改懷疑抗拒、又不產金、金融體質不良等內因，最後幣制改革，總是以銀本位收場；但追根究底還是因為金融觀念落後、機制落後，金融法規基本是長期空白之故。

有人認為中國太大，若涉及任何制度問題，要改「很複雜、很難」，

相對於第三章提到的日本明治維新，包括一開始即著手的幣制、金融改革，就是因為日本小、問題單純，所以能成功；當深入研究不難發現，日本當時貨幣體系的紊亂程度，並不亞於同期的清朝，日本參照美國國家銀行法，制定了「國立銀行條例」，設立了153家國立銀行，及之後成立的日本銀行，國家大小應不是主要關鍵，能有效建立金融法規制度，才是關鍵中之關鍵。一如日本，民國二十四年（1935）的紙鈔法幣改革之前，國民政府建立實質的國家最高金融機構——中央銀行，改變了國家金融命脈長期掌握在他國手中的事實，實為幣改成功極其重要的一環。

紙幣：從抗戰英雄、內戰主凶，到遷臺保命符

紙幣之所以能成為通用貨幣，完全建立在「信用」上，沒信用的紙幣，就是廢紙一張。行用近五百年的銀本位制，為什麼是落後的表徵？紙鈔法幣是如何在抗戰前一舉改革成功？又何以稱是抗日經濟戰的英雄？然內戰繼起法幣迅速崩潰，為何成為中華民國失掉大陸的主凶？當年中共的紅色貨幣是如何發揮功能？國民政府退守臺灣，又為何說新臺幣是保命符？

本章共九個章節：

1. 孫中山的「錢幣革命」
2. 跳不出銀本位的手掌心
3. 紙鈔法幣的改革大業
4. 法幣，抗日經濟戰的中流砥柱
5. 淪陷區的貨幣
6. 「紅色貨幣」，為中共立下汗馬功勞
7. 戰後法幣崩潰，要命的「惡性通膨」
8. 「金圓券、銀圓券」，得不到信任、即變廢紙
9. 驚濤駭浪中的臺幣

先從孫中山「錢幣革命」導入，以紙鈔信用貨幣為聚焦，俯瞰探索對日抗戰到國共內戰，中華民國「成也法幣、敗也法幣」；於窮途末路，奮力一搏的金圓券、銀圓券，均一瀉千里，最終敗走臺灣，靠新臺幣浴火重生的艱辛歷程。

北宋仁宗天聖二年（1024），「交子」在益州（今四川）發行，它是中國也是世界最早的紙幣；北宋徽宗崇寧四年（1105），官方推行更名為「錢引」的紙幣，其流通地區更廣；金海陵王貞元二年（1154），發行紙幣「交鈔」，之後紙幣成為金國主要貨幣；南宋高宗紹興三十一年（1161），設會子務，發行「東南會子」，會子成為南宋主要貨幣之一。

　　元世祖忽必烈中統元年（1260）稱汗時，即大量印發「中統元寶交鈔」（圖5-1），建立元朝之後，幣制更以紙幣為主，長期、廣泛、大量地發行和流通，之後又印發「至元通行寶鈔」（圖5-2），中統鈔、至元鈔，一直行用到元末。明朝繼元朝之後，仍以紙幣為主要貨幣，於明太祖洪武八年（1375）開始正式發行「大明通行寶鈔」（圖5-3），大明寶鈔行用約一百年，至明弘治（1488～1505）以後幾乎完全廢止，是明朝發行的

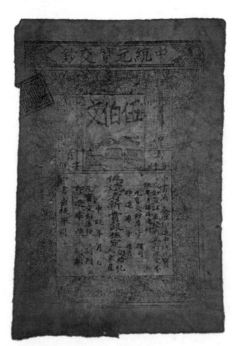

圖5-1　元世祖忽必烈「中統元寶交鈔」伍伯文。
中統元寶交鈔是現存最早古鈔，之前的均已佚失。（圖片來源：https://katzauction.com/lots?to_page=1&auction_id=43&lot_number=1160）

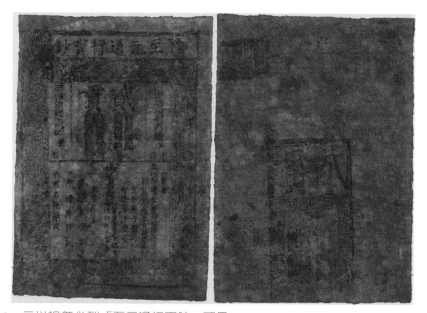

圖5-2　元世祖忽必烈「至元通行寶鈔」貳貫。

元朝紙幣流通廣泛，尤其是中統元寶交鈔與至元通行寶鈔，一直流通到元朝滅亡。
（圖片來源：https://auctions.taiseicoins.com/lots/view/4-CJMF8/china-bank-note-2-kuan-vg-）

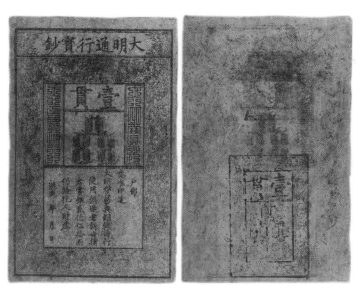

圖5-3　明太祖朱元璋「大明通行寶鈔」壹貫。

明太祖洪武八年（1375），正式發行壹貫、五百文、四百文、三百文、二百文、
一百文，六等「大明通行寶鈔」；洪武二十二年（1389），又續發行五十文、十
文小鈔，大明寶鈔為明朝發行的唯一紙幣，行用約一百年。（圖片來源：https://
zhuanlan.zhihu.com/p/434301451?utm_id=0）

唯一紙幣[1]。

　　自從紙鈔問世後，因不同於金屬貨幣，其本身不具價值，在交易效率決定貨幣價值的鐵律上，又加了另一條金科玉律——「信用」。如第一章提到，交鈔、寶鈔等紙幣，因大量發行成為政府斂財、剝削的工具，均成毫無價值，失信的「信用貨幣」。

　　清朝對紙幣的使用一開始還是相對保守的，在順治年間曾少量發行「鈔貫」，不久即徹底回收。咸豐三年（1853），在鑄咸豐大錢同時，分別發行了「大清寶鈔」（圖5-4）和「戶部官票」（圖5-5）；前者又稱「錢鈔」，以制錢為單位，共八種面值；後者又稱「銀票」，以銀兩為單位，共五種面值；兩者合稱「鈔票」，這也是鈔票之名的由來。但由於信

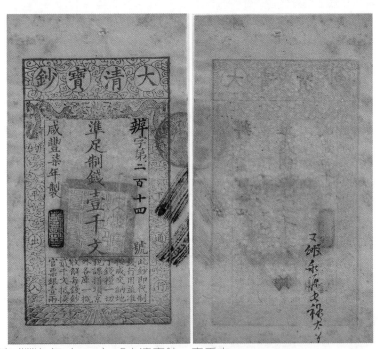

圖5-4　清咸豐七年（1857）「大清寶鈔」壹千文。
（圖片來源：http://shop.shouxi.com/store/item?item_id=6420）

---

[1]　戴志強編著：《錢幣鑒定》，吉林出版集團有限責任公司，2010年6月，頁202。

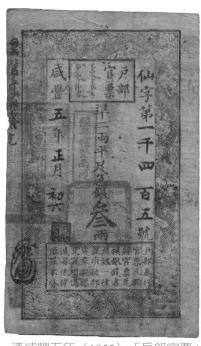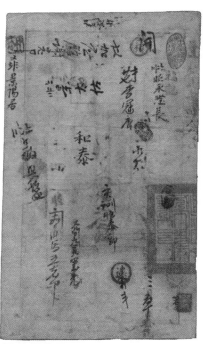

圖5-5　清咸豐五年（1855）「戶部官票」足色銀參兩。

（圖片來源：https://www.coincircuit.com/coin-Auction/auktionshaus-christoph-g%C3%A4rtner-gmbh-co-kg/9131396/lot-00345-china-banknoten）

譽不佳，各地抵制拒用咸豐鈔票，到同治元年（1862）便停止使用。

　　鴉片戰爭之後，於道光二十五年（1845）英國的麗如銀行（The Oriental Bank Corporation）在香港設立分行，成為第一家進入中國的外資銀行，之後外商銀行陸續在中國開設分行，長驅直入中國貨幣金融市場。清末光緒二十三年（1897），第一家中資商業銀行「中國通商銀行」成立，各省也紛紛成立官錢銀號，開始發行銀行兌換券、紙幣；民間的票號、銀號、錢莊，甚至當鋪也不落人後的發行錢票、銀票。

　　民國基本上概括承受了清末貨幣制度的一切亂象，紙幣亦為其中一環，從民國元年（1912），到民國二十四年（1935）底發行紙鈔法幣期間，本國銀行紙幣、銀票、匯票，外國銀行鈔票同時通行，五花八門、琳瑯滿目。

　　紙鈔法幣堪稱奇蹟地在抗戰前成功發行，結束了近五百年的銀本位幣

制，不但為八年全面抗戰打下了經濟基礎，更成為抗日經濟戰的中流砥柱；然抗戰勝利後不久內戰爆發，濫印濫發的法幣，導致惡性通膨，至民國三十七年（1948）8月19日廢除；國民政府以金圓券取代，但隨著國軍在軍事上全面潰敗，不久也成廢紙，之後又以銀圓券取代金圓券，同樣沒多久，幣值也一瀉千里。敗退遷臺的中華民國，幸好靠著新臺幣，在臺灣逐漸建立起信用，於驚濤駭浪中才得以浴火重生。

孫中山的「錢幣革命」

從晚清到民國，貨幣改革一直是重要議題，因為不論清廷、北洋政府、南方政府到國民政府，都深知許多財政、經濟、金融、社會上的問題究其源頭，都與紊亂、落後的幣制，有絕對的關聯。在幣改的思路上雖是交錯重疊，但大致上，於十九世紀末到二十世紀初多強調金本位制，宣統二年（1910）清亡前，到民國十六年（1927）國民政府定都南京，多提議的是金匯兌本位制，或先行銀本位制再過渡到金匯兌本位制，之後孫中山的貨幣思想逐漸成為新的指導方針，直到發行紙鈔法幣。

孫中山的貨幣思想散見於多處著作，其中最完整的論述，是於民國元年（1912）12月6日，孫中山向全國發布了〈倡議錢幣革命對抗沙俄侵略通電〉[2]，提出以「錢幣改革」對抗沙俄入侵的建議。孫中山認為，紙幣必然取代金銀，貨幣自古從布、帛、刀、貝發展到金、銀，再發展到紙幣，這是「天然之進化」，時勢所趨；孫中山提倡以「錢幣革命」方式，積極加速幣改進程。具體的作法，就是以法令制定紙鈔為通用貨幣，將現行之金銀貨幣，貶為貨物，只准向紙幣發行局兌換法定紙幣，不准在市面流行。

孫中山貨幣改革的目標，是「改革貨幣，革新貨幣制度，以謀國內經濟之進步」，提出之時，可謂是相當先進、前瞻的思想。後經孫中山本人，以錢論證「行之非艱，知之惟艱」的知行理論，朱執信的「貨幣價值

2 中國社會科學院近代史研究所：《孫中山全集》，第2卷，中華書局，頁544-547。

最後效用論」，主張發行不兌換紙幣，廖仲愷的「貨物本位論」，主張多種貨物作爲錢幣的本位，而以紙幣代表流通，及章太炎「紙幣保證論」等宣傳[3]；加上孫中山去世後被尊爲中華民國「國父」，其貨幣思考對北伐成功後的國民政府，在貨幣改革上產生了積極的啓發與指導作用。例如民國二十年（1931）11月的中國國民黨第四次全國代表大會，蔡元培、張繼等23人提議〈實現總理錢幣革命之遺教擇地試辦國幣代用券〉，又如民國二十四年（1935）11月的國民黨第五次全國代表大會，河南省黨部又提出了「實行錢幣革命，以救危亡」的議案[4]。孫中山提倡發行紙幣爲法定貨幣的先進思想，起了引領帶頭的突破作用。

跳不出銀本位的手掌心

十六世紀經濟全球化的前夕，白銀一躍成爲中國的硬通貨，然這一躍就躍了近五百年，市場主要流通貨幣，始終跳不出銀本位的手掌心。

十九世紀後半開始，金銀比價不斷跳動，國際銀價相對浮動率大，除了英國已早於1821年正式成爲金本位制，從1870年到1900年，世界主要國家紛紛加入金本位的國際金融遊戲規則，包括在第一章提到的後起之秀日本，亦於1897年，以清朝甲午戰敗，三年付清賠款共2億3千150萬兩（38,082,884英鎊），其中的部分賠款爲儲備金，在「貨幣法」下，也完成了金本位制的轉型[5]。

當各國貨幣的價值，取決於含金量或可兌換的黃金量的金本位制，遂讓於此之前，銀本位制或金銀複本位制時代，均爲主角的「銀」，頓時幾乎喪失了國際貨幣功能，相對於黃金，需求和價格大跌[6]。一戰爆發期

---

[3] 孟建華：《孫中山貨幣流通思想與實踐—紀念孫中山先生誕辰150週年（1866-2016年）》，第十一章，中國金融出版社，2018年6月。

[4] 戴建兵：〈孫中山貨幣思想及實踐評議〉，民革中央網站，2020年4月8日，http://www.minge.gov.cn/BIG5/n1/2020/0408/c415692-31666126.html。

[5] 大藏省編纂：《明治大正財政史（第13卷）通貨‧預金部資金》，財政經濟學會，1939年。

[6] 賴建誠：《梁啓超的經濟面向》，聯經出版事業公司，2002年3月，頁26。

間，國際金本位制雖處於「休克」狀態，一戰後，各國又先後恢復了金本位制，或「金塊本位制」和「金匯兌本位制」的非典型金本位制。

然1929年由美國開始的大蕭條（The Great Depression），引發了全球經濟危機，金塊本位制、金匯兌本位制，金本位制的貨幣體系，紛紛瓦解；取而代之的是「管理通貨制度」；此制度是中央銀行根據法律規定，管理貨幣數量的制度，與持有的黃金數量無關，貨幣的價值由國家的信用決定。在各自為政下，國際沒有統一的貨幣系統，而形成英鎊集團、美元集團、法郎集團、日元集團等「貨幣集團」，集團內部資金流通自由，但集團之間壁壘分明、收付嚴格，仍以黃金為結算手段。

銀本位制之所以是相對落後的貨幣制度，主要是
1. 先進的列強，都已放棄此幣制，將銀視為貨物，而非貨幣。
2. 國際白銀價格的波動，巨幅影響中國國內物價。

當時全世界少數銀本位制的國家中，為首的就是中國，從大趨勢看，國際白銀價格從1873年一路看貶，到1928年，貶值近50%；1929年大蕭條來襲，白銀價格急速下滑，到1934年美國推出白銀法案，銀價又爆漲，對一個大量舉外債借款，背負鉅額戰爭賠款，貿易入超額又龐大的國家，以銀償還的負債，變成一項惡性循環，永無翻身的沉重負擔。

中國「死忠」地擁抱銀本位制，使得民生物價，經由匯率，緊緊地和國際白銀價格繫在一起。國際白銀價格上漲，中國銀元購買力增加，相對地進出口商品，經匯率由外幣換成中國銀元後的價格下跌，在進出口佔比至少45.8%下的躉售物價指數（Wholesale Price Index, WPI），就跟著下跌；反之，國際白銀價格下跌，中國的進出口商品價格就會上漲，躉售物價指數也會上漲；研究數據顯示證明，在銀本位制下，1928年北伐成功後，到1934年間，上海、天津的躉售物價，與紐約的國際白銀價格，正是如此，呈現亦步亦趨的負相關係[7]。

---

[7] Tai-kuang Ho and Cheng-chung Lai: "*Silver Fetters? The Rise and Fall of Chinese Price Level under Fluctuating World Silver Price, 1928-34*", November 2012, https://apebh2013.files.wordpress.com/2013/02/ho-lai-textrv.pdf, p31.

白銀對世界其他各國不再是貨幣，只是貨物；然國際白銀價格對中國
卻是經濟問題的重點核心。中國與國際金融市場的高度整合，透過匯率，
國際白銀價格就能直接影響國內物價的波動；這也意謂著，銀本位制的中
國，欠缺有效控制白銀流入與流出的能力，隨著國際白銀價格大幅漲跌，
引發國內通貨緊縮或通貨膨脹[8]。而國際白銀價格，實際上掌控在列強手
中，非中國所能控制。民國銀行家張嘉璈就曾說過：

> 1935年貨幣改革的主要目的，就是要切斷國內物價與白銀價格之
> 間的關係。

紙鈔法幣的改革大業

貨幣改革的確是個棘手的難題，從晚清到民初，不少有識之士早已意
識到貨幣問題的嚴重性，清廷、北洋政府亦多次邀請國外貨幣專家協助幣
改，但最終仍選擇抱著銀本位貨幣制度不放，並不是不想改，但就是改不
了。

貨幣改革先期工程

民國十七年（1928）北伐成功後，國民政府下定決心開始逐步施行
貨幣改革，計劃主要由宋子文及孔祥熙先後負責推行。至少有三件主要
「先期工程」的完成，讓幣改最後水到渠成：

第一是「關稅自主」。關稅自主權是任何獨立主權國家所擁有的權
力，但道光二十二年（1842年）8月29日，清廷與英國簽訂的《南京條
約》，約定關稅由雙方協定，稱「協定關稅」，其後又由「片面最惠國待
遇」條款，其他列強亦自動取得協定關稅的權力，也就是說中國對進口貨
物的關稅權力被剝奪。

---

[8] 何泰寬：《銀腳鐐：銀本位對中國物價的影響與貨幣制度改革的難題》，清華大學計量財務金融學
系，http://homepage.ntu.edu.tw/~taikuangho/miscellaneous/PU.pdf，頁25-32。

於民國十七年（1928）6、7月，北伐近尾聲時，國民政府宣布建設新國家，發表《廢約宣言》，廢除一切不平等條約，與各國本平等互惠原則，改訂新約。7月25日，簽訂《中美關稅新約》，美國成為第一個同意中國關稅自主的國家，到民國十九年（1930）5月6日，和日本簽訂關稅自主條約為止，中國業已與歐洲所有主要國家締結類似新約，收回關稅自主權。自關稅自主開始，每年關稅收入大幅提高，至民國二十年（1931）已達3億8,600餘萬元，三年間幾乎成長了近三倍[9]。

以當時的處境，能取得如此成果，誠屬不易；此項成就是稅收改革重要的一環，不僅使海關稅率有所提高，增加了國家關稅的收入，也使政府在日後的幣制改革上，多了一把自家可用的利器。雖然同時進行的領事裁判權談判，到抗戰時才談出結果，有些學者，就用現在的眼光，以此來否定或酸言酸語「關稅自主」的說法，只能用心胸狹窄來形容。

第二是「廢兩改元」。北伐成功後，銀元和銀兩都是當時並行流通的貨幣，在日常生活及完糧納稅雖都已用銀元，但自晚清商業上大宗貿易，都要將銀元折合銀兩結算，這種「虛銀兩」作為記帳單位的複雜制度，如第一章提到，各省、各地、各港口虛銀兩所定的「平色標準」不統一，因此異地、異口岸匯兌需先折算平色，一直沿用到民國；例如專用於海關徵收關稅的關平（海關銀），每100兩等於105兩天津「津平行（化寶銀）」、104.681兩南京「漕平（二七寶銀）」、105.57兩漢口「洋例平（二八寶銀）」等[10]。銀兩、銀元兩者同屬銀制，但市場銀元仍有國內外多種品位，銀兩有不同平色，元兩比價（即洋厘）在市場上又變化無常，如此的貨幣制度，對工商發展，造成嚴重困擾與阻礙。

民國十七年（1928）召開的全國經濟與財政會議，即通過了《整理財政大綱案》，廢除銀兩、專用銀圓的統一幣制計劃，並決定於次年7月1日開始實施，但由於世界經濟危機的爆發，廢兩改元改革隨之延宕。

廢兩改元在於結束複雜且不一的秤量貨幣，走向簡便且統一的記數

[9] 崔國華：《抗日戰爭時期國民政府金融政策》，臺灣商務印書館，2004年1月1日，頁9。
[10] 維基百科：「平色」，https://zh.m.wikipedia.org/wiki/平色。

貨幣。終於在民國二十二年（1933）3月10日國民政府發布〈廢兩改元令〉，開始廢用銀兩、改用銀元，先在上海以規元（規元以標準銀用九八相除而得，又稱「九八規元」，標準銀之成分為0.935347，以九八除之，得0.916666，即規元銀一千兩中含純銀九百一十六又三分之二兩）7錢1分5厘折合1銀元的標準收付[11]，再以同樣標準推廣到其他地區，接著於4月5日頒布《銀本位幣鑄造條例》，中央造幣廠統一鑄造國幣「船洋」。

從貨幣金融的角度來看，廢兩改元除了上述讓記帳統一，交易方便，透過穩定貨幣系統，繁榮商貿外，其最大的意義，就是降低外國銀行對中國金融及外匯市場的支配權。廢兩改元後，白銀僅是一種貨物，不再具貨幣資格，要想取得貨幣資格，必須經過中央造幣廠的鑄造手續；失去貨幣發行權的外商銀行，再也無法一方面操控以白銀為貨幣的進口與外流，另一方面又實際是外匯市場的最大交易者，在中國金融及外匯市場上，總是擔任呼風喚雨的主宰角色[12]。

第三是建立「中央銀行」。清末民初幣制改革的困境很多，其中金融觀念落後、機制落後，絕對是關鍵要因。於1580年，世界最早的銀行，在義大利威尼斯誕生後，具近代意義的銀行，蓬勃興起；1694年英國成立了世界第一家中央銀行——英格蘭銀行（Bank of England），是締造日後「日不落大英帝國」的重要關鍵。至十九世紀中期後，各國紛紛成立中央銀行，日本從1873年～1879年間，仿效美國國家銀行法，共設立了153家國立銀行，於1882年日本更創設中央銀行——日本銀行，此舉成為日本明治維新成功的重要里程碑。銀行是金融體系的代表，列強資本主義向外擴展的先鋒。

一直到光緒二十三年（1897），清朝才成立第一家商業銀行——中國通商銀行（圖5-6），於清光緒三十一年（1905），成立國立銀行——

---

[11] 百度百科：「廢兩改元」，https://baike.baidu.hk/item/%E5%BB%A2%E5%85%A9%E6%94%B9%E5%85%83/7942006。

[12] 李宇平：〈中國經濟恐慌與廢兩改元〉，《國立臺灣師範大學歷史學報》第27期，中華民國88年6月，頁119-120。

「大清戶部銀行」，後改名爲「大清銀行」（圖5-7）。中華民國成立後，大清銀行改組爲「中國銀行」，之後仿效日本銀行制度，制定《中國銀行章程》，中國銀行成爲中華民國的國家銀行；袁世凱上臺後，又以中國銀行和交通銀行共同執行並承擔類似「中央銀行」職責；第四章提到的「京鈔風潮」，即是在這兩家銀行擠兌現銀，所引發的金融風暴。清末民初的本土金融體系，主要是各省的官錢銀號，民間私人的票號、銀號、錢莊、當鋪，雖有國立銀行，但國家的金融法規基本是長期空白。

圖5-6　清光緒二十四年（1898）「中國通商銀行」伍錢紙幣。
中國通商銀行，由四品京堂候補督辦鐵路總公司事務盛宣懷奏准清廷後，於光緒二十三年四月二十六日（1897年5月27日）在上海成立；是中國人自辦的第一家銀行。（圖片來源：https://www.lot-art.com/auction-lots/t-CHINA-EMPIRE-Imperial-Bank-of-China-5-Mace-1898-P-A39a-PMG-Very-Fine-20/50021-t_china-05.10.20-stack）

圖5-7　清宣統元年（1909）李鴻章像「大清銀行兌換券」伍圓紙幣。
光緒三十一年（1905），第一家國立銀行「大清戶部銀行」成立，翌年，清廷將戶部更名為度支部，光緒三十四年（1908），大清戶部銀行亦改稱「大清銀行」。宣統元年（1909），依《幣制則例》，印製了面額不等的「大清銀行兌換券」，以濟財政；宣統元年李鴻章已去世多年，以其像印於大清銀行兌換券上，足見他影響力之大，此券又稱「李鴻章像券」。（圖片來源：https://www.biddr.com/auctions/stacksbowers/browse?a=1980&l=2171535）

於民國十三年（1924）8月15日，在孫中山廣州中華民國時期，設立國家銀行，為「中央銀行」名稱之始，宋子文為第一任總裁。民國十六年（1927）10月25日，國民政府制訂《中央銀行條例》：

中央銀行為特許國家銀行，在國內為最高之金融機關，由國家集資經營之。

民國十七年（1928）10月6日北伐進入尾聲時，國民政府公布《中央銀行條例》，明訂中央銀行為國家銀行。民國二十四年（1935）3、4月，透過行政命令，以官股入股中國銀行及交通銀行，將兩家銀行改為國有，並一度增加包括中國農民銀行在內的四家銀行資金[13]，充實金融機構（表5-1）。

表5-1　國民政府從法規及入股、增資銀行方式，充實金融機構

時間	銀行	相關內容
民國二十三年（1934）5月	中央銀行	將「銀行之銀行」的中央銀行資本由2,000萬元，增至1億元，並規定商股總額不得超過40%。
民國二十四年（1935）3月	中國銀行	修正《中國銀行條約》，資本總額由2,500萬元，增至4000萬元，宋子文出任董事長，由江浙集團（一般稱「江浙財團」是清朝末年民國時期，中國最大的金融實業集團）宋漢章擔任總經理，官商各半。
民國二十四年（1935）4月	交通銀行	修正《交通銀行條例》，這家在清末本為贖回路權、自辦鐵路而創立，由李鴻章的侄子李經楚擔任第一任總理（總經理）的銀行，資本總額由1,000萬元，增至2,000萬元，官股60%，其餘40%為商股。
民國二十四年（1935）4月	中國農民銀行	將本由鴉片特稅下成立的鄂豫皖贛四省農民銀行，改組為中國農民銀行，1935年6月公布「中國農民銀行條例」，資本總額定為1,000萬元。

---

[13]百度百科：「四行二局」，https://baike.baidu.com/item/%E5%9B%9B%E8%A1%8C%E4%BA%8C%E5%B1%80/7941951。

時間	銀行	相關內容
民國二十四年（1935）5月23日	中央銀行	公布《中央銀行法》，建立了實質的國家最高金融機構。

民國二十四年（1935）5月23日，國民政府公布《中央銀行法》，建立了實質的國家最高金融機構。基本上在幣制改革前，也完成了集中紙幣發行權於國家銀行的幣制方針，為幣改創造了有利條件。

法幣發行上路

1928年白銀價格每盎司58分美元，1929年大蕭條來襲，白銀價格急速下滑，1930年每盎司跌到38美分，1932年下半年更重創下跌到25美分。美國西部主要產銀七州（猶他、愛達荷、亞利桑那、蒙大拿、內華達、科羅拉多和新墨西哥州）為拉抬銀價，由這些州選出的參議員，於1934年6月極力推動通過了《白銀收購法案》（Silver Purchase Act），其主要內容是：

授權美國財政部在國內外市場收購白銀，直到白銀價格達到每盎司1.29美元，或者財政部儲備的白銀價值達到了黃金儲備的1/3。

此後，國際白銀瞬間價格暴漲，中國銀元對美元匯率亦應聲大漲，中國白銀遭遇前所未有地大量外流，引發了1934年夏天至1935年的「白銀風潮」；結果造成物價下跌、通貨緊縮，社會經濟陷入嚴重恐慌。國民政府於1934年10月15日，祭出「資本管制」，對銀幣、銀錠出口分別課7.75%及10%的稅[14]，接著又於10月20日干預外匯市場，企圖壓低銀元國際匯率，然國際白銀價格仍節節攀升，1935年4月達到每盎司81美分。美國《白銀收購法案》的通過，成為推動法幣貨幣改革的臨門一腳，當時形

---

[14] 同註8，頁14-15。

成的共識就是——脫離銀本位。

宋子文認爲「幣制握財政之樞紐，與國民經濟最有關係」，早在民國十七年（1928）的全國經濟與財政會議上，提出過類似孫中山「錢幣革命」主張，集中紙幣發行權於國家銀行的幣制方針，只是時機尚未成熟。蔣介石在理念上向來贊同孫中山，「錢幣革命」思想當然也是其中一環；美國掀起的「白銀風潮」，中國陷於全面經濟衰退，促使蔣介石將幣制改革，和抵禦日本侵略、打擊共產黨、統一國內軍閥等，以政府財政、軍費籌措等角度，放在一起統籌思考，並決定加快腳步推動；民國二十四年（1935）9月，蔣介石就指出：

按照社會進化的趨勢，紙幣一定會取金銀本位而代之，成爲唯一的錢幣。

如果說袁大頭讓大清龍洋、外國銀元壽終正寢，「廢兩改元」即是大大降低了外國銀行對中國金融及外匯市場的支配權，同時讓以銀兩爲貨幣的交易、計價、賦稅、收支等正式走入歷史，在統一貨幣上向前邁進一大步，加上關稅自主、建立中央銀行等，這些措施均爲法幣紙鈔發行先鋪好了路。

國民政府決心實施貨幣改革，於民國二十四年（1935）11月4日頒布《財政部改革幣制令》，以中央、中國和交通三家銀行（後加入中國農民銀行），發行之鈔票爲國家信用法定貨幣，簡稱「法幣」（圖5-8）。法幣一元換銀元一元，同時訂1法幣等於英鎊1先令2.5便士匯價（此乃1930年～1934年外匯匯價的平均數），法幣初期與英鎊掛勾，在指定銀行可無限兌換。

其實當時英、美、日都有意爭取中國加入其貨幣集團[15]，日本就曾以

---

15 許哲瑋：《中國幣制改革國際因素之探討（1934-1936）》，國立政治大學歷史系碩士論文，民國102年7月19日，頁117-121。

圖5-8　民國二十四年（1935）「交通銀行」壹圓紙幣。
民國二十四年（1935）11月4日，發行鈔票之國家信用法定貨幣，簡稱「法幣」，
結束了中國近五百年的銀本位幣制。（圖片來源：https://www.auction-world.co/
library/item_13545.html）

「中日經濟提攜」、「信用放款」，威逼利誘國民政府加入日元體系，然
自從民國二十年（1931）日本發動九一八事變侵占東北，國民政府對日
本的野心早有戒心，從國家主權與民族大義上，幣制改革已不可能向日本
靠攏。英國一開始比較主動，並任命李茲羅斯爵士（Sir Frederick William
Leith-Ross）為中國財政顧問，當時財政部長孔祥熙本著「誰能對中國貨
幣改革提供貸款，中國的貨幣就釘住誰」的原則，遂在英國協助，及美國
《白銀收購法案》的推波助瀾下，法幣迅速發行上路；然而因為
1. 英國沒有能力大量購買中國白銀，作為法幣外匯儲備金。
2. 英國仍顧忌日本的態度，而延宕了對華貸款。
　　此刻美國對中國加入英鎊集團亦生不滿，於民國二十四年（1935）
12月9日，美國竟暫時停止在倫敦市場收購白銀，國際白銀價格遂立刻慘
跌，致中國白銀無法以合理價格出售，繼續換取英鎊作為外匯儲備金[16]。
這場英、美、日爭奪中國加入其貨幣集團的鏖戰，美國後來居上。
　　法幣發行後，於民國二十五年（1936）4月初，國民政府展開與美國
一系列的談判，同年5月18日雙方簽訂《中美白銀協定》，主要內容是美
國以當時市價，向中國購買7,500萬盎司白銀，售銀所得存於紐約的美國
銀行，以其中5,000萬盎司白銀為抵押，由美國聯邦儲備銀行提供2,000萬

[16] 每日頭條：〈民國法幣之殤㈠、㈡、㈢〉，2018年8月7日，https://kknews.cc/history/jbolkaq.html。

美元，作為法幣發行的外匯儲備[17]，以維持法幣100元等於美金30元的匯率。法幣不只與銀脫鉤，擺脫了世界銀價漲落的影響，同時與英鎊、美金掛鉤，尤其得到美國協助，創造雙贏，使得匯價穩定，有利於對外貿易發展和國際收支平衡。

「白銀國有化」，撐起法幣的信用

　　法幣的穩定，開始時是建築在充裕的白銀儲備上，而唯一的辦法就是「白銀國有化」，即是透過國家信用，強制收購民間舊有的銀兩、龍洋、銀元等銀本位貨幣，再以白銀本身或出售白銀兌換的外匯為法幣儲備金；當時規定法幣儲備金是發行總額的60%，其中白銀的最低限度要占發行總額的25%；國內完糧納稅及一切公私款項收付，均以法幣支付，違者沒收，以防止白銀偷漏。民國二十四年（1935）11月4日發行法幣，到民國二十六年（1937）7月7日全面抗戰之前，據統計「在白銀國有化方案之下，約共動員了5億盎司白銀」[18]；同一時間的一年半內，國民政府共出售約1.91億盎司的白銀，其中包括民國二十五年（1936）5月在倫敦出售的200萬盎司，總所得約1億美元，這筆鉅款，對當時法幣信用的支持與穩定，影響重大。有白銀撐腰的法幣逐漸建立信用，為社會大眾所接受，中國的貨幣制度也跟上了時代，開始具有了現代意義。

　　法幣改革是中國近代的一件大事，它的產生讓中國的貨幣邏輯，由以貴重金屬為擔保物的本位制貨幣，轉變到金匯兌本位制，以政府擔保的信用貨幣；簡單的說就是人民要信任政府，政府亦承諾保證人民拿著紙鈔就能買東西。改革前通貨緊縮、物價大幅不正常下跌現象消失，整體經濟穩定成長，出現繁榮景象。

　　今天我們從穩定金融政策，及準備抗戰的戰略角度來看，應對法幣改革的決策者與執行人員致上崇高敬意，而不是總以貪腐負面的眼光來否定

---

[17] 同註15，頁113。

[18] 朱嘉明：〈兩岸史話－從自由到壟斷〉，旺報，2012年5月4日，https://www.chinatimes.com/newspapers/20120504002021-260301。

國民政府當時的貢獻，或以政治立場負面的評價，把幣改醜化成當權者搜刮民財、與民爭利的一場掠奪。尤其宋子文、孔祥熙應用靈活的外交手婉，抵制擺脫了日本的干預，先搞定英國，成功上市紙幣，再以白銀折價出售的方式，說服美國理解並直接支持參與中國幣制改革，建立了實質現代貨幣系統。法幣統一了全國貨幣，加速中國「經濟共同體」的形成，結束了明朝中葉以來，近五百年的銀本位幣制，這是史無前例的，甚堪稱是「奇蹟」。

抗戰前「廢兩改元」及「法幣改革」，兩年內完成了不經過金本位制，直接廢除銀本位制，到信用貨幣紙鈔法幣的成功推出，對民國「黃金十年」（又稱「南京十年、十年建設、十年建國」，是指中華民國政府從1927年4月18日定都南京，到1937年11月20日遷都重慶，主要在全面對日抗戰前，一段罕有的短暫盛世，各方面建設發展被譽為「黃金十年」）貢獻巨大，更為後來的全面抗戰打下了經濟基礎[19]。

法幣，抗日經濟戰的中流砥柱

從民國二十六年（1937）7月7日起全面抗戰，到民國三十四年（1945）8月15日止日本無條件投降，艱困的八年抗戰，中國承受難以估計的重大損失；從現實經濟面看，戰爭就是燒錢，很快燒掉鉅額的錢，而在整個抗戰期間，國民政府賴以維持經濟的基礎，就是抗戰前剛完成改革的法幣；法幣無疑是中國對日本，軍事、外交戰以外的經濟戰，包括了貨幣戰、金融戰、貿易戰、物資戰的主力。雖然抗戰經濟艱難，但在英、美與國人支持下，法幣仍是抗戰全期的「硬貨幣」，不僅是政府的重要經濟武器，維持了當時財政的穩定，更加強大了後方建設，擔負起振興後方經濟的大任，實乃抗戰的中流砥柱，最後贏得勝利的幕後真英雄。

蔣介石在1939年曾說過：

[19] 朱嘉明：《1934年的白銀流出態勢是鴉片戰爭時所不及的，為過去5百餘年所未有。》，旺報，2012年4月28日，http://blog.udn.com/mobile/tel2366/6389830。

如果這次抗戰發生在幣制改革之前，那麼中國可能稍微提早敗亡或者也許忍辱求和。幸虧現在有法幣制度，由此形成良好的金融經濟秩序，能為長期抗戰打基礎。

　　儲備金是法幣信用的保證，民國二十六年（1937）6月30日，「七七事變」前夕，中國持有的外匯、黃金、白銀等，總計共3億7千9百萬元，其中外匯儲備金包括0.739億美元，0.92億美元的英鎊，和極少數的日元[20]。當日本「三月亡華」的夢想破碎時，也就是「長期抗戰」的開始；這場生死存亡之戰，國民政府「黃金十年」的經濟發展，加上幣制改革的成功，以「白銀國有化」累積的外匯，抗戰初期，在穩定財政、軍費支出等方面，有丘山之功（圖5-9）。

圖5-9　民國二十六年（1937）「中央銀行」伍圓紙幣。
民國二十六年（1937）7月7日，抗戰全面爆發，紙鈔法幣在抗戰前成功推出，不但為八年抗戰打下了經濟基礎，更成為抗日經濟戰的中流砥柱。（圖片來源：https://newmediamax.com.tw/article/1ilor2pvv3ad0.html）

　　但問題是接下來巨大的戰爭開銷，錢從那裡來？長期經濟戰怎麼打？如同蔣介石所言，在抗戰前完成幣制改革，幸虧統一了貨幣，也為長期抗戰打下基礎，然而仗繼續打下去，法幣紙鈔的信用怎麼維持？

---

[20] 同註19。

長期抗戰中維護法幣的信用

民國二十六年（1937）11月，日軍佔領上海，上海租界「孤島」形成，中外銀行包括國民政府銀行及金融組織，在「租界」的保護下營業，維護法幣1元= 英鎊1先令2.5便士=美元30分的信用匯率，幾乎無限制買賣外匯。日本因佔領區擴大，遂積極收兌法幣，或以走私物質方式換取法幣，再由上海匯市或黑市大量套購外匯[21]，企圖利用法幣打金融貨幣戰，以造成國民政府大量外匯儲備流失。道理很簡單，法幣若失去信用崩潰，必定造成金融大失序、社會大動盪、中央政府垮臺，中國自然喪失抗戰能力。

民國二十七年（1938）開始，國民政府頒布了一系列加強外匯管理及增加外匯的法規反制，例如《商人運貨出口及售結外匯辦法》、《限制攜運鈔票辦法》、《金類兌換法幣辦法》、《出口貨物應結外匯之種類及其辦法》、《出口貨物結匯領取匯價差額辦法》、《維護生產促進外銷辦法》、《鞏固金融辦法綱要》等；同時制定《取締敵偽鈔票辦法》、《私運法幣及其他禁運物品出口檢查辦法》、《日人偽造法幣對付辦法》、《限制私運黃金出口及運往淪陷區域辦法》等，防止法幣及其他結匯物資進入淪陷區，但成效有限。

就在抗戰邁入第三年，民國二十八年（1939）8月，國民政府已難以支撐法幣的穩定價位之際，德國於9月1日趁機侵佔波蘭，英國、法國、波蘭等國組成的「同盟國」（Allies of World War II），立即向德國宣戰，第二次世界大戰爆發，英鎊一度慘跌，美元也連帶下跌，歐洲各國實施外匯管制，法幣拜二戰爆發之賜止跌回升，1940年初，法幣對英鎊及美元的匯價分別上升了80%及50%，暫恢復以往信用。

若法幣崩潰、經濟戰敗，中國抗日戰爭必無法持續，日本必輕易佔領整個中國，實非英美所樂見。為維護法幣穩定，於民國二十八年（1939）10月二戰爆發後不久，在英國協助下，成立了「中英平準基金

---

[21] 維基百科：「法幣」，https://zh.m.wikipedia.org/zh-tw/法幣。

委員會」，委員會乘英鎊價低、熱錢回流，立即拋出法幣，買進總額達以往出售總額40%的420萬英鎊。於民國三十年（1941）4月，中美英締結「法幣安定基金協定」，由美國出資5,000萬美元，英國出資1,000萬英鎊，加上中方資金，合計1.1億美元，同年8月組成「中美英平準基金委員會」，此平準基金對法幣在日本全力破壞下，實施外匯審核制度、消除上海外匯黑市、建立大後方外匯市場及外匯管理等[22]，協助中國挺過抗戰中後期法幣的困境，發揮了一定程度的作用。

另外，隨著對日抗戰全面擴大，沿海沿江經濟較富庶地區相繼淪陷，國民政府財政經濟亦產生了重大變化。

1. 占總稅收90%的關稅、鹽稅及統稅（為課徵於特定貨品的貨物商品稅，因稅收方式視商品類型統一稅率徵收而得名）驟減，財政赤字大增至70%～80%+。

2. 糧價物價飛漲，1940年12月的物價，較1937年7月戰前，增漲了12倍[23]。

稅收銳減、財政赤字暴增、糧價物價猛漲，成為戰時經濟最嚴峻的問題，迫於需要，國民政府於民國三十年（1941）6月召開的全國財政會議，斷然決定各省田賦收歸中央，並改徵實物，同年7月23日公布施行《戰時各省田賦徵收實物暫行通則》。「田賦徵實」再加上「糧食徵購」、「糧食徵借」的「三徵」政策，讓政府得以掌握充分的糧食，這對後期抗戰的全局，至少有三項重大貢獻，應被充分肯定：

1. 讓重要戰略物資的軍糧來源，得到保證、供應不匱。

2. 以糧制價、穩定市場，進而安定民心。

3. 減緩為籌措軍費、彌補財政赤字，猛印鈔票的速度，有助於穩定及支持法幣在長期抗戰中的信用。

除了從抗戰初期的無限制買賣外匯，到中後期平準基金維持法定匯價、外匯管理審核，及三徵政策等，全力維護法幣的信用外，對內大量

---

[22] 楊雨青：〈中美英平準基金的運作與中國戰時外匯管理〉，《南京大學學報：哲學‧人文科學‧社會科學》，2010年10期，頁7-8。

[23] 同註9，頁48-50。

發行公債，也是另類的解方。據資料統計，從民國二十六年（1937）到三十四年（1945），國民政府直接或由銀行發行國內公債19次，包括「救國公債」、「軍需公債」、「同盟勝利公債」等，共計法幣223億元[24]。

太平洋戰爭爆發，有外援、差很大

在太平洋戰爭爆發之前，遠東經濟戰早已先行開打。民國二十六年（1937）「七七事變」之後，世界各國真正意識到日本野心之大，以美國為首，開始呼籲對日本進行經濟封鎖與制裁，這就是日本所稱的「ABCD包圍網」（ABCD encirclement）；ABCD指的是4個直接參加對日「經濟戰爭」的國家：美國（America）、英國（Britain）、中國（China）和荷蘭（Dutch）（表5-2）。日本80%左右的石油都是從美國進

表5-2 「ABCD包圍網」對日本之主要經濟封鎖與制裁

時間	相關內容
1939年7月	美國片面撕毀《美日通商航海條約》。
1940年7月26日	美國《對日鋼鐵輸出管理法》生效。
1940年9月	日本侵佔法國殖民地越南北部。
1940年9月27日	同時日本和德國、義大利簽署《德義日三國同盟條約》，成立軍事同盟——「軸心國」（Axis power）；隨後美國立即宣布廢鐵、潤滑油製造設備、石油等，一系列重要戰略物資對日輸出，需先經政府許可。
1941年7月	美國凍結日本在美資產。
1941年8月	美國對日全面石油禁運；接著英國也跟進凍結日本資產並廢除《英日通商航海條約》；日在江戶幕府鎖國時期，經荷蘭人傳入日本的西方學術、文化、技術總稱「蘭學」，向來與日本友好的荷蘭，也宣布凍結日本資產和石油出口。

[24] 張春廷：〈中國證券市場發展簡史（民國時期）〉，《證券市場導報》（深圳），2001年05期，頁50。

口，且平時石油儲備不到三年，戰時只有一年半，石油禁運對日本是一項最嚴重的打擊[25]。

日本因此展開與美國、英國的談判，英國方面提出三個條件：

1. 日軍撤出中國。
2. 廢除《德義日三國同盟條約》。
3. 不得承認蔣介石國民政府以外的中國政權。

美國也於1941年11月26日向日本提出類似的照會——《赫爾備忘錄》（Hull note）。科德爾‧赫爾（Cordell Hull）是當時美國國務卿，日本視此爲最後通牒，認爲談判已無法進行，戰爭已無法避免[26]；於1941年12月8日「偷襲珍珠港」，並執行早已制定的「南方作戰計劃」（主要目的是反經濟封鎖，奪取東南亞石油、橡膠、錫、鎳、鋁、米等重要戰略資源），同一時間，至少動用陸軍11個師36萬部隊，入侵英屬馬來亞、香港，菲律賓和荷屬印尼，美國隨即對日本宣戰，太平洋戰爭爆發，中華民國與美國也加入同盟國，從此二戰亦進入「同盟國」與「軸心國」，兩大陣營在歐亞非三大戰場，全面開戰的局面。

美國的被動參戰，有如一戰的歷史重演，不到半年光景，就改變了整個戰局。對中國而言，美國參戰意義重大，不但迫使日本從中國抽調大批軍隊到東南亞及太平洋戰場，緩解了軍事作戰壓力，同時中國不再是獨力抗日，開始得到較多的外援（圖5-10）。

外援大體可分爲財政金融援助、物資援助和軍事援助。抗戰前期，蘇聯相對提供較多的各種軍事物資援助，一般估計在2.5億美元左右，但隨二戰爆發，蘇聯已自顧不暇，援助也銳減，當然天下沒有白吃的午餐，中國也通過多項農礦產品，用以物易物的方式，逐年連本帶利償還給蘇聯。

七七事變後，以美國爲首的同盟國，主要先是提供了財政金融援助（表5-3）。美國財政專家，同時又在整個抗戰期間，擔任國民政府財政

[25] Cultureland：《世界歷史地圖》，麥盧寶全譯，楓樹林出版事業有限公司，2014年1月，頁116。
[26] 来栖三郎：《泡沫の三十五年》，中央公論新社，2007年，頁107-108。

圖5-10 民國三十年（1941）「中央銀行」壹佰圓紙幣。

抗戰前期「中美英平準基金委員會」，及「田賦徵實」、「糧食徵購」、「糧食徵借」的「三徵」政策等，對長期抗戰中維護法幣的信用，發揮了重要的作用；民國三十（1941）年12月，太平洋戰爭爆發，中國不再是獨力抗日，開始得到較多的外援，舒緩了國民政府在戰爭後期的巨大財政壓力，對抗戰後期法幣的穩定，貢獻卓著。（圖片來源：https://www.ebay.com/itm/384880035176）

表5-3 抗戰開始，美國提供的主要財政金融援助

時間	相關內容
1937年7月中旬	5,000萬美元黃金抵押貸款。
1938年12月15日	2,500萬美元「桐油借款」。
1940年3月7日	2,000萬美元「華錫借款」。
1940年10月22日	2,500萬美元「鎢砂借款」（鎢是一種質量、密度和硬度都極高的金屬，在軍工業中作用非常大，例如鎢芯穿甲彈則屬於穿甲彈的上品）。
1940年11月30日	1億美元信用借款。
1941年8月	5,000萬美元「中美英平準基金」。
1942年3月31日	5億美元借款協定。

*後四筆是宋子文為蔣介石駐美特使時主導成功的重要美援。

顧問的亞瑟‧恩‧楊格（Arthur N Young），在所著《抗戰外援：1937-1945年的外國援助與中日貨幣戰》（*China and the Helping Hand: 1937-1945*）一書中[27]，詳細記錄了國際社會在八年抗戰期間對中國的援助。美

---

[27] 亞瑟‧N.楊格：《抗戰外援：1937-1945年的外國援助與中日貨幣戰》，李雯雯譯，于杰校譯，四川人民出版社，2019年8月1日。

國總援助金額達到15.15億美元；此外，另有龐大的軍事物資支援，這些資金和物資，在某種程度上，舒緩了國民政府在戰爭後期的巨大財政壓力，對法幣也直接發揮了重要的穩定作用。

楊格對宋子文與孔祥熙民國二十四年（1935）負責推行的法幣改革，在其書中亦給予高度評價。法幣對八年抗戰最後勝利有曠世之功，其貢獻在於「國家經濟共同體」的形成，政府與人民因法幣而更緊密結合，故著名近代銀行家陳光甫曾說：

抗戰之成在於法幣，若無法幣，必更艱難。

淪陷區的貨幣

七七事變後，日本雖未能「三月亡華」，但在戰爭初期因雙方實力相差懸殊，日本11月拿下上海後，12月迅速佔領南京，翌年10月又先後攻下廣州、武漢等大城市，此時，包括早先就已經被日本控制的臺灣及東北地區，中國大半江山均已淪陷。

「中銀券」，日滿貨幣一元化

自民國二十年（1931）「九一八事變」，日本控制東北後，扶持一生曾當過三次皇帝的溥儀，並拉攏前清宗室及漢人將領，於1932年3月1日建立了「滿洲國」，定都於新京（今長春市），年號「大同」；兩年後改國號為「大滿洲帝國」，同時改元「康德」（「康」指康熙皇帝，「德」指清德宗光緒皇帝，意指溥儀是承繼清朝正統的皇帝）。

滿洲國對日本，不僅可作為進一步侵略中國的前進基地，更重要的是其天然資源極度匱乏，而鐵、煤、石油、林業、漁業等資源豐沛的東北，在「ABCD包圍網」的經濟封鎖與制裁下，簡直就是個「聚寶盆」，其戰略地位的重要性，甚可超過日本本土，所以日本是既用心且認真地推動與經營——「日滿一體」的殖民政策。

大批日本移民陸續遷入東北，派遣關東軍（日本派駐關東州的部隊而得名，與日本關東地區無關，關東州係指山海關以東，遼東半島普蘭店至貔子窩一線以南地區）駐守，及由日本都市計劃專家，參考法國巴黎改造規劃、英國「田園城市」與美國城市設計理論，建設新國都的《大新京都市計劃》，都是最好證明。

除此之外，日本對滿洲國從1933年～1936年的第一期經濟發展，投資總計11億6千萬日元，及以1937年～1941年為第二期的五年計劃，投資總計50億日元[28]，二戰中相對無戰事的滿洲國，在抗戰末期，其工業規模已躍居亞洲第一。

滿洲國建國不久，1932年3月15日，在日本關東軍策劃下，合併東三省官銀號、吉林永衡官銀號、黑龍江省官銀號和邊業銀行四行號，成立「滿洲國中央銀行」，之後陸續發行紙幣「滿洲國中央銀行兌換券」（簡稱「中銀券」）（圖5-11）及硬幣；同樣在「日滿貨幣一元化」的原則下，中銀券依附於日元，境內日元及朝鮮銀行券，以1:1固定比價，自由流通。

圖5-11 滿洲國大同元年（1932）「滿洲中央銀行」孔子像百圓紙幣。
1932年3月1日，滿洲國建國，年號「大同」，溥儀就任滿洲國執政，之後成立「滿洲中央銀行」，發行「滿洲國中央銀行兌換券」（簡稱「中銀券」）。此枚中銀券印有留長鬍子的孔子老年像，俗稱為「老人錢」或「老頭幣」。（圖片來源：滿洲國圓 - Wikiwand）

[28] 宮脇淳子：《這才是真實的滿洲史——中日滿糾纏不已的「東北」如何左右近代中國》（中文版），八旗文化出版社，2015年12月30日，頁226-227。

從「聯銀券、中儲券」的「偽幣戰」到「假鈔戰」

除了滿洲國外，在八年抗戰期間日本亦先後扶持了多個政權（表5-4）。

表5-4　抗戰期間日本先後扶持的政權

日本扶持的政權	期間	首都
冀東防共自治政府	1935年11月25日～1938年2月1日	先為通州，後遷唐山。
蒙古軍政府	1936年5月12日～1937年10月28日	德化。
察南自治政府	1937年9月4日～1939年9月1日	河北張家口。
晉北自治政府	1937年10月15日～1939年9月1日	山西大同。
蒙古聯盟自治政府	1937年10月28日～1939年9月1日	呼和浩特市，由蒙古軍政府更名而來。
中華民國臨時政府	1937年12月14日～1940年3月30日	北京；與冀東防共自治政府合併成立。
中華民國維新政府	1938年3月28日～1940年3月30日	南京。
蒙疆聯合自治政府	1939年9月1日～1945年8月19日	由「察南自治政府」和「晉北自治政府」與「蒙古聯盟自治政府」合併成立，首都河北張家口。
中華民國政府（即汪精衛南京國民政府）	1940年3月30日～1945年8月16日	由「中華民國維新政府」、「中華民國臨時政府」和「蒙疆聯合自治政府」合併成立，首都南京；「中華民國臨時政府」改組為「華北政務委員會」與「蒙疆聯合自治政府」仍保持一定的獨立性。

這些在日本扶持下的政權設立了諸多銀行，例如冀東防共自治政府的「冀東銀行」、中華民國臨時政府的「中國聯合準備銀行」、中華民維

新政府的「華興商業銀行」、蒙疆聯合自治政府的「蒙疆銀行」、汪精衛南京國民政府的「中央儲備銀行」等，通過這些銀行，在淪陷區大量發行貨幣。

如之前提過，抗戰初期，因法幣是當時唯一可購買外匯的貨幣，日本在淪陷區並未禁止法幣，而是採取「與其破壞法幣，不如利用法幣」的策略，一方面大量收兌法幣，另一方面主要通過利誘國人，走私日貨到大後方吸收法幣，然後再經由上海外匯市場及黑市，大量套購中國的外匯存底，大打「外匯戰」。之後因法幣漸貶、套匯不易，在民國二十八年（1939）前後，改變策略，開始強力推行淪陷區貨幣，如中國聯合準備銀行的「聯銀券」（圖5-12）、蒙疆銀行券的「蒙疆券」（圖5-13）、中央

圖5-12　民國二十七年（1938）「中國聯合準備銀行」壹圓紙幣。
由日本扶持的「中華民國臨時政府」，成立「中國聯合準備銀行」，發行「中國聯合準備銀行兌換券」，簡稱「聯銀券」；民國二十九年（1940）3月30月，中華民國臨時政府併入汪精衛南京國民政府，然後聯銀券繼續發行，抗日戰爭勝利後，國民政府以法幣對聯銀券1:5的比價收兌。（圖片來源：China Federal Reserve Bank of China 1 Dollar 1938 Pick J54a | Lot #26201 | Heritage Auctions）

圖5-13　民國三十三年（1944）「蒙疆銀行」拾圓紙幣。
由日本扶持的「蒙疆聯合自治政府」，以早先成立的「蒙疆銀行」為中央銀行，發行簡稱「蒙疆券」的紙幣，抗日戰爭勝利後，國民政府以法幣對蒙疆券1:2.5的比價收兌。（圖片來源：https://panlung.com.tw/auction-data?num=8767）

儲備銀行券的「中儲券」（圖5-14）等，並嚴禁使用法幣，以達到「以華治華」、「以戰養戰」、及取代法幣的戰略目的，打的是所謂的「僞幣戰」。

圖5-14　民國三十三年（1944）「中央儲備銀行」壹萬圓紙幣。
由日本扶持的汪精衛「中華民國政府」，成立「中央儲備銀行」，發行「中央儲備銀行兌換券」，簡稱「中儲券」；中儲券從民國三十年（1941）1月，是華東、華中和華南抗戰淪陷地區的主要流通貨幣；抗日戰爭勝利後，國民政府以法幣對中儲券1:200的比價收兌。（圖片來源：https://zh.m.wikipedia.org/zh-tw/%E4%B8%AD%E5%82%A8%E5%88%B8）

隨著戰事擴大，除了正面戰場上的搏鬥廝殺，以「貨幣戰」爲表象的實質「物資爭奪戰」，亦如火如荼地展開。尤其太平洋戰爭爆發後，日本在上海、香港套匯已經不可能，中日雙方進入持久戰，物資爭奪戰成爲勝負關鍵；日本在淪陷區一方面嚴禁法幣，使國民政府無法再以法幣，在淪陷區收購物資，另一方面又用僞幣從百姓手中換來的法幣，到大後方收購物資、哄抬物價。

同時，二戰中由納粹德國黨衛軍少校伯恩哈德・克魯格（Bernhard Krüger）負責，取名爲「伯恩哈德行動」（德語：Aktion Bernhard），僞造了幾可亂眞，價值高達1億326萬～3億的英鎊[29]，一時間大量僞造敵對國家貨幣，蔚爲風潮，中日雙方的「假鈔戰」也積極開打。

據曾在汪精衛政府任經濟顧問，官拜陸軍主計少將的岡田酉次，在其

29 維基百科：「伯恩哈德行動」，https://zh.wikipedia.org/wiki/%E4%BC%AF%E6%81%A9%E5%93%88%E5%BE%B7%E8%A1%8C%E5%8A%A8。

著作《日中戰爭裏方記》中回憶[30]：

日本每月至少製造假法幣200萬以上，1941年的偽造總額在25億左右。

又據幾年前日本公共電視臺NHK（日本放送協會）報導，日本軍部「登戶研究所」（位於日本神奈川縣川崎市明治大學生田校區，爲日本陸軍兵器行政本部下屬的第九技術研究所，抗戰期間是日軍對中國進行經濟戰的偽鈔印刷基地，也是日軍研究祕密武器的基地），就曾偽造法幣達40億元[31]。

國民政府也通過坐落在重慶市西北歌樂山下的「中美特種技術合作所」（Sino-American Special Technical Cooperative Organization），一般稱「中美合作所」，用「以假制假」的方式，印製聯銀券、中儲券等鈔票，搶購淪陷區物資運回大後方，同時擾亂日偽政權金融。

八年抗戰是民族大義之戰，除了在軍事戰場上，任何爲阻止日本侵略，勇敢犧牲、奉獻生命的事蹟，值得欽佩歌頌外；在隱形且鮮爲人知的經濟戰場上，艱苦卓絕地鞏固貨幣主權、保障物資供應、維護金融秩序等功勞，也應彰顯表揚。舉凡抗戰時抵禦外侮、可歌可泣的史實，無論敵前敵後、有形無形，政治信仰立場相同或不同，均應捐棄前嫌，致上最高敬意與肯定。

「臺灣銀行券」，現代化的動力基礎、日本化的具體表徵

清廷甲午戰敗，光緒二十一年（1895）簽訂馬關條約割讓臺灣，臺灣軍民激憤，自力自主發動了一場悲壯的全臺保衛戰──乙未戰爭，日軍最終以正規軍絕對優勢武力得勝，正式開始了五十年的殖民統治。1896

---

[30] 岡田酉次：《日中戰爭裏方記》，東洋経済新報社，1974年1月1日。

[31] NHK：〈陸軍の偽札製造拠点「登戶研究所」とは〉，2018年8月15日，https://www3.nhk.or.jp/news/special/senseki/article_14.html。

年，日本殖民統治的第二年，經國會通過第六十三號法律，一般稱「六三法」，准許臺灣總督府，發布與法律等同權限的「行政命令」，意即日本駐臺總督一人，集行政、立法、司法、軍事等大權於一身，此法為日本殖民統治的根本大法，有學者直稱此六三法「為一切惡法之所由來」[32]。

由於異族佔領，臺灣人普遍受到歧視，加上惡法打壓，1896年～1915年的二十年間，發生了包括林大北、李惟義、「獅虎貓抗日三猛」之稱的簡大獅、柯鐵虎、林少貓，及大豹社、北埔、林杞埔、土庫、苗栗、六甲、西來庵等，至少二十起以上的武裝抗日事件。之後，除了在1930年發生由賽德克族原住民發動的「霧社事件」（數年前賣座電影長片《賽德克‧巴萊》，即是以此事件為背景題材拍攝），抗日逐漸轉為非武裝形式的社會文化運動，但隨著戰爭的逼近，致使臺灣社會文化運動紛紛敗退，幾乎銷聲匿跡。

1897年3月，亦由國會通過《臺灣銀行法》，兩年半後，在第四任臺灣總督兒玉源太郎任內，於1899年9月26日，臺灣第一個現代化金融機構「臺灣銀行」開始營運，最初資本額500萬日圓，並發行官方通行貨幣──「臺灣銀行券」（圖5-15）。臺灣銀行券計有銀券、金券、改造券、甲券、乙券、臺灣印刷券，臺銀背書券等七類[33]。

被稱為日本歷史上最偉大軍師之一的兒玉源太郎，在臺灣總督任內，又身兼陸軍大臣、內務大臣、文部大臣等職，所以待在臺灣時間有限，實際政務負責人是民政長官後藤新平；此時期以「生物學的原則」，採取「科學的殖民政策」，有計劃地推動各項建設，被稱為「兒玉、後藤時代」。

此後臺灣經濟發展的最大特色，就是現代經濟體系建構的「現代化」，與日臺經濟關係強化的「日本化」[34]；其中與日本貨幣以1:1兌換的

第五章　紙幣：從抗戰英雄、內戰主凶，到遷臺保命符

---

[32] 李筱峰：《快讀臺灣史》，玉山社，2002年11月，頁45。

[33] 日本貨幣商協同組合：《日本貨幣カタログ（*THE CATALOG OF JAPANESE COINS AND BANK NOTES*）2017年版》，凸版印刷株式會社，頁253-256。

[34] 葉淑貞：〈日治時代臺灣經濟的發展〉，《臺灣銀行季刊》第60卷第4期，民國102年12月，頁224。

圖5-15　日本明治三十二年（1899）「臺灣銀行」壹圓銀券。
此券由「大日本帝國政府印刷局」代為承印，是第一枚在臺灣發行通用的紙幣。
（圖片來源：https://www.zmkm8.com/artdata-61555.html）

臺灣銀行券，可謂是現代化的動力基礎，日本化的具體表徵。縱使日本對臺灣的經濟發展進步提升是不可諱言的，但其本質仍是爲帝國服務的殖民統治。

　　七七事變後，臺灣總督府立即設立「國民精神總動員本部」，正式推動「皇民化」運動，隨著戰時行政展開，日式「愛國教育」體制的全面植入，全島六百萬人民也以殖民地的皇民身份，被迫捲入戰火。據日本官方資料統計，臺籍正規兵計80,433人，徵爲軍屬（文職及雇員）、軍伕計126,750人，總數共207,183人[35]，這還不包括許多以日本名字參軍的人，及「學徒兵」、「國民義勇隊」、「警防團」等，所以實際人數應不只這個數字。

---

[35] 維基百科：「臺籍日本兵」，https://zh.m.wikipedia.org/zh-tw/%E5%8F%B0%E7%B1%8D%E6%97%A5%E6%9C%AC%E5%85%B5。

之後太平洋戰爭爆發，不到半年光景，1942年6月的「中途島海戰」日軍慘敗，此後逐漸喪失戰場主動權。由於臺灣是日本南進的跳板、海運中繼站，重要經濟命脈所在地，擁有軍用機場、軍事設施、軍需工業如日本鋁株式會社高雄工場、第六海軍燃料廠等，隨著戰爭深入，戰局的轉變，臺灣也成為盟軍轟炸的主要目標。1943年11月25日的新竹空軍基地遭受空襲，正是夢魘的開始，尤其到1944年底，盟軍「雷伊泰島戰役」勝利後，主要由菲律賓出發的飛機，向臺灣實施無間斷轟炸，全島飽受空襲蹂躪。 好在盟軍「跳島戰術」（Island hopping），採取攻占菲律賓群島後，跳過臺灣，直接登陸琉球的作戰方案，這對臺灣而言，實乃不幸中之大幸。然空襲並未因此停止，直到1945年8月12日對嘉義飛行場、高雄驛，進行了最後一次轟炸，三天後，日本宣布無條件投降。

「紅色貨幣」，為中共立下汗馬功勞

民國三十八年（1949）以前，中國共產黨在不同紅色政權時期，發行的貨幣，大陸方面一般稱「紅色貨幣」，起於民國十五年（1926）5月湖南省衡山縣柴山洲特別區，「第一農民銀行」發行面值壹圓的布幣[36]，止於民國三十七年（1948）12月「中國人民銀行」發行第一套人民幣。依時間先後，紅色貨幣又區分為「蘇維埃幣」、「邊幣」、「區幣」三種類型，據統計有近400個發行機構，錢幣的材質有金幣、銀幣、銅幣、錫幣、紙幣、布幣等多種，計有500種以上貨幣，紙幣占九成以上。

「蘇維埃幣」，發行於中共所稱的「第一次國內革命戰爭時期」（1924年1月～1927年7月），及「第二次國內革命戰爭時期」（1927年8月～1937年7月），特別是民國二十年（1931）九一八事變之後，在蘇聯支持下，中國共產黨成立「中華蘇維埃共和國」（圖5-16），首都為江西省瑞金，其憲法主張「分離政權」，即「中國境內的少數民族應有民族自決的獨立建國權」，以江西中央為中心，建立了湘贛、湘鄂西、湘鄂

36 戴志強主編：《紙幣鑒藏》，印刷工業出版社，2011年8月，頁18。

圖5-16 民國二十三年（1934）「中華蘇維埃共和國國家銀行」壹圓紙幣。
民國二十年（1931）11月7日，中華蘇維埃共和國臨時中央政府，在江西中央蘇區
成立，主席毛澤東，定都瑞金，之後籌建「中華蘇維埃共和國國家銀行」，發行蘇
維埃紙幣。民國二十三年（1934年10月），國軍第五次「圍剿」成功，為擺脫國軍
的包圍追擊，紅軍退出中央蘇區，展開著名的「二萬五千里長征」。（圖片來源：
https://www.barnebys.co.uk/auctions/lot/china-communist-banks-chinese-soviet-republic-
bank-1-yuan-1934-b2j8mydp2f）

贛、閩浙贛、鄂豫皖、川陝、陝甘等蘇維埃政府，所屬控制區域稱為「蘇
區」，所發行的貨幣，多有「蘇維埃」三字。如民國二十年（1931）
「湘鄂西省蘇維埃政府」為保障紅軍供給和紅色政權建設，「湘鄂西省農
民銀行」於袁大頭正面右側打上了「蘇維埃」的戳記（圖5-17）在蘇區流
通使用此幣。

圖5-17 民國三年（1914）加字「蘇維埃」袁世凱壹圓銀元。
此類加字「蘇維埃」的特殊袁大頭，多數當年已經被國民政府沒收熔毀，存世量
不多但具歷史意義，如今喜愛收藏者眾多。（圖片來源：https://www.noble.com.au/
auctions/lot?lotno=1469&saleno=123&x=34&y=11）

「邊幣」亦稱「邊票」或「抗幣」，主要發行於八年抗戰，「國共第二次合作」時期的陝甘寧邊區、晉綏邊區、晉察冀邊區、晉冀魯豫邊區、山東、華中、華南、瓊崖等邊區，共產黨根據地。抗戰初期，這些根據地，以法幣爲流通貨，之後陸續建立了近四十家金融機構，形成了自己的金融體系，各自發行區域性貨幣（圖5-18）；例如中國人民銀行的三大奠基行之一，設在山東根據地的「北海銀行」，據統計民國二十七年～三十四年（1938～1945），就發行了100多種紙幣。因條件有限，當時的紅色貨幣多印刷簡單、材質粗糙，且發行量有限，通行通範圍多在小農生產的偏遠地區，邊幣主要在鞏固中共根據地物資不外流，保障紅軍供給和紅色政權運作。因地理位置與規模之限，邊幣從未被視爲抗戰貨幣戰的主角，基本上對整個抗戰金融戰的大局，影響相對有限。

圖5-18　民國三十一年（1942）「陝甘寧邊區銀行」壹百圓紙幣。
經過所謂的「二萬五千里長征」，民國二十四年（1935）10月中共到達陝北，將「中華蘇維埃共和國國家銀行」改爲「中華蘇維埃共和國國家銀行西北分行」，並將原先的「陝甘晉省蘇維埃銀行」併入西北分行；民國二十六年（1937）10月1日西北分行改名爲「陝甘寧邊區銀行」，總行設於延安。陝甘寧邊區銀行在中共紅色金融史上，素來享有承上啓下盛名，地位崇高。（圖片來源：http://www.macaodaily.com/html/2021-08/22/content_1538380.htm）

抗戰勝利後，國共內戰時期，除了幾個重要根據地的銀行，繼續發行貨幣，隨著共軍在軍事上的進展，中共在西北、華北、華東、東北、內蒙、中原、華南等地區，合併舊有銀行或成立了新的銀行（圖5-19、5-20）。這些銀行，發行了各種貨幣，直到民國三十七年（1948）11月18日，華北銀行、北海銀行與西北農民銀行，合併爲「中國人民銀行」，

圖5-19 民國三十六年（1947）「西北農民銀行」壹萬圓紙幣。

國共內戰時期，中共合併舊有銀行或成立了新的銀行，如東北的「東北銀行」、「嫩江省銀行」、「吉林省銀行」、「關東銀行」、「牡丹江實業銀行」和「合江銀行」；西北農民銀行與陝甘寧邊區銀行合併，統稱「西北農民銀行」；晉察冀邊區銀行總行和冀南銀行總行合併設立「華北銀行」；河南省寶豐縣成立「中州農民銀行」；淮南銀行、淮北地方銀號、江淮銀行、鹽阜銀行、淮海銀行五個地區性銀行合併組成「華中銀行」等，發行「區幣」。（圖片來源：中共百年紅鈔貨幣史（下））

圖5-20 民國三十七年（1948）「東北銀行」伍百圓紙幣。

「區幣」顯然在國共內戰期間，發揮了紅色貨幣穩定金融的功能，為日後建立的「中華人民共和國」，立下汗馬功勞。（圖片來源：中共百年紅鈔貨幣史（下））

12月1日，由中國人民銀行正式發行人民幣為止，這段時期中共發行的所謂「解放區貨幣」，統稱為「區幣」。各地的區幣及後來統一發行的人民幣，在國共內戰時期，顯然成功建立了貨幣信譽、充分發揮了貨幣功能、直接創造了有利戰局，因而間接導致國民政府發行的法幣、金圓券的全面信用崩潰，乃至丟掉整個中國大陸。

戰後法幣崩潰，要命的「惡性通膨」

　　大戰中紙鈔貨幣貶值，導致通貨膨脹是鐵律，例如一戰期間到戰後數年，德國的貨幣就貶值了千億倍，對、沒看錯是千億倍！1921年，紙鈔

從貨幣看近代中國之風雲變幻

馬克對美元的匯率還只是64:1，到了1923年11月劇貶至4.2105兆：1，一綑綑紙鈔馬克成為最「無價值」的東西；更何況是八年長期抗戰，中國面對的是，準備多年的世界級列強日本。如之前所提，整個抗戰期間，法幣大量發行，貶值的主因不外：

1. 戰爭軍費激增，同時國土喪失，關稅、鹽稅及統稅，三大主要稅收盡失，財政赤字大升。
2. 淪陷區、共產黨根據地等，相繼禁用法幣，各自發行貨幣，法幣流通區域大減，通膨相對大增。
3. 中日雙方持久的金融貨幣戰。

自民國二十九年（1940）起國民政府取消了無限制外匯買賣，加諸上述原因，法幣的價值於是開始一路下跌，抗戰勝利時，發行總額達5,569億元，比抗戰前增加近400倍；但重點是能否保持信用流通、購買東西？法幣直到抗戰勝利，貶值不少但始終未墜，仍具貨幣功能，是不爭的事實。

抗戰八年期間，法幣雖已有膨脹的徵兆，然其速度與抗戰勝利之後相比，簡直是「小巫見大巫」，有天壤之別，不是同一等級；民國三十七年（1948）8月廢除法幣時，其發行總額已高達604兆，較抗戰勝利時，短短三年，增加超過1,080倍[37]。戰後法幣的崩潰，釀成嚴重通貨膨脹，是中華民國失掉大陸的關鍵因素，問題是為何法幣在抗戰勝利後，倒塌的如此神速？歸納下來，至少有以下三點主因：

其一，國民政府離譜的中儲券兌換率。抗戰勝利本是國民政府，趁半壁江山收復、國際地位提升、民心士氣高昂，進而創造有利經濟局面，恢復經濟秩序的好時機。戰後復興，最主要的經濟任務之一就是完成接管淪陷區資產，合理轉換其貨幣為法幣。民國三十四年（1945）9月6日，國民政府即通令「收復區財政金融復員緊急措施綱要」，將收復區分為：京滬區、遼吉黑區、冀魯察熱區、晉豫綏區、鄂湘贛區、粵桂閩區，及臺灣

---

[37] 同註21。

區等七區。除臺灣地理環境特殊，仍行使臺灣銀行券外，其他六區，一律使用法幣；不久東北三省改爲九省，也因特殊的經濟環境，發行「東北九省流通券」。其中全國經濟精華地區，包括上海、南京、漢口等特別市，及江蘇、浙江、安徽、江西、湖北、廣東等南方多省在內，也就是京滬區、鄂湘贛區、粵桂閩區，原汪精衛南京國民政府的中儲券流通地區，乃重中之重。

根據曾任汪精衛政府要職的周佛海等人估算，法幣與中儲券兌換比值不應超過1:28，按當時物價比例計算，兌換率應是1:30～1:50。若依此數據，選擇一合理兌換率，國民政府定能快速恢復淪陷區經濟秩序，轉而增強壯大經濟實力；然而民國三十四年（1945）9月27日，時任行政院長的宋子文，竟讓財政部頒布《僞中央儲備銀行鈔票收換辦法》，規定兌換率爲1:200，並限期、限量兌換！當天《大公報》的社評，就有一句頗爲傳神且流傳甚廣的順口溜，來形容這個令人大失所望的措施：

想中央，盼中央，中央來了更遭殃。

本來抗戰勝利後物價指數、黃金價格、美元兌換價等紛紛回穩下跌，幾乎是一夕間形勢逆轉，全國物價上漲，淪陷區因被大後方的人用法幣撿便宜，大肆搶購，造成物資短缺，物價漲幅更是嚴重，承如《臺灣不教的中國現代史：蔣介石打贏了日本，怎麼一年不到就輸給毛澤東？》一書提到[38]：

財經專家宋子文先生，爲自己造了一個遠比中共更可怕的對手——惡性通貨膨脹。從此，惡性通膨就一直是懸在國民黨政府頭上的達摩克利斯之劍。

[38] 袁浩：《臺灣不教的中國現代史：蔣介石打贏了日本，怎麼一年不到就輸給毛澤東？》，大是文化有限公司，2015年12月1日。

同時，離譜的兌換率，導致許多淪陷區廣大群眾資產大幅縮水，甚至破產，政府在經濟精華地區信用掃地，由擁護政府到極度憎恨，致當地人心盡失！

　　其二，國民政府失敗的金融開放政策。有鑑於戰後經濟問題的重要，國民政府於民國三十四年（1945）11月26日，成立「最高經濟委員會」，由行政院長宋子文兼任委員長，決定經濟政策核心是「通過開放金融市場，穩定幣值，重建統一的經濟體系，恢復經濟活力」。

　　民國三十五年（1946）2月25日，國防最高委員會通過《開放外匯市場案》，3月4日，金融開放政策正式上路，法幣匯率隨市場供給自由浮動，首先中央銀行開放外匯市場，法幣與美元比價2020:1；3月8日，中央銀行開放買賣黃金，每條10兩售價法幣165萬元，中央銀行每天以明配和暗售的方式拋售，以控制市場黃金走向。

　　金融開放政策，用買賣外匯與黃金為平衡通貨、穩定市場價格的手段，最初數月黃金外匯價格基本平穩，部分法幣回籠；然而好景不常，到了6月26日，國共停戰有效期剛過，雙方即在中原地區（湖北、河南交界）開打，內戰也正式全面展開，而初步穩定下來的物價、再度飆升。同年8月19日，中央銀行不得不下調法幣與美元比價到3350:1。

　　民眾爭先恐後地將法幣換成美元、黃金保值，法幣對美元與黃金的匯率，幾乎是一日一跌到一日數跌的場景，物價狂漲的同時，中央銀行的美元、黃金儲備大幅縮水，外加流言四起、社會動盪不安。民國三十六年（1947）2月初，在上海爆發搶購黃金的狂潮——「黃金風潮」，2月4日已漲到每條法幣480萬元的黃金，短短幾天，到2月11日，每條黃金更狂升到730萬元，黑市更直逼1,000萬[39]；一時「物價如脫韁之馬，各地糧價飛升，平民叫苦連天」，此狂潮同時向其他城市迅速蔓延。2月16日，國防最高委員會通過《經濟緊急措施方案》，內容包括：「即日起禁止黃金買賣；禁止國外幣券在境內流通；加強金融業務管制」，「法幣與美元比

---

[39] 汪朝光：〈簡論1947年的黃金風潮〉，《中國經濟史研究》，1999年第4期，頁66-68。

價調為12,000比1」，「嚴格管制物價」等。這些緊急措施的推出，即是宣告宋子文以金融自由化、匯率市場化，期維持經濟穩定的開放政策，實行不到一年的時間，已徹底失敗，黃金風潮也使宋子文成為眾矢之的，不久就黯然下臺。

　　宋子文領導的國民政府經濟團隊，之所以敢於抗戰勝利後，推動金融開放政策，其底氣除了來自於十年前法幣改革成功，對日本八年艱困的金融貨幣戰，最後贏得勝利的信心之外，當時至少另有三大可仰仗的財政後盾——即「庫存黃金、美元和戰後接收物資」。之前提過，曾在國民政府擔任財政顧問，長達十六年之久的亞瑟‧恩‧楊格（Arthur N Young），其存放在美國史丹福大學的楊格檔案中披露，民國三十五年（1946）2月金融開放政策推出前夕，中央銀行仍擁有大量外匯儲備，8.3359億美元及568萬盎司黃金；此外，民國三十五年（1946）僅上海一地，戰後接收物資即達法幣6,698億元[40]；若加上其他各地戰後接收物資，聯合國的救濟物資、美國援助貸款及物資等，抗戰勝利後的民國三十四年～三十五年（1945～1946）裡，中華民國的國庫，可謂中國近數百年來最富有一的一段時間。

　　同樣是來自可信度極高的楊格檔案記載，一年後到了民國三十六年（1947）2月金融開放政策廢止時，外匯儲備只剩3.7987億美元及237萬盎司黃金，表示兩者在一年中分別減少了54%與58%[41]。雖然外匯儲備損失相當嚴重，但並未到外傳「完全敗光」的地步；然不論如何，當時身為行政院長的宋子文，對法幣的急速殞落，有不可推卸的重大責任（圖5-21）。

　　其三，中共成功的「糧本位」政策。當黃金一停售，物價立刻狂飆，既使換上在戰後接收東北時，以發行「東北九省流通券」有成的金融專家，張嘉璈為中央銀行總裁，亦無法挽救頹勢。沒有黃金支撐的法幣，

---

[40] Arthur Young Collection: Box 116, Hoover Archive, Stanford University, USA, January 1, and February 1, 1946。

[41] Arthur Young Collection: Box 116, Hoover Archive, Stanford University, USA, February 28, 1947。

圖5-21 民國三十六年（1947）「中央銀行」壹萬圓紙幣。
民國三十六年（1947）7月24日，美聯社電訊記錄，對歷年法幣100元的購買力，作了諷刺的比較：「1937年兩頭大牛，1938年一頭大牛一頭小牛，1939年一頭大牛，1940年一頭小牛，1941年一頭豬，1942年一條火腿，1943年一隻母雞，1944年半隻母雞，1945年一條魚，1946年一個蛋，1947年一隻煤球或三分之一根油條」；事實上，到民國三十七年（1948）只能買4粒大米。法幣的迅速崩潰，釀成嚴重通貨膨脹，是中華民國失掉大陸的關鍵因素。（圖片來源：https://en.numista.com/catalogue/note213779.html）

更得不到信任，民眾仍競相私囤物資、投機購買黃金、美鈔，嚴峻的通膨之下，於民國三十六年（1947）5月20日引發「反飢餓、反內戰」的反政府運動，在各大城市展開。同年6月，共軍從戰略防禦轉入戰略進攻，戰局也由拉鋸戰、開始逆轉；內戰續打、印鈔難停，法幣發行總額從民國三十六年（1947）初的3.5兆，至7月增至10兆以上[42]；12月10日，中央銀行發行法幣大鈔；行憲選舉後的新內閣，於民國三十七年（1948）5月20日，即決定廢止法幣，籌劃另一次貨幣改革；此刻的法幣因過度濫發，印刷成本就已經超過了低面額法幣本身的價值，信用幾乎喪失殆殆。

　　八年抗日戰爭，固然讓中共鹹魚翻身，整體實力與抗戰前，已不可同日而語，然其根據地多處於偏遠不富裕地區，論人力、物力、財力，與剛贏得抗戰勝利的國民黨政府相差甚遠，為什麼在三年多的國共內戰，中共財政經濟卻是越打越強？沒有黃金美元儲備，但其幣值卻相對穩定，大致都能發揮了貨幣功用？

　　有人說是蘇聯在背後大力支持，尤其是將日本關東軍在東北的物資，轉交中共第四野戰軍，起到了共軍崛起的「第一桶金」作用；也有人認為

---

[42] 李守孔：《中國現代史》，三民書局，1973年，頁159。

是隨著共軍軍事上勝利，控制地區擴大，繳獲了國軍大量物資，及暴力沒收充公富商、士紳、地主的財產，「以戰養戰」所致；這些說法，或有部分是事實，但絕非主因。理由很簡單，中共原來的根據地，及後來逐漸控制的廣大地區，如果沒有較高信用的「區幣」，穩住財政經濟，在這場雙方都是動員百萬至數百萬軍隊的超大型戰爭，中共會跟國民政府一樣，有再多的外援及打倒再多「土豪劣紳」，也填不滿戰爭軍費大增的無底洞，同樣會物價快速飛騰，控制區動盪失序現象也會不斷發生。

區幣與法幣最大的差別，就是區幣不能買賣金銀、外幣、股票等，只能兌換糧食與物資，即所謂的「糧本位」的貨幣政策，這種不與黃金外匯儲備掛勾，而與糧食及物資掛勾的特殊貨幣制度，同時與中共嚴格管控下的組織控制體系充分結合，在內戰亂世中，發揮了巨大經濟作用；能順利買到柴米油鹽醬醋茶、耕牛、火柴等的紙幣，才是一般老百姓最迫切需要且具信譽的「硬通貨」。

中共在各地的區幣發行中，有多少比例是先用來買「糧食物資儲備」？然後在糧食物資吃緊時，讓老百姓拿區幣，再以規定的平準價格有限換取，並沒有很確切的文獻統計資料。但可以確定的是，區幣的表現是相對穩定的，當時並未出現中共控制區大幅通貨膨脹的現象；區幣的成功不墜，就表示其對立面的法幣，一步步地走向失敗崩潰。

「金圓券、銀圓券」，得不到信任，即變廢紙

法幣已失去信用、急遽貶值，為挽救經濟危局，行憲選舉後，民國三十七年（1948）5月20日由翁文灝出任行政院長，王雲五為財政部長，新內閣決定實行幣制改革；7月29日，在浙江莫干山（山名來自春秋時期莫邪、干將夫婦，為吳王闔閭鑄劍於此的古代傳說）松月盧召開的「新經濟會議」，最後蔣介石拍板決定，發行「金圓券」取代法幣；8月19日總統頒布「財政經濟緊急處分令」，廢除法幣，同時公布《金圓券發行法》，正式發行金圓券，一般稱「八一九幣制改革」。相關法令主要內容

從貨幣看近代中國之風雲變幻

如下：

　　每金圓的含金量為0.22217克，發行總額定為20億元」、「金圓券一元折合法幣300萬元」、「禁止私人持有黃金（純金1市兩合金圓券200圓）、白銀（純銀1市兩合金圓券3圓）、銀幣（每枚合金圓券2圓）、外匯（美鈔每元合金圓券4圓），凡私人持有者，限於9月30日前收兌成金圓券，違者沒收。

　　金圓券發行不到一個月，中共立刻在軍事上發動總攤牌的三大戰役：遼西戰役（1948年9月12日～1948年11月2日）、徐蚌會戰（1948年11月6日～1949年1月10日）、平津會戰（1948年11月29～1949年1月31日），中共稱之為：遼瀋戰役、淮海戰役、平津戰役。原本停止金圓券收兌金銀、外匯的期限是民國三十七年（1948）9月底，因決戰開打，國民政府宣布延期，致金圓券信譽大失；又隨著三大戰役軍事上的全面潰敗，繼北京之後南京、上海等地紛紛失守，濫印濫發、超大幣值的金圓券也成廢紙（圖5-22），更造成「惡性通貨膨脹」。

圖5-22　民國三十八年（1949）「中央銀行」金圓券伍佰萬圓紙幣。
隨著國民政府在軍事上的全面潰敗，金圓券也一瀉千里，更造成惡性通貨膨脹。
（圖片來源：https://www.zmkm8.com/jingpin-38202.html）

　　已日落西山的國民政府，於民國三十八年（1949）7月4日，又在廣州頒布「改革幣制令」，發行銀圓券，恢復銀本位的銀元貨幣；宣布《銀圓及銀圓兌換券發行辦法》規定，「銀圓券1元兌銀元1元（含純銀23.493448克），可無限兌換」、「金圓券以五億元折合為銀圓券一元，

限於9月1日前收兌」，當然銀圓券也是無力回天（圖5-23），民國三十八年（1949）底隨國民政府在大陸完全垮臺，退守臺灣，民國近代紙鈔，也完全走入歷史。

圖5-23　民國三十八年（1949）「中央銀行」銀圓券拾圓紙幣。
銀圓券是「銀圓兌換券」的簡稱，是國民政府繼法幣、金圓券之後在大陸發行的最後一套紙幣，也是國民政府在貨幣金融上的最後一搏，當然銀圓券也是以慘敗收場。（圖片來源：https://kknews.cc/zh-hk/history/lqm9oyb.html）

　　這段金圓券、銀圓券崩潰的歷史，在家父彭濟濤先生回憶錄《皓月千里》中有這樣的實際描述[43]：

　　民國三十七年八月改革幣制，將法幣改為金圓券，以一元金圓券折合法幣三百萬。憶當時在徐州任上尉連長，月薪78元金圓券，折算約2,300多萬法幣，當時士氣為之一振，因為市面上紅金絲香煙已賣到120萬元法幣一包，一碗肉絲麵已賣到百萬元法幣，其餘就不必提了。

　　自幣值改革後，香煙不到一角一包，一碗麵也就幾分錢或一角錢一碗，即使是黃金亦不過是二十元金圓券一兩，以一個上尉可領78元的月薪，該多麼愉快、多麼富有。可是好景不長，不到月餘，通貨膨脹、經濟崩潰，金店休市，黃金買不到，其他物資也一樣無市，再過數月，金圓券滿天飛，不值一文錢。

　　迄民國三十八年七月，由金圓券改制銀圓券，一元銀圓券兌一元銀元，但老百姓只用銀元，不用銀元券，銀元券不久又變成廢紙。而

[43] 彭慶綱：《珍罕中國古錢幣收藏—海外淘寶》，學研出版翻譯社，2021年12月，頁37。

從貨幣看近代中國之風雲變幻

銀元又分龍洋和袁大頭，一個士兵發一元銀元，如果上級發袁大頭，軍中那班管錢的各級軍需，領到袁大頭後，就再換成龍洋，發給下級官兵，賺中間差價，因袁大頭較龍洋分量重、價值較高，當時一元袁大頭，可購豬肉10斤至12斤，可見袁大頭之實用。

驚濤駭浪中的臺幣

蔣介石何時決定退守臺灣？說法不一，但可以確定的是，在民國三十七年（1948）11月初遼西戰役失利，徐蚌會戰開打之時，京滬局勢緊張，已開始著手布局。12月1日由中國海關總稅務司航標船「海星號」，從上海中央銀行，將第一批2百萬4,459兩黃金，運往臺灣[44]；12月19日任命蔣經國為臺灣省國民黨黨部主任委員；首批722箱古文物，也從南京下關，由「中鼎艦」押送，於12月26日運到臺灣[45]；12月29日，由陳誠出任臺灣省政府主席。民國三十八年（1949）1月21日蔣介石下野，由李宗仁代理總統，前後數批黃金、白銀、銀元、外匯、文物等紛紛運往臺灣，開始為退路精心安排。

舊臺幣，無法擺脫沉淪的宿命

被日本努力打造成南進跳板、海運中繼站的臺灣，在太平洋戰爭後期，受盟軍無間斷轟炸近一年，全島已滿目瘡痍。民國三十四年（1945）8月15日，日本宣布無條件投降前夕，物價飛漲，臺灣的通貨膨脹已相當嚴重，當時一般人對「臺灣光復」，多抱持迎接的正面態度。

日本投降後，尚未被接管的臺灣銀行，除了持續現地加速加印已不敷使用的無號碼「臺灣印刷券」（又稱「現地刷」，戰爭末期1945年5月30日起，為避開盟軍轟炸，由在金瓜石廢礦坑下建立的地下工廠，以芭蕉葉纖維製為原料印鈔，為提升印鈔速度，未印號碼）外，分別於民國三十四

44 吳興鏞：《黃金檔案：國府黃金運臺一九四九年》，時英出版，2007年10月1日，附表一，頁xviii。
45 杭立武：《中華文物播遷記》，臺灣商務印書館，1983年2月二版，頁28。

年（1945）9月10日及9月15日，用飛行艇至少兩次，運送總金額約6億3千萬元的鈔票到臺灣[46]。據統計，臺灣銀行券在日本投降時，發行總額為14億3,319萬元，表示戰後僅這兩次空運來臺的紙幣，就占日本殖民統治臺灣五十年，所發行總額的44%，數量之大，令人咋舌！

　　時任臺灣總督府主計課長，後做過日本參議院議員、厚生大臣的日本近代政治家塩見俊二（しおみ しゅんじ），在其著作《秘録・終戰直後の臺湾：私の終戰日記》中[47]，詳述飛行艇於9月10日，從橫濱磯子起飛、降落淡水河上，因飛行艇上滿載紙幣，押運中自己沒有空位坐，長達十小時的飛行，只得坐臥在重達兩公噸的鈔票上。空運來臺的鈔票中，包括戰後大量已在日本發行的大面額「武尊千圓券」（圖5-24）。

圖5-24　1945年「日本銀行兌換券」千圓紙幣。
「日本武尊千圓券」公告發行日期雖是昭和17年（1942）4月20日，然實際開始使用是昭和20年（1945）8月17日，此時戰爭已結束。日本在還握有臺灣行政權的戰後過渡時期，曾大量空運此千圓大鈔到臺灣，在背面右側加蓋「株式會社臺灣銀行」，左側加蓋代表總經理的「頭取之印」（紅色圓形印章），以表示是臺灣銀行背書的鈔票，一般統稱「臺銀背書券」。此種經過背書的「臺灣武尊千圓券」，被用來大量搜刮米糧、民生物資等，送回日本。（圖片來源：https://m.xuite.net/blog/long11281128023/twblog/128727978）

　　民國三十四年（1945）10月25日中華民國國民政府正式接收臺灣，

46 曾令毅：〈「航空南進」與太平洋戰爭：淡水水上飛機場的設立與發展〉，《臺灣文獻》，卷63期2，2012年6月，頁178。

47 塩見俊二：《秘録・終戰直後の臺湾：私の終戰日記》，高知新聞社，昭和55年。

本來計劃由中央銀行在臺開設分行，發行「中央銀行臺灣流通券」，作為過渡時期貨幣，此計劃後來作罷，決定停止印製臺灣銀行券，但仍許繼續流通[48]。此時，臺灣銀行券發行總額已高達28億9,787萬日元，也就是說日本在還握有臺灣行政權，短短二個半月的過渡空檔期間，任其發行量爆增了14億6,468萬日元[49]，其中很大部分就是如前所述，由日本直接空運來臺的紙幣。據臺灣大學許介鱗教授，在《臺獨脈絡記》[50]一書中，指出這筆運來的巨額鈔票，主要目的是發給日籍軍警、公務員，「搜刮臺灣的米糧」後運回日本，因為戰後日本嚴重缺糧。

濫印濫發的臺灣銀行券仍持續流通於臺灣，直到民國三十五年（1946）5月20日，由「株式會社臺灣銀行」改組，並合併臺灣儲蓄銀行、日本三和銀行在臺支店組成新的「臺灣銀行」，5月22日發行「臺幣兌換券」，一般稱「舊臺幣」，於9月1日起至11月30日，等價1:1回收臺灣銀行券，三個月共收兌高達34億4,370餘萬元，另外尚有4億6,760餘萬元，存放在公家機關、社團等處，未完成收兌[51]。

將舊臺幣與當時在中國大陸法幣流通的地區隔離，就是為避開通膨的特別嘗試。然事與願違，此時全臺仍通貨膨脹、失業問題嚴重，糧食、民生物資極度匱乏；數月後，幾乎與上海等內地城市發生的「黃金風潮」同時，於1947年2月底在臺北爆發了不幸的「二二八事件」。此事件背後除了上述的經濟因素外，還有軍紀敗壞、官員貪污、省籍歧視、語言衝突等諸多原因；然近來越來越多研究指出，日本於交接臺灣前，放棄糧食配給管制，在無儲備金下，蓄意大量發行鈔票，用來搜刮米糧、民生物資等，至少在經濟層面上，對二二八事件需負相當責任。許介鱗教授在《臺獨脈絡記》一書的第四章「二二八事變因日本掠奪臺灣米糧」中就直指，戰後日本利用鉅額的臺灣銀行券，其中包括大量臺銀背書券，大肆搜刮米糧、

（side）第五章 紙幣：從抗戰英雄、內戰主凶，到遷臺保命符

劉政杰：〈舊臺幣的故事〉，《臺灣文獻》別冊3，國史館臺灣文獻館，2002年12月31日，頁60-64。
[49] 袁穎生：《臺灣光復前貨幣史述》，國史館臺灣文獻館，2001年，頁304～307、321～323。
[50] 許介鱗：《臺獨脈絡記》，人間出版社，2019年7月29日。
[51] 黃亨俊：〈臺灣銀行舊臺幣發行史〉，《國家圖書館館刊》，九十一年第二期，2002年12月，頁99。

物資，運回日本的行為，造成臺灣「米荒及通貨膨脹」，是導致二二八事件的最主要原因；這種說法，有待更多、更有力的史料證據，來釐清背後真相。

　　二二八事件時，宋子文戰後推動的金融開放政策，已宣告徹底失敗，之後國共內戰更劇，戰局開始逆轉對國府不利，法幣快速貶值，臺灣的物資被強徵支援戰事，連帶舊臺幣也大幅貶值、通膨嚴重。舊臺幣發行之初只有壹圓、伍圓、拾圓的鈔券，數月後，在回收臺灣銀行券同時，又印發了伍拾圓與壹佰圓的鈔券，一年半後，由於上海中央印制廠為全面趕印迅速貶值的法幣，無法同時再印舊臺幣，故從民國三十七年（1948）2月開始，改由臺灣銀行第一印刷廠，自行印製、發行面額越來越大的伍佰圓、壹仟圓大鈔。

　　民國三十七年（1948）8月19日的「八一九幣制改革」，國民政府發行金圓券取代法幣，臺灣雖未列為流通地區，但將金圓券與舊臺幣的匯率訂為1:1,835。有學者認為，在固定匯率之下，因預期舊臺幣兌金圓券將升值，大量熱錢從上海湧入臺灣套匯，對貨幣發行產生壓力，雖然兩個月後就恢復了機動調整，但已造成舊臺幣之後隨金圓券，又一波大貶值的主因之一。

　　由於國軍全面潰敗，金圓券亦步上法幣後塵、急速雪崩，造成惡性通膨，大陸各省游資、人民，還有軍隊、公務員等，尤其在民國三十八年（1949）開始大量湧入臺灣地區，使物價飛騰，又為墊付各項軍政、行政等龐大費用，從民國三十七年（1948）5月到民國三十八年（1949）5月，一年間更大量印製特高面額壹萬圓舊臺幣（圖5-25），及伍仟圓、壹萬圓、拾萬圓、壹佰萬圓臺灣銀行本票。至民國三十八年（1949）6月14日止，舊臺幣發行總額527,033,734,425元，已是民國三十五年（1946）底二二八事件前夕的104.7倍，發行僅一年多的臺灣銀行本票，至6月14日止，發行總額更高1,213,580,535,000元[52]，遠超過舊臺幣的發行總額；至此，舊臺灣紙鈔發行量已失控，完全失去貨幣功能，民眾苦不堪言！

---

[52] 同註51，頁100。

圖5-25　民國三十八年（1949）「臺灣銀行」臺幣壹萬圓紙幣。
此大額舊臺幣發行於民國三十八年（1949）5月17日；到了5月底，臺灣米價漲已到每百斤160萬元至170萬元，肉每斤7萬5千元，鴨蛋每顆5,000元。如同在大陸造成惡性通膨的金圓券，舊臺灣紙鈔發行量已失控，完全失去貨幣功能。（圖片來源：https://zh.m.wikipedia.org/wiki/%E8%88%8A%E8%87%BA%E5%B9%A3#/media/File:TaiwanP1945-10000Yuan-1949_b.jpg）

新臺幣，起死回生的保命符

　　民國三十八年（1949）5月底上海失守以前，為避免落入中共之手，多批黃金已經陸續運抵臺灣，當時到底有多少黃金渡過臺灣海峽？各方說法不一，但一般估計約是3～5百萬兩（112～187公噸）。為挽救瀕臨崩潰的舊臺幣，恢復經濟秩序，解決惡性通貨膨脹問題，國民政府決定由臺灣省政府推動幣制改革，以運臺黃金中的80萬兩作為準備金，發行新貨幣稱「新臺幣」（圖5-26），或僅簡稱為「臺幣」；於民國三十八年（1949）6月15日公布《臺灣省幣制改革方案》與《新臺幣發行辦法》，其要點如下：

1. 照中央指示臺銀發行新臺幣總額2億元（折合美金4,000萬元）。
2. 新臺幣以美金為計算單位。
3. 新臺幣對美金之匯率以新臺幣5元折合美金1元。
4. 新臺幣對舊臺幣折合率定為舊臺幣4萬元折合新臺幣1元。

　　其實到底有多少黃金、白銀、銀元、外匯運抵臺灣並不重要，重要的是有這些貴金屬及外匯為儲備金，讓「最高限額發行制」的新臺幣有了「信用」，沒有步上法幣、金圓券及後來銀圓券崩潰的後塵，逐漸成功壓制了惡性通膨、改善了搶購囤貨風潮，物價不再飛騰、農工生產也逐步恢復，穩住了大局。

圖5-26　民國三十八年（1949）「臺灣銀行」拾圓紙幣。

第一套直式新臺幣於民國三十八年（1949）6月15日，由位於總統府內的臺灣銀行第一印刷廠，開始印製發行。新臺幣沒有步上法幣、金圓券及後來銀圓券崩潰的後塵，逐漸成功壓制了惡性通膨，最終沒向下沉淪，穩住了國民政府遷臺後的大局。（圖片來源：https://zh.m.wikipedia.org/wiki/%E7%AC%AC%E4%B8%80%E5%A5%97%E7%9B%B4%E5%BC%8F%E6%96%B0%E8%87%BA%E5%B9%A3）

　　沒錯，國府是敗退來臺，一時湧進臺灣一、兩百萬軍民，但別忘了，就在新臺幣發行後的一個多月後，1949年8月5日，美國國務院發表《美國與中國的關係：注重1944年至1949年間》（*United States Relations with China: With Special Reference to the Period 1944-1949*），一般稱《中美關係白皮書》（The China White Paper），總共1,054頁，約一百多萬字，最重要的是白皮書明確表明：

　　美國退出國共內戰，不再援助國府。

　　隔年1950年1月5日美國總統杜魯門，再發表「不介入臺灣海峽爭

端」聲明，並宣布撤僑，次日英國也正式宣布與中華人民共和國建立外交關係，設想如果沒有新臺幣及時發揮貨幣功能，有效壓制通膨、社會金融趨穩，如果沒有百萬敗退來臺的軍民誓死保衛，在美國再明白不過的「袖手旁觀」政策下，如何讓臺灣免於戰火的生靈塗炭？又如何讓臺灣結合成「反共復國」的生命共同體、免於被「解放」？

新臺幣發行之時，對臺灣而言，用「危如累卵、千鈞一髮」來形容，也絕不爲過：美國中央情報局研判國府撐不了多久，臺灣至多一年即將不保，故有「袖手旁觀」政策的出臺。可臺灣竟奇蹟似的沒被「赤化」，一般咸認定是民國三十九年（1950）6月25日韓戰爆發，美國因此提高對臺灣戰略價值的重視，才救了臺灣。

近年隨著美國當年決策檔案的開放，事實似乎並非如此簡單，在《韓戰救臺灣？解讀美國對臺政策》一書的內容介紹中指出[53]，韓戰後期，臺灣內部的局勢穩定，讓本來被認爲行將「壽終正寢」的國民政府，逐漸在美國決策者心目中，從負債變成資產，才轉而改變不介入的袖手旁觀政策，全力支援以「反共抗俄」爲職志的蔣介石，圍堵共產黨的擴張。

雖有儲備金的新臺幣，發行之後一年之內對美元即貶了一倍，到10元換1美元：金門古寧頭戰役、海南島與舟山群島撤退等大量軍費開銷，迫使政府「祕密」再開印鈔機，加印了五千萬元新臺幣[54]；中華民國敗退來臺的前兩年，這段被美國「拋棄」、很可能被中共「解放」的驚濤駭浪期間，新臺幣最終沒向下沉淪，正是中華民國能起死回生的保命符。

在國民政府敗退來臺之初，軍政、行政等各項開銷之大，大陸運到臺灣的黃金、白銀、銀元、外匯消耗之快，可想而知。韓戰爆發，自民國四十年（1951），美援物資開始源源運抵臺灣，加上臺灣三階段的土地改革：「三七五減租」、「公地放領」、「耕者有其田」有成，民國四十三年（1954）12月2日，中華民國與美國簽定《中美共同防禦條約》

53 張淑雅：《韓戰救臺灣？解讀美國對臺政策》，衛城出版，2011年10月6日。
54 任治平，汪士淳，陳穎：《這一生：我的父親任顯群》，寶瓶文化，2011年9月1日，頁193-194。

（Sino-American Mutual Defense Treaty），在臺灣渡過了最艱難的五年。然不可諱言，起於民國四十年（1951）迄於民國五十四年（1965），這十五年間，平均每年約一億美元的美援，不僅平衡了當時國民政府財政赤字，讓新臺幣更趨穩定，促進了臺灣整體經濟成長，對日後的臺灣經濟起飛，有不可抹滅之功。

小結

從北宋仁宗天聖二年（1024）「交子」在四川誕生，相較於西方國家，中國在使用紙幣上至少「先進」了數百年；瑞典在1661年，美國在1690年，法國在1716年，俄國在1768年，英國在1797年，德國在1806年，才開始使用紙幣。然而先進並不代表成功，關鍵仍在於相關配套制度與法令，宋、元、明三朝使用紙幣的最後結果，都是大失民信、大幅貶值，以失敗收場。

明中葉以來，銀兩及後來的龍洋、銀元，順勢成為主要貨幣，紙類貨幣包括本國鈔票、外銀紙幣、銀行兌換券外，銀票、錢票等尤其在清末民初多有使用，但並非市場主幣，直到民國二十四年（1935）紙鈔法幣的發行。紙鈔本身的價值，遠遠不如其貨幣價值，由政府「信用擔保」發行並強制使用，而產生了交易、計價、儲存、支付等貨幣職能。

在法幣發行後的十五年間，中華民國歷經了八年抗戰、四年內戰，最終敗走臺灣，此處以註明時間、地點、服務單位的方式，摘錄家父回憶錄中記載，那段艱辛日子裡的親身經歷[55]：

1. 民國二十六年（1937）10月，湖南省臨湘縣柳林鄉雙港嘴，當時15歲：「日寇大隊人馬全副武裝，沿距本村約十里路之村莊燒起，見村放火、無一倖免，唯一石柳家有數戶未被焚燒，是因他們擺設美酒食物，及跪地求饒之故；燒至本村約上午十一時許，全村聞息、如法泡製，日寇不但不加體會，反將所置物品，腳踹遍地，哀求無用，只見

[55] 彭濟濤：《皓月千里》，自行刊印，2012年5月，頁33-103。

日寇獸性大發，四處放火燃燒，大光沖入雲霄，片刻成灰燼」。

2. 民國三十一年（1942）1月，湖南長沙入伍生團第二營第六連（團址在長沙岳麓山下的湖南大學）：「日寇在民國三十一年一月三次進犯長沙，迄此本團已訓練六月有餘，奉命擔任湘潭警戒，臘月大雪紛飛，寒風刀削、冰冷已極，是夜見對岸易俗河街口戰起，烽火滿天、槍炮隆隆」。

3. 民國三十一年（1942）秋天，湖南武崗陸軍軍官學校第二分校學生：「時任伙食委員，除了負責每日早晨六時，同炊事去荣市場採購外，還要為同學購買草鞋，每雙一兩分錢；武崗城的草鞋，有用稻草編織的，有用筍殼編織的，也有用麻及廢布編織的，但同學們買不起，如果見軍官穿了一雙麻或廢布編織的草鞋，真是羨慕之至」。

4. 民國三十二年（1943）12月20日，軍官學校畢業授少尉階：「當時一個少尉軍官，月薪約法幣五十元」。

5. 民國三十四年（1945）8月14日零時左右，任湖南省大庸縣沅永師管區第一團第一營營部中尉：「有人收到無線電廣播，日寇無條件的投降了。在大庸縣是縣政府最早發布日寇投降訊息，我們知道此消息後，真是雀躍、狂奔、亂跳，乃致鳴爆、鳴槍，以示慶祝，尤以城中商店，爆竹喧天、鑼鼓齊鳴，寺廟鐘鼓聲大作，一片歡欣鼓舞」。

6. 民國三十五年（1946）春節：「抗戰勝利，每位軍官發給差旅費及抗戰勝利獎金，尉官二萬五千元，一元合法幣三元」。

7. 民國三十六年（1947）4月22日，時任七十二師第一團第一營營附兼行政官，駐守山東泰安城：「半夜十一二時左右，砲聲密集、彈如雨下，此起彼落，聲不絕於耳，此際守南門外的連已與共軍接觸，槍聲、手榴彈聲，逐屋爭奪，該連傷亡慘重，已不能支，奉命撤至城內，共軍逐步接近，及至城垛附近，共軍強烈砲火掩護，城牆被轟，多處開口，共軍利用雲梯、蜂湧而上，守城戰士殺退數次，在南門共軍並未攻破城池，遂集中大砲火力，猛攻東門，城牆被大砲轟垮一小段，共軍衝入城內，銳不可當」。

8. 民國三十七年（1948）1月，山東兗州：「中尉所發薪餉，每月約五六百萬法幣，鈔面已達萬元、五萬元，領一次薪餉，身邊無處可藏」。

9. 民國三十七年（1948）10月，時任江蘇省徐州剿共總部訓練總隊第二團第一營第一連連附：「徐州吃緊，本總隊乃訓練新兵的幹部，乏戰鬥力量，於是在最緊張的前夕，本團乘最後一班運輸火車經一夜直達浦口。當出發時，徐州車站人山人海，人心惶惶、秩序混亂，似有大戰即發，大難臨頭之勢，因此本部登車未起動之前剎那，就有許多男女老幼攜家帶眷，哭啼的要求帶他們離開徐州，在無管制維持秩序之情況下，任他們在兩車廂中間，用繩索繫繞或坐或站立中間，且車頂亦有橫臥者，為了逃命也顧不了危險」。

10. 民國三十八年（1949）3月初，任七十三軍316師230團第一營第一連連長，由安徽歙縣轉進浙江太平口：「待到天明，奉命撤退，於是本人一聲令下，全連士兵利用地形地物低姿後撤，此際為共軍發現，機槍炮彈隔岸齊發、非常密集，本連必需經河岸與高山面向敵方弧形的山麓撤退，且非常暴露，正好是共軍的射擊目標，待本人向前脫險，正潛行間，共軍機槍掃射，祇聞噓聲擦身而過，幸引倒得時，竟免於難，在本人臥倒時利用的大石頭，竟中彈而崩掉了一大塊，若非這塊石頭，可能命赴黃泉了」。

11. 民國三十八年（1949）9月16日，這個颱風天的傍晚，任國軍七十三軍316師人力輸送團第一營副營長：「隨軍長李天霞由福建平潭島的蘇澳港緊急登船，在共軍曳光彈及機槍掃射中倉卒撤離，於9月20日傍晚抵達臺灣基隆港。因為數天未進飲食，上岸後，幸好身邊有袁大頭，就以一銀元兌換了11萬舊臺幣，買了幾罐鳳梨及一串香蕉充饑，解決了來臺後難忘的第一餐」。

　　家父以一國軍老兵記錄的第一手資料，是否讓你窺見這段歲月的苦難？

　　當然臺灣八、九十歲的老一輩人，也歷經了大轟炸、臺灣銀行券大

貶、二二八事件、舊臺幣如廢紙、大批大陸軍民湧入等刻骨銘心的傷痛。動亂造成多少人流離失所、多少人家破人亡？很難估算；又有多少人流血流汗、犧牲奉獻，大家才有今朝？也很難說清楚，但用包容心去理解、化解，才是撫平傷痛的不二法門。

法定紙幣的價值在信用，在對政府的信用，有信用時同舟共濟、強敵可退，沒有信用時，就是一張廢紙，國家淪喪、百姓遭殃，以前如比，現在更是如此，不是嗎？

回顧既往，展望未來，誠懇提醒

　　於此，首先對照整理本書前五章探討過的中西貨幣進程，以西班牙銀元、英鎊、美元，三種人類史上最重要的全球通用貨幣爲主旋律，綜合回顧一下近代「國際貨幣體系」的大格局；再由國際貨幣變化的宏觀視角，展望兩個最核心問題：「美元霸權何時會終結？」與「數位貨幣將是未來通貨？」，探索其未來可能的走向。最後，根據前五章學研心得，在臺灣面對「中國崛起」的事實，身處大國博弈的國局與世變中，提出兩點誠懇提醒：「沒有永遠的朋友，沒有永遠的敵人」與「知己知彼，百戰不殆」，並期勉以實力，增強自己對未來「選擇權」的底氣。

回顧既往

　　從宋朝進出口貿易的市舶稅，在所有商稅中的高佔比，及元朝開發海路「南糧北運」，活躍的海運經濟，可知宋、元兩代的「民間海外貿易」，相對自由而發達。然而到了明太祖朱元璋，竟實行了極其嚴厲的「海禁」政策，讓原本昌盛的民間海外貿易幾近停擺；所幸官方的「朝貢貿易」，於明成祖永樂三年（1405）至明宣宗宣德八年（1433）的二十八年間，在「鄭和七下西洋」帶動下，從太平洋到印度洋，從亞洲到非洲，達到了鼎點。

　　然明朝並未在領先世界的航海技術與造船工藝基礎上，繼續發揚光大，鄭和之後，所謂「中國版的大航海時代」，在朝廷投資報酬不成比例的經濟主因下，如曇花一現，叫停退場；而西方版的大航海時代，從十五世紀中葉，卻大放異采、如火如荼地展開，對世界未來數百年的發展，產生了深遠巨大的影響。

從西班牙銀元到英鎊

1571年西班牙人在菲律賓建立了馬尼拉市，這是人類第一次建立實質、直接且持續的四大洲際商業聯繫，標誌的是「世界貿易」元年，「經濟全球化」的新世紀[1]。就在此經濟全球化的前夕，「白銀貨幣化」已因市場機制，順勢在明朝崛起，中國也因而搭上了世界貿易的白銀順風車，成爲名符其實的「白銀帝國」，直到數百年後的民國。

歐洲從十五世紀中葉東羅馬帝國（拜占庭帝國）滅亡，幾乎與明朝「白銀貨幣化」同時，也開始用「銀本位制」。十六世紀大航海時代，西班牙在南美發現蘊藏巨豐的銀礦，約在十六世紀中葉後，由於「汞齊化精煉法」的應用，白銀產量飆升，南美鑄西班牙銀元「比索」（Peso），在之後的三、四百年間，成爲世界「銀」貨幣，最多也是最重要的供應源頭。可以說在白銀的造就下，十六世紀至十七世紀的西班牙，榮登歐洲最強大的國家，建立了世界第一個「日不落帝國」。

之後從十七世紀末開始，英國進行了一場劃時代的「金融改革」，包括世界第一家中央銀行「英格蘭銀行」的創立，首度以議會作爲擔保的公債發行，大科學家牛頓創立英鎊與黃金劃上等號的實質「金本位制」等；金融改革的豐碩成果，不但讓英國打起仗來「錢袋子」特別深，更爲之後的「工業革命」，充分注入大量資金動能，成功轉型爲全世界第一個「工業化國家」。

十八世紀初英國殖民地西印度群島（泛指南北美洲之間海域中的一連串的島群），與同時期的西班牙南美殖民地開始鑄造及使用金幣；然從十八世紀到十九世紀中期左右，世界其他主要國家實行的大多是「金銀複本位制」或「銀本位制」，「銀」至少仍是主角之一，且金幣和銀幣可以自由兌換。此時，衰退的西班牙，國力雖已大不如前，但仍控制著世界級的南美銀礦，機器量產鑄造規格化、使用方便，俗稱「雙柱」的西班牙

[1] Dennis O. Flynn and Arturo Giraldez, *Born with a "Silver Spoon": The Origin of World Trade in 1571*, Journal of World History, Vol. 6, No. 2 (fall 1995), 201-221.

銀元（見第一章圖1-7，1-8），在十八世紀後期，廣泛使用於各歐、美、遠東，成為人類史上第一種國際通用貨幣；例如於1792年，美國北美十三州採用了金銀複本位制，因鑄幣少，直到1861年南北戰爭之前，西班牙銀元一直是美國主要流通的法償貨幣及重要儲備。

　　整個十八世紀的中國，雖早已由滿清入主，天朝上國對蒸蒸日上的西方「蠻夷之邦」，幾乎一無所知，更毫無警覺，清初的「康雍乾盛世」，仍浸淫在「白銀經濟」中，循環運轉，享有世界白銀「天然中心」的美名，持續走在「白銀帝國」的花道上。

　　十九世紀初期，打敗「法國人的皇帝」拿破崙的英國，已一躍而為世界霸主，軍事、經濟、科技上，全方位遙遙領先其他各國，成為世界第二個「日不落帝國」，尤其在「維多利亞女王時代」（1837～1901）進入全盛時期，英國主導國際事務、維持國際秩序，近一個世紀，史稱「不列顛治世」（Pax Britannica）；英鎊的穩定無疑是英國強盛的重要關鍵，之前提過的金融改革中：英格蘭銀行創立、金本位制之建立，就是成就英鎊的擎天雙柱。而一場發生在維多利亞女王即位不久，對英國微不足道的「鴉片戰爭」，卻讓清朝全面代差、大幅落後之事實、畢露無遺，成為近代中國夢魘的序幕。

　　十九世紀中葉開始，工業革命由英國擴展至歐美、俄國、日本等其他國家，商業興起、大宗交易日益，價值較低的白銀，已不能滿足實際經濟發展需要，金銀比價不斷跳動，國際銀價相對浮動率大、一路走貶。除了工業革命有成的英國，已早於1821年正式成為金本位制（見第一章圖1-17），其殖民地如澳洲、南非、加拿大、紐芬蘭等紛紛加入；1871年普法戰爭後，相對穩健的金本位制更蔚為風潮，歐美各國及日本，紛紛加入這「國際金本位制」的遊戲規則（表A）：

　　由於英國強大的國力及影響力，促成了國際金本位體系的形成，更一舉造就「英鎊霸權」，英鎊成為當時全球貨幣中的主導，是支付、結算、儲備中，使用最廣泛、最重要的國際貨幣。

表A　十九世紀後期，國際金本位制進程

時間	國家／地區	相關內容
1873年	德意志帝國（德國）、丹麥、瑞典、挪威	德意志帝國利用普法戰爭，法國付的50億法郎戰爭賠款，建立金本位貨幣──馬克[2]。同年，丹麥、瑞典、挪威實行金本位制。
1876年	法國	廢止5法郎銀幣，及自由鑄造銀幣法令，開始實行金本位制。
1878年	拉丁貨幣同盟	法國開始實行金本位制後，由法皇拿破崙三世主導倡議的歐洲單一貨幣組織──「拉丁貨幣同盟」（法語：Union latine）亦開始瓦解，其他成員國也紛紛從金銀複本位制改為金本位制度[3]。
1879年	美國	美國在南北戰爭後的重建熱潮，亦開始實施金本位制。
1879年	歐美各國	美國開始實行金本位制後，國際金融市場，在金本位制的基礎上，建立了英鎊、馬克、美元、拉丁貨幣同盟，及「斯堪的納維亞貨幣聯盟」（瑞典語：Skandinaviska myntunionen），歐美各國貨幣之間，確定了以含金量之比值──「金平價」（Gold Parity）為匯率的標準，互相兌換、自由流通。
1897年	日本	後起之秀的日本，以清朝甲午戰敗，三年付清賠款共2億3千150萬兩（38,082,884英鎊），其中的部分賠款為儲備金，在「貨幣法」下，也完成了金本位制的轉型[4]。

　　國際金本位制的來臨，各國貨幣的價值，取決於「金平價」（Gold Parity）時，這也意味著白銀貨幣地位隨之墜落，而受傷最深、最重的，莫過於整體經濟的運行幾乎全靠銀，仍是銀本位的中國。對相對落後的銀

---

[2] 莊太量，何青，梁超：《戰爭賠款與中國外匯儲備使用啟示》，國家開發銀行金融研究中心，研究專論第九號，香港中文大學全球經濟及金融研究所，2013年9月，頁4。

[3] 維基百科：「拉丁貨幣同盟」，https://zh.wikipedia.org/wiki/%E6%8B%89%E4%B8%81%E8%B4%A7%E5%B8%81%E5%90%8C%E7%9B%9F。

[4] 同註2，頁5-6。

本位制，是如何讓走不出「白銀經濟」的中國，總是在惡性循環中打轉，陷在永無翻身的深淵？本書前五章，已從多方角度，做了深入探討與詳細詮釋。

從美元崛起到美元霸權

如在第五章提到，1914年7月一戰爆發，參戰各國為保護自身的黃金儲備，禁止紙幣換黃金，防止黃金外流，國際金本位制處於「休克」狀態。一戰後，各國又先後恢復了金本位制，又由於世界黃金產地不均，金幣耗損等原因，非典型的金本位制──「金塊本位制」和「金匯兌本位制」，相繼脫穎而出（表B）：

表B　一戰後的非典型金本位制進程

時間	國家	相關內容
1919年8月	美國	一戰後美國率先恢復了金本位制。
1924年3月17日	蘇聯	蘇聯也恢復了金本位制。
1925年5月14日	英國	英國國王簽署《1925年金本位法案》，實行金塊本位制（國內不再流通金幣，但英鎊紙幣可兌換成金塊，且黃金可自由流入流出）。
1928年6月	法國	法國也採用金塊本位制
1929年	世界49個國家	加入了金匯兌本位制體系（本國貨幣同另一實行金本位制的國家的貨幣保持固定的比價，並在該國存放大量外匯或黃金作為平準基金），金匯兌本位制，又稱「虛金本位制」，本質上是一種附庸的貨幣制度，通過無限制供應外匯，來維持本國幣值的穩定。
1930年1月11日	日本	在大藏大臣井上准之助的大力推動下，廢除了二十年金輸出禁止命令，實施了「金解禁（きんかいきん）」，恢復了金本位[5]。

美國在1884年已完成工業國家的轉型，早在1894年總產值超越英

5　維基百科：「金解禁」，https://ja.wikipedia.org/wiki/%E9%87%91%E8%A7%A3%E7%A6%81。

國，是法國的三倍，接近世界的三分之一，成爲全球第一經濟大國，然就綜合國力而言，英國仍然是老大。一次世界大戰後，英國雖是戰勝國，但元氣大減，英鎊的國際貨幣龍頭地位，也呈現逐漸被美元取代的趨勢。

　　然而1929年至1933年，由美國開始的經濟大蕭條（The Great Depression），造成股價急劇下跌，企業倒閉、生產萎縮、失業率上升，並引發了全球性經濟危機（表C）：

表C　經濟大蕭條對貨幣本位制的衝擊

時間	國家／地區	相關內容
1931年9月	英國及歐洲各國	英格蘭銀行的黃金儲備遭到擠兌、大量流失，英國宣布英鎊紙幣不能兌換成黃金，脫離金本位制，隨後歐洲各國紛紛跟進，相繼宣布放棄金匯兌本位制。
1931年12月13日	日本	1930年春夏之際，日本亦受到經濟大蕭條波及，引發「昭和恐慌」，在新內閣犬養毅上臺當天，立即宣布禁止黃金輸出，紙幣不能兌換金幣，再次脫離恢復兩年不到的金本位制[6]。
1933年4月19日	美國	在富蘭克林‧德拉諾‧羅斯福（Franklin Delano Roosevelt）總統推出的「新政」（The New Deal）中，宣布了一項重要金融改革，就是美元與黃金脫鉤，放棄金本位制，同時使美元貶值[7]。

　　在經濟大蕭條的衝擊下，金本位制及非典型金本位制的貨幣體系紛紛瓦解，各自爲政的「管理通貨制度」取而代之，國際貨幣制度一片混亂，沒有統一的貨幣系統，貨幣的價值由各國的信用決定，形成相互競爭、壁壘分明的「貨幣集團」；直至1944年二戰結束前，重新建立的「布雷頓森林體系」（Bretton Woods System）。

---

[6] 維基百科：「昭和恐慌」，https://ja.wikipedia.org/wiki/%E6%98%AD%E5%92%8C%E6%81%90%E6%85%8C。

[7] 維基百科：「羅斯福新政」，https://zh.wikipedia.org/wiki/%E7%BD%97%E6%96%AF%E7%A6%8F%E6%96%B0%E6%94%BF。

中華民國也在民國二十四年（1935）底，完成法幣改革，正式告別實行近五百年的銀本位制，直接進入英、美貨幣集團的金匯兌本位制；但在之後的的十五年間，歷經了八年抗戰、四年內戰，時而取消、時而又允許外匯兌換，雖是布雷頓森林體系的主要創始成員國，然而財經失策、軍事失敗等因素，致紙鈔貨幣信用盡失，最終敗走臺灣。

　　幣值穩定、匯率固定，是國際金本位制最大的優點；但同時，黃金供應量有限，跟不上科技產能大躍進、時代經濟大爆發，就有學者認為，貨幣不足易造成「通貨緊縮」，是導致二十世紀上半兩次大戰，經濟上的最大主因；此外，沒有常設機構來規範及協調，各國貨幣集團國際收支等問題，也是其主要缺點。「布雷頓森林體系」就是針對國際金本位及貨幣集團的弊端，於1944年7月1日至22日，在美國新罕布什爾州布雷頓森林公園內的華盛頓山旅館（the Mount Washington Hotel in Bretton Woods, New Hampshire, United States），召開之盟國貨幣金融會議，包括由時任行政院副院長、財政部長兼中央銀行總裁孔祥熙領隊的中華民國代表團在內，世界四十四個國家通過協商，以協定的形式建立的一種新型「國際貨幣體系」。

　　其協定最重要的兩點：

1. 美元與黃金掛鉤：規定35美元=1盎司黃金，美元作為主要的國際儲備貨幣，實行「黃金——美元本位制」，其他國家的貨幣與美元掛鉤。

2. 成立國際金融機構：國際復興開發銀行（IBRD-International Bank for Reconstruction and Development，世界銀行集團五機構之一）及國際貨幣基金組織（International Monetary Fund, IMF），前者向成員國提供短期資金借貸，保障國際貨幣體系的穩定；後者提供中長期信貸，來促進成員國戰後經濟復甦[8]。

　　從此美元也被稱為「美金」，正式取代英國在國際貨幣體系中的主導

8　維基百科：「布雷頓森林體系」，https://zh.m.wikipedia.org/wiki/%E5%B8%83%E9%9B%B7%E9%A1%BF%E6%A3%AE%E6%9E%97%E4%BD%93%E7%B3%BB。

地位，逐漸轉成以美元爲中心的新紀元。

　　但是在布雷頓森林體系下，享受美金爲世界硬通貨盛名的同時，美元就自動承擔了兩個「天職」：

1. 必須保證美元兌換黃金的固定官價，以維持各國對美元的信心。
2. 必須爲世界經濟增長和國際貿易發展提供充裕清償能力。

　　然而美元信心與清償力卻是一對互相矛盾的冤家，印太多會有信心危機，印過少會導致清償力不足，這就是二十世五〇年代，由美國經濟學家羅伯‧崔芬（Robert Triffin）提出，金融學上著名的「崔芬兩難」（Triffin Dilemma）；不可諱言，「布雷頓森林體系」仍對戰後復甦貢獻卓著，也算風光了二十六年，直到1971年「尼克森震撼」（Nixon shock）的出現[9]。

　　二十世紀六〇～七〇年代，多次爆發美元與美國經濟危機，證明了「崔芬兩難」存在的事實。1971年8月15日當時美國總統尼克森，片面宣布美元和黃金脫鉤，美國聯準會拒絕向外國中央銀行出售黃金，至此布雷頓森林體系的「黃金——美元本位制」劃上休止符；不久全球主要貨幣進入全面自由「浮動匯率」的時代，美國又憑藉著政治、經濟、外交、科技、軍事的整體綜合國力，反促成「美元信用本位制」的國際貨幣制度，延續「美元霸權」；至今，美元仍是當之無愧，全球最重要的儲備、結算和外匯交易貨幣。

244

展望未來

　　維基百科對「貨幣霸權」（monetary hegemony）是這樣的註解：

Monetary hegemony is an economic and political concept in which a single state has decisive influence over the functions of the international

---

9　邱垂泰：〈美國金融危機與國際貨幣美元信用本位制基因併發症及其對策—2008之後〉，《展望與探索》，第9卷第5期，100年5月，頁31-32。

monetary system.

（單一國家對國際貨幣體系具有決定性影響）

　　一般公認，目前國際貨幣史上僅見證了兩個貨幣霸權：英鎊霸權（1880～1914）、美元霸權（1944～）。英鎊霸權是過去式，美元霸權是現在進行式，不管你愛或不愛，全球基本上在美元霸權的恩恩怨怨下，已生活了近八十年。而展望未來，國際貨幣體系最核心的問題就是——美元霸權何時會終結？

　　此外，人類貨幣漫長的演進史，一再證明貨幣之價值，由經濟活動中的交易效率決定。打敗商品貨幣的是金屬貨幣，賤金屬、貴金屬交互或同時使用的本位制，讓金屬貨幣沿用了二千多年，而打敗金屬貨幣的並不是更有價值的金屬，而是印有政權信用保證的紙幣，那麼展望未來打敗紙幣的又將是什麼貨幣呢？答案已呼之欲出，應該就是——「數位貨幣」（Digital Currency）。

「美元霸權」何時會終結？

　　美元是美國通用貨幣的同時，又是當前全球一枝獨秀的國際貨幣，多年來針對「美元霸權」議題的研究著作如汗牛充棟；但每每談到這個問題，少不了總要回溯到1944年的「布雷頓森林體系」，當年英國代表，著名經濟學家約翰‧梅納德‧凱恩斯（John Maynard Keynes）提出以三十種有代表性的商品作為定值基礎，建立國際貨幣單位「銀行金」（Bancor）的創新金融方案，與美國副財政部長哈利‧懷特（Harry Dexter White）提出的「黃金——美元本位制」方案，兩案世紀對決結果，「懷特方案」勝出[10]，從此美元作為世界貨幣，對全世界產生了重大影響。不信看看當今全球所發生的財經金融大事：「貨幣量化寬鬆」、「石油美元」、「黃金避險」、「全球通貨膨脹」、「烏俄戰爭背後的經濟制

---

[10] 同註9，頁31。

裁」等等，無一不與國際貨幣體系臺柱「美元」環環相扣。

　　無論是布雷頓森林體系，或是後來的的美元信用本位體系，都無法擺脫「崔芬兩難」的魔咒。以致提出「超主權貨幣」取代美元霸權的主張，此起彼落、層出不窮。例如各國再提凱恩斯的「銀行元」、中國大陸的「世界元」、國際貨幣基金組織的「特別提款權」（Special Drawing Right，SDR：是國際貨幣基金組織，根據會員國認繳的份額分配，於償還國際貨幣基金組織債務、彌補會員國政府之間國際收支逆差的一種賬面資產。其價值由美元、歐元、人民幣、日元和英鎊，組成的一籃子儲備貨幣決定），及前世銀行長勞勃・布魯斯・佐利克（Robert Bruce Zoellick）提出的「Bretton Woods II」等。然美國身為世界第一強國絕非浪得虛名，建立了以美元為核心的世界貨幣帝國，至今仍歷久不衰。

　　有人說美元在全世界流動，就像放綿羊吃草一樣，出去吃肥了回來，就剪羊毛收割，甚至大餐一頓吃到飽；整個美元全球通行的流程，已形成了系統化的組合拳，至今打遍天下無敵手。基本上同意美元的「放羊說」，整個流程已經形成一套系統，但不認為美元流動主因，僅是靠人為的製造地區衝突與危機，或操作「加息與降息」。「美元資產」撐起的美元霸權，如美國公債、股市、匯市、房市、金融保險等，由於交易方便、透明、信用好等種種原因，造就美元大量印發在全球流動後，又「自然回歸」美國，主要是市場機制使然，所以美國組合拳才玩得轉。

　　國際貨幣基金組織（IMF）於2022年6月30日公布的2022/Q1最新數據顯示，人民幣在全球央行外匯存底占2.88%，再創歷史新高，名列美元58.88%、歐元20.05%、日圓5.35%及英鎊4.97%之後，但只排名第五。雖然美元在外匯儲備跌至26年低點，2022年3月的全球主要貨幣支付金額排名中，保持在41.07%，仍是世界第一，尤其在外匯市場日平均交易量，多年來一直保持85%以上，具有絕對優勢。

　　儘管世界各國不論是美國的盟友或是敵人，向來都對美元霸權都頗有微詞，也都希望擺脫美元這個「金箍咒」，但美元霸權至今依然堅挺，除了美國對包括國際貨幣基金組織、世界銀行等在內的國際貨幣金融機構，

通過公開或隱性完全掌控的現實因素外，背後包括以政治、經濟、外交、科技、軍事強大整體綜合國力為支柱，才是美元能傲視全球最重要的關鍵。

不可否認，美國整體國力有相對走下坡的趨勢，美元霸權又遭遇各方的挑戰，似乎有點開始剝落掉漆的樣子；這讓發展中國家與金磚四國，在國際金融遊戲中，形式上增加更多新份額與投票權是可預期的，但要終結美元霸權，除非美國「自宮」，目前仍是不切實際，口頭喊爽的夢想。

1944年美元霸權形成的原因之一，即是在美元獨大的框架下，預防世界貨幣的混亂，進而免疫於世界大戰的再發生。美元霸權對現今世界貨幣金融體系的穩定，甚至全球整體和平的影響，可能大到令人難以想像的地步，尤其臺灣的現況，以臺幣對美元的長期依附掛鉤，絕對優勢的美元霸權，某種程度上，對臺海穩定提供了更多一層的保障。

今天臺面上能與美元抗衡的霸權貨幣尚不存在，更不必說取而代之；打掉美元霸權，建立新的世界貨幣體系，更是項世紀貨幣革命大工程，非一朝一夕可成；這意味著不管你喜不喜歡，可預見的未來，在貨幣金融的世界裡仍是美元說了算，美元仍是主宰大局、不容撼動的霸主。

「數位貨幣」是未來通貨？

數位貨幣可由私人或央行發行，後者以發行國法償貨幣作為計價單位，故等同法定貨幣，被賦予具有法償效力（legal tender）的特權，前者則無，因此流通不受國界的限制[11]。

有人說，未來是使用分散式帳本技術（Distributed ledger Technology, DLT），如比特幣（Bitcoin）、以太坊（Ethereum）、萊特幣（Litecoin）等，區塊鏈（block chain）加密數位貨幣的天下，因為完全「去中心化」的特性，它們將有可能把美元趕下神壇，取而代之。此話說得倒是挺容易的，在現實世界裡，讓私人數位貨幣現在玩玩，滿足「賭場式的快

---

[11] 陳南光：〈數位貨幣的總體經濟分析〉，《中央銀行季刊》，第40卷第1期，民國107年3月，頁14-15。

感」可以，當私人加密數位貨幣愈成功，自然成為各國稅務部門課重稅的重要目標，徵收交易稅很可能就是進入「冬季」的第一波寒流，如果其勢仍不可擋，其規模仍持續壯大，大到威脅美元或其他法定貨幣地位之時，就絕對是美國等國家出重手嚴打的開始。私人數位貨幣基本上也違背了貨幣發展的準則：無法保證貨幣價值的穩定、貨幣供應量越來越小造成通縮。認為私人數位貨幣將取代或打倒美元的說法，目前應仍是天方夜譚。

另外，這些去中心化的「加密貨幣」（Cryptocurrency），在「挖礦」（Mining，用個人電腦下載軟體進行特定算法，與遠端伺服器通訊後，可得到相應加密貨幣）運算過程中，產生了高耗電問題；例如最夯的私人數位貨幣比特幣，據「劍橋大學替代金融研究中心」（The Cambridge Centre for Alternative Finance）的統計，截至2022年3月1日，其全球挖礦的年耗電量大約是144.83 TWh（太瓦時，1太瓦時=10億度電），這一數字在2021年世界各國用電量排名中，已經超過馬來西亞、烏克蘭、瑞典等國的用電量；如果以臺電在2020年全國發電量統計度數為2801億度（280.1 TWh）來算，光比特幣的挖礦年耗電量，已是臺灣年用電量的一半以上，更遑論加上其他加密貨幣的耗電量，數字將更為驚人。伴隨虛擬貨幣盲目無序般的全球擴張，這種與世界環境永續發展「節能減碳」目標，完全背道而馳的「挖礦」熱潮，導致年耗電量直線上升，或將成為私人數位貨幣未來發展的一大隱憂。

商代晚期墓葬遺址中，大量出土了「無文銅貝」，銅貝是中國也是世界上最早的金屬貨幣；北宋仁宗天聖二年（1024）「交子」在益州（今四川）發行，交子是中國也是世界最早的紙幣；追隨銅貝與交子的新貨幣傳統，近來值得特別注意的，就是即將由中國人民銀行發行，全球第一個央行數位貨幣（Central Bank Digital Currency, CBDC）──「數字貨幣／電子支付」（Digital Currency/Electronic Payment, DC/EP），大陸通稱「數字人民幣」，英文縮寫「e-CNY」（electronic-Chinese Yuan）。從DC/EP英文字面即知，它不僅是數位貨幣，更強調電子支付；不過，它與前面所說的私人數位貨幣不同，e-CNY的定位和人民幣完全一樣，是法定

貨幣，只是以數位貨幣的形式來流通。

截至2021年10月22日，e-CNY試點場景已超過350萬個，交易金額約560億元，2021年11月初，共有1.4億人註冊了e-CNY帳戶，2022年2月4日至20日的冬季奧運會，是e-CNY對外的首次重大測試[12]。問題是，中國大陸為何要加速推動e-CNY的誕生？背後原因很多，然近年由於與美國關係惡化，為降低美國金融制裁的可能衝擊，e-CNY更追加了一項政治使命──「人民幣國際化」；另外，就是在全球制定數字貨幣的「遊戲規則」上，要取得領先地位，未來才可能有較大的話語權。

e-CNY讓人民幣跨境線上交易，變得更方便，客觀上或給「人民幣國際化」創造了些條件；同時，如果e-CNY使用區塊鏈加密技術，亦或可降低美國可能利用SWIFT（The Society for Worldwide Interbank Financial Telecommunication，環球銀行金融電信協會）和CHIPS（Clearing House Interbank Payment System，紐約清算所銀行同業支付系統），兩大全球跨境支付體系為金融制裁手段，所造成的財經打擊。

人民幣國際化只具象徵意義，核心問題仍是「信用」，有信用就能跑天下，沒信用就出不了大門。展望未來，e-CNY是否能讓人民幣成為世界主要儲備、結算和外匯交易貨幣？不好說，但可預見，要贏得世界主要國家的長期高度信任，將是一條漫長的荊棘之路；也有人說，e-CNY將使人民幣成為美元霸權的終結者，目前看來，仍是不切實際的空想，盲目自信的美夢。

除了信用外，若從交易效率決定貨幣價值的角度來看，數位貨幣無疑將取代紙幣，這是時代潮流。美國及其他先進民主國家，當今在央行數位貨幣上明顯落後，個人認為原因非在技術層面，而是在是否要及如何打破金融服務機構掌控的現行制度？金融服務機構如銀行、信用卡支付公司等是商業交易模式中傳統的「中間人」（middleman），各國央行數位貨幣，無疑將嚴重衝擊甚至大幅壓縮中間人的「服務空間、既得利益及金

---

[12] 百度百科：「數字人民幣」，https://mr.baidu.com/r/zKLEp6Rzm8?f=cp&u=3ce70dba63c7f5c1。

融權力」，金融服務機構已清楚看到危機四起，定會以強大的金融實力反制，不坐以待斃。

中共體制下e-CNY的上路，無疑將是貨幣史上的新里程碑，如果其他國家能有智慧地化解傳統中間人的逆襲，也跟進發行央行數位貨幣，那就是人類和紙幣等當今真實流通貨幣，正式說再見的時刻；「數位貨幣」的時代，有可能像電動車時代一樣，不久即將正式來臨。

誠懇提醒

信民兩岸協會理事長黃清龍先生，曾這樣寫道：

從歷史上看，幾百年來臺灣的命運一直是隨著中國的崛起與衰敗而起伏波動，只要中國陷入亂局，臺灣就可能和大陸脫離，反之當中國強盛時，臺灣又回歸中國版圖。明末中原局勢板蕩，鄭成功趕走荷蘭人在臺建立東寧王朝，此其一；等到康熙盛世來臨，臺灣又重回清朝版圖，此其二；清末國勢衰微，臺灣被割讓給日本，此其三；等到日本戰敗，臺灣又重回中國版圖，此其四；1949年國共內戰，臺灣再度與大陸分離，此其五。幾百年來的兩岸關係，就是循著這樣的歷史規律反覆出現。

1978年底中國大陸改革開放以來，到今天的「中國崛起」，已是不爭的事實，臺灣也再度面臨與大陸的分合的拐點。

只是這次歷史循環與過往最大的不同，就在

1. 隨著中國崛起，臺灣不幸已成為中美「大國博弈」的碰撞點。
2. 臺灣已是民主多元的社會，對中共體制興趣缺缺，對未來這次要有自己的「選擇權」。

兩者可說成是「民主自由」vs.「極權專制」，或好聽點是「美國為首的自由民主陣營」PK「中國特色的社會主義」的制度之爭；但再往深層探索，不難發現體制之爭下，充斥著大國霸權的利益競逐，在危機四伏

的國局與世變中，對處於大國博弈碰撞點的臺灣，歸納本書前述心得，有以下兩點對未來的誠懇提醒：「沒有永遠的朋友，沒有永遠的敵人」、「知己知彼，百戰不殆」。

沒有永遠的朋友，沒有永遠的敵人

　　從總體經濟來看，美國自1894年超越英國，成為世界第一大經濟體，蘇聯在計劃經濟全盛時期，約只有美國經濟的四成，上世紀末，日本經濟頂盛期，也曾一度接近美國經濟的七成，最終前者解體、後者停滯，都沒能超過美國。2020年開始，中國總體經濟規模也來到美國的七成左右，一時之間，中國何時會超越美國成為世界第一大經濟體？成為熱門話題。日前不同國家的智庫，研究得出或有「早與晚」之少許出入，但已經不是「是與否」的問題，答案均歸結在距今「十年內」，也就是近在咫尺的2032年以前。

　　美國從成為世界第一大經濟體，到1944年建立「布雷頓森林體系」，正式取代英鎊的國際貨幣龍頭地位，歷時整整半個世紀，其間還爆發了兩次世界大戰，某種程度上，也可說是大戰的「歷史悲劇」，成就了「美元霸權」。二十世紀的後半段進入美國與蘇聯的冷戰，表面是自由民主的「市場資本主義體制」與專制集權的「計劃共產主義」，兩大意識形態與體制之鬥，講白了又離不開霸權與利益之爭。

　　1989年柏林圍牆倒塌、1991年蘇聯解體，到2008年金融海嘯爆發的二十年間，美國政治、經濟、外交、科技、軍事等綜合整體國力達到頂盛，是世界公認的事實；然而之後美國霸權步入「高原期」，外有新興勢力尤其是中國大陸的崛起，內有巨大的財政赤字與屢創新高的國債，加上社會嚴重的兩極分化，尤其是不同政治群體的內耗。2021年8月，美國從阿富汗撤軍的混亂不堪場景，或正如美國知名政治經濟學者法蘭西斯・福山（Francis Fukuyama），在最近《經濟學人》發表的文章中直言[13]：

---

[13] Francis Fukuyama: *Francis Fukuyama on the end of American hegemony: Influence abroad depends on fixing*

Yet in truth, the end of the American era had come much earlier.

（這一事件所反映出的真相是，美國時代的終結提早到來了。）

中美大國博弈下，越來越多的事實證明，美國政治學者格雷厄姆‧蒂利特‧艾利森（Graham Tillett Allison, Jr.），十年前提出的「修昔底德陷阱」（Thucydides's Trap）之說是有所本：

指一個新崛起的大國必然要挑戰現存大國，而現存大國也必然來回應這種威脅，這樣戰爭變得不可避免。

也有越來越多人相信，其著作《注定一戰？中美能否避免修昔底德陷阱》（*Destined for War: Can America and China Escape Thucydides's Trap?*）[14]，所闡述的中美戰爭衝突正在發酵。

臺灣自韓戰起，經濟、軍事等各方面高度依賴美國，此刻更需要美國和國際的支持，但莫忘了歷史上美國至少有兩次曾「拋棄」在臺灣的中華民國：

1. 1949年8月5日，美國國務院發表的《中美關係白皮書》。
2. 1979年1月1日美國與中共正式建交。

或正如《韓戰救臺灣？解讀美國對臺政策》一書在卷末語的直言[15]：

美國這個國府宣傳中的「忠誠盟友」，之所以可以斷然「拋棄」中華民國的原因，是因爲其決策的主導力量絕非其「盟友」的「傳統友誼」或者利益，也不是冷戰語彙中所描述的反奴役、爭自由的「道

problems at home, Economist, Nov 8th 2021, https://www.economist.com/the-world-ahead/2021/11/08/francis-fukuyama-on-the-end-of-american-hegemony.

[14] Graham Allison: *Destined for War: Can America and China Escape Thucydides's Trap?*, New York: Houghton Mifflin Harcourt, 2017.

[15] 張淑雅：《韓戰救臺灣？解讀美國對臺政策》，衛城出版，2011年10月6日。

德理想」，而是自身的利益計算與決策者的執著偏見。

如本書前面五章，在探索近代中國的風雲變幻中，一再得到證實與不斷提醒，大國博弈的現實下，「沒有永遠的朋友，沒有永遠的敵人，只有永恆的利益」，如果臺海發生戰爭，美國會不會出兵解救？是不易回答的問題。遠的不說，從最近美國自阿富汗撤軍及對俄國入侵烏克蘭的反應可知，答案定不會是建立在「民主自由」vs.「極權專制」等正義推理的必然上，而是在美國國家利益的精算，與決策者當時決斷的變數上，若堅信美國定出兵來救，是很危險的想法。

臺灣要有智慧地不成為任何一方的棋子，避免將自己推上強權碰撞點，正如國安會前祕書長蘇起先生日前曾提到：

對美國100對大陸0，臺當局現在，等於在逼大陸對付臺灣。

中美對抗，故將臺灣的自主，逐漸壓縮到「選邊站」，但無論如何，兩岸關係沒必要走到「斷線」，邁向高度風險區，而沒有非軍事的「防火牆」緩衝，來預防或降低危機。

「沒有永遠的朋友，沒有永遠的敵人」，並非是朋友敵人豬羊變色，或改變立場，而是不要百分之百只壓寶一方，要留給自己也留給對方有可能轉圜的餘地；臺灣必須把握到大國博弈，叢林法則中現實的分際，不懼不惑地陳述自己的價值觀和理論號召，為自己的生存找到更生動的儀態和聲音，不誤蒼生、不誤後代，臺灣畢竟沒有賭一把的本錢的。

當然另一方臺灣更要全面務實壯大自己，國防上，積極「備戰」。經濟上，主力發展如電動車、5G兩大供應鏈，與半導體生態系打造「護國神山群」；同時制定國家整體經濟安全戰略，如何在「印太經濟架構」（Indo-Pacific Economic Framework）下，與「跨太平洋夥伴全面進步協定」（CPTPP, Comprehensive and Progressive Agreement for Trans-Pacific Partnership）、「區域全面經濟夥伴協定」（RCEP, Regional Comprehensive Economic Partnership）等傳統自由貿易協定中，利用優勢、發展主力產業，要以實力增強自己對未來「選擇權」的底氣。

知己知彼，百戰不殆

　　本書主要是以經濟、財稅、幣制、賠款、借款、外援等，與「錢」有關的金融線索為視角主軸，直接或間接連結近代重要事件而寫，其中多處以臺灣曾流通過的貨幣為中心，期盼在「忠於史實」的精神下，讓讀者更認識自己的過去。

　　這裡的「己」，指的是臺灣，包括生活在臺灣的2,300萬人民，大家同在一條船上，是福禍同享的「命運共同體」。但今天的臺灣社會，卻不乏內鬥、內耗，尤其「歷史恩怨」成為撕裂族群的利器，甚至政治鬥爭的工具；再多的理性呼籲、研究或紀念，似乎都無法改變「自家人」分歧的「歷史認識」，如同美國密蘇里大學歷史系楊孟軒教授，有這樣一段描述：

　　持續分裂的記憶群體，還有因為不同創傷歷史記憶所產生的強烈不滿情緒，包括受辱感和受迫害感。分歧的記憶群體，不會輕易放棄他們自己的看法，也多半無法認同其他群體的看法。因為這一些群體的形成，與每個人的出身背景、政黨支持、文化認同、國族認同等等，息息相關。

　　唯有勇敢直接面對、認識自己的過去，理解歷史事件的複雜性，在當時歷史脈絡下，從司法上檢視誰是被害者？誰是罪有應得？公開所有資料、公正評論參與者行為、公平評價前因後果，對無辜被害者平反撫恤。

　　當「歷史認識」不是為政治服務的工具，而是更理解命運共同體裡的不同「記憶群體」，就像這一句老話：

　　我們沒有相同的過去，卻有著共同未來。承認不同的過去，塑造

共同的現在，未來才有可能！

　　大家互相包容、尊重，共解共生一同走出內耗。

　　除了「知己」以促進內部社會和解外，臺灣也要「知彼」以避免嚴重誤判，這裡的「彼」，指的是中國大陸，包括生活在大陸的14億中國人及中共。正是因為大陸飛彈對準、飛機騷擾，就更有深入全面瞭解所謂「敵人」的必要，特別是對岸14億大陸人民的心聲與立場。臺灣跟中國大陸有無法拉開的地緣關係，也有密切的歷史文化、血緣牽連；2016年川普上臺後，大陸自以為「中國特色的社會主義」優於「西方民主自由體制」，於是從韜光養晦，轉為「戰狼外交」，從仰視世界變成俯看天下，進而激發「天下圍中」的國際反彈，臺灣也順勢選擇對大陸更強硬，甚至「去中國化」政策，兩岸關係急轉直下，之後又因香港問題，更鞏固了臺灣本土意識為主流民意，與大陸漸行漸遠。一般臺灣人民對大陸現況本就不了解、不關心，現在更無視、甚至反感。

　　若單就經濟層面，中國大陸早已是臺灣最大的貿易夥伴，據經濟部國貿局統計，民國110年（2021）臺灣對大陸（含香港）貿易順差，創歷史新高達1,047.3億美元（約2.9兆臺幣），其中出口1,889.1億美元，進口841.7億美元，較民國109年（2020）順差865.7億美元，增加了21%，幾乎是對美國貿易順差266.2億美元的四倍[16]。民國111年（2022）度中央政府總預算的歲入2兆2,391億元，歲出2兆2,621億元[17]，都遠少於去年從大陸淨賺的2.9兆臺幣。

　　隨著中國強勢崛起，除了全面威脅美國霸權，過去這七十年來，由於大陸國力、軍力不足，以及有美國的保護，不是不想「收復臺灣」，而是無法打、不敢打，但現在情勢不一樣了，各種主客觀條件逐漸到位，武統的機率自然就大大增加了。

---

[16] 經濟部國際貿易局：《我國貿易統計》，https://www.trade.gov.tw/Pages/List.aspx?nodeID=1375。

[17] 行政院主計總處：《111年度中央政府總預算案》，https://www.dgbas.gov.tw/ct.asp?mp=1&xItem=47417&ctNode=6729。

建黨百年的中共，為什麼任何領導人都以「收復臺灣」為歷史的責任、使命與定位？又是基於什麼思維，正在運用什麼方式，採用什麼戰略，走向大國博弈之路？大陸膽敢與美國直接抗衡、叫板的底氣何來？是何原因導致現在大陸人民對臺灣善意消耗殆盡，大多漸支持武統？當「天險」臺灣海峽隨著現代攻擊武器的進步，功用在退化中，當美國在東亞的軍事優勢逐漸流失下，當臺海局勢的火藥味越來越濃時，處在戰爭前沿，首當其衝的寶島臺灣，其實是最沒資格、也沒有任何理由，不深切且認真的瞭解對岸。

　　《孫子兵法‧謀攻篇》有云：

　　知彼知己，百戰不殆；不知彼而知己，一勝一負；不知彼不知己，每戰必殆。

　　詭譎多變的世局中，要充分了解對手的立場及處境，才有可能化解危機，臺灣在兩岸議題上更應「如臨深淵，如履薄冰」，怎就一句「中國關我屁事」能了？

後記

　　多年前，年邁的家父交給我由大陸隨身帶來臺灣的袁大頭銀元，並囑咐我「好好收藏」。在好奇心驅使下，我即開始潛心學習它背後的歷史，及相關的清末民初貨幣制度。無意中袁大頭成為我步入「泉學」的緣起。

　　當有了更多的認識後，袁大頭讓我明白，每一枚錢幣都是「歷史的見證、時代的縮影」。它不僅是民國時期的通用貨幣，也濃縮了那段滄桑歲月裡的民生經濟，與日常生活的喜怒哀樂。頓時覺得，自己彷彿能體會到家父那一代人，對銀元那種莫名且特殊的感情，也從此對中國近代貨幣產生了濃厚興趣，並做了深度探索。

　　職場退休後，我將閒暇時間幾乎完全投入「貨幣」的研究，並先後陸續將心得發表在拙作《珍罕中國古錢收藏——海外淘寶》及《傳記文學》的「中日浮世繪」專欄連載上。

　　幸蒙東海大學丘為君教授的不棄，竟邀請工科專業的我為其所主編的「國局與世變叢書」撰寫此書——《從貨幣看近代中國之風雲變幻》。惶恐中，在自我摸索的著書其間，除了丘為君教授外，又蒙前史丹福大學胡佛研究所研究員潘邦正教授、東吳大學政治系徐振國教授、中國文化大學國家發展與中國大陸研究所歐陽新宜教授等，開誠討論、不吝賜教，每每深感獲益良多。

　　於此付梓之際，衷心期盼，本書以「歷史含量」豐沛的貨幣實圖，及切中肯綮的貨幣視角，能帶領讀者貼近體會近代中國的風雲變化，且更進一步擁抱「理解過去、明白既往」的豐富人生。

國家圖書館出版品預行編目資料

從貨幣看近代中國之風雲變幻／彭慶綱著.
－－初版.－－臺北市：五南圖書出版股份
有限公司, 2023.05
面； 公分
ISBN 978-626-343-132-4（平裝）

1.貨幣史 2.中國

561.092 111011842

1W1M 五南當代學術叢刊——國局與世變

從貨幣看近代中國之風雲變幻

作 者 — 彭慶綱

叢書主編 — 丘為君

發 行 人 — 楊榮川

總 經 理 — 楊士清

總 編 輯 — 楊秀麗

副總編輯 — 黃惠娟

責任編輯 — 陳巧慈

封面設計 — 韓衣非

出 版 者 — 五南圖書出版股份有限公司

地　　址：106台北市大安區和平東路二段339號4樓

電　　話：(02)2705-5066　傳　真：(02)2706-6100

網　　址：https://www.wunan.com.tw

電子郵件：wunan@wunan.com.tw

劃撥帳號：01068953

戶　　名：五南圖書出版股份有限公司

法律顧問　林勝安律師

出版日期　2023年5月初版一刷

定　　價　新臺幣450元

經典永恆·名著常在

五十週年的獻禮——經典名著文庫

五南，五十年了，半個世紀，人生旅程的一大半，走過來了。
思索著，邁向百年的未來歷程，能為知識界、文化學術界作些什麼？
在速食文化的生態下，有什麼值得讓人雋永品味的？

歷代經典·當今名著，經過時間的洗禮，千錘百鍊，流傳至今，光芒耀人；
不僅使我們能領悟前人的智慧，同時也增深加廣我們思考的深度與視野。
我們決心投入巨資，有計畫的系統梳選，成立「經典名著文庫」，
希望收入古今中外思想性的、充滿睿智與獨見的經典、名著。
這是一項理想性的、永續性的巨大出版工程。
不在意讀者的眾寡，只考慮它的學術價值，力求完整展現先哲思想的軌跡；
為知識界開啟一片智慧之窗，營造一座百花綻放的世界文明公園，
任君遨遊、取菁吸蜜、嘉惠學子！